G 12663

Paris
1830-1932

Guizot, François-Pierre-Guillaume

Cours d'histoire moderne

Volume 6

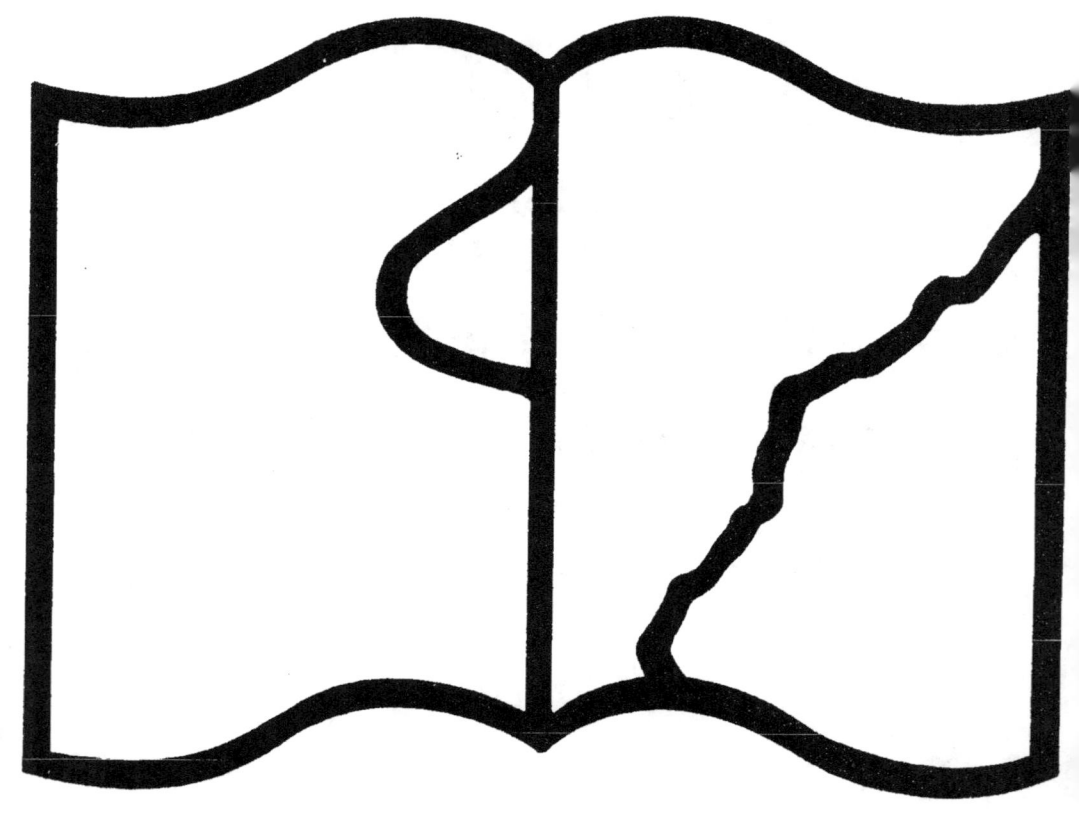

Symbole applicable
pour tout, ou partie
des documents microfilmés

Texte détérioré — reliure défectueuse

NF Z 43-120-11

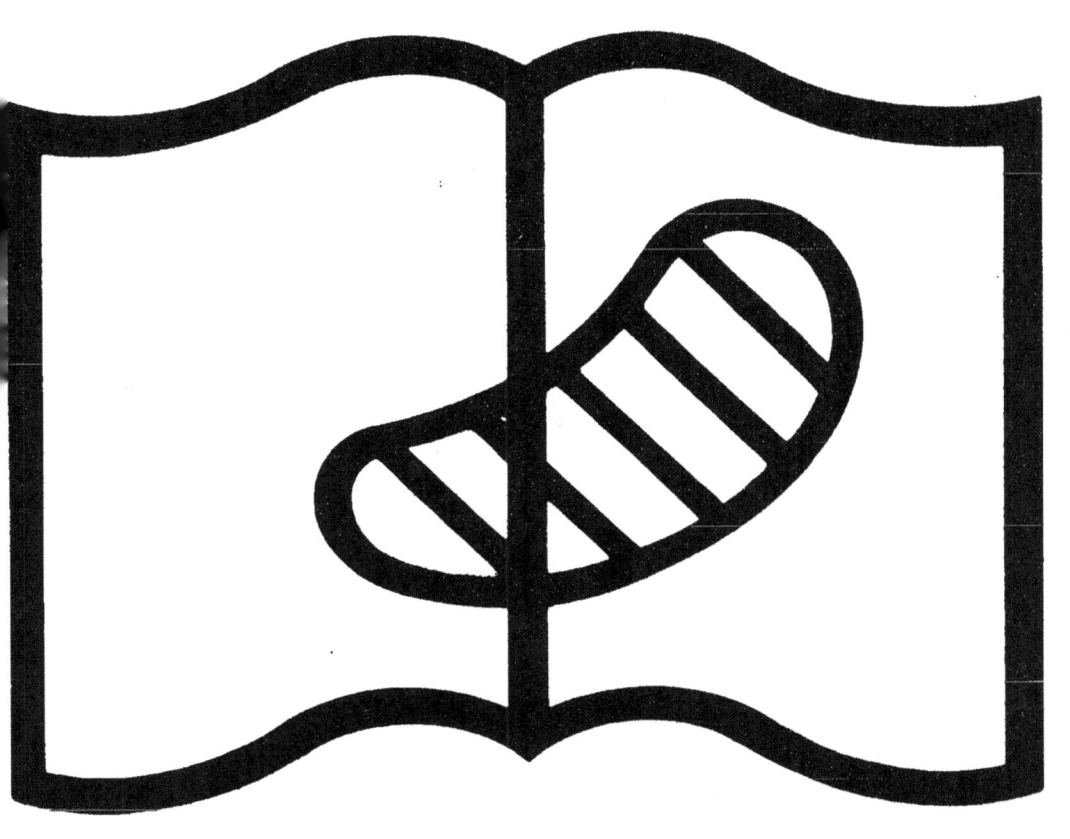

Symbole applicable
pour tout, ou partie
des documents microfilmés

Original illisible

NF Z 43-120-10

G 1434
G.6.

G

12668

COURS
D'HISTOIRE
MODERNE.

COURS DE 1830.

ON TROUVE A LA MÊME LIBRAIRIE.

COURS
DE LITTÉRATURE FRANÇAISE,
Par M. Villemain.

6 vol. in-8, comprenant :

TABLEAU DE LA LITTÉRATURE AU XVIIIe SIÈCLE.
4 vol. in-8 (années 1827, 1828, 1829). Prix : 38 fr.

TABLEAU DE LA LITTÉRATURE AU MOYEN AGE,
En France, en Italie, en Espagne et en Angleterre.

2 vol. in-8 (1830). Prix : 18 fr.

COURS
DE L'HISTOIRE DE LA PHILOSOPHIE,
Par M. V. Cousin.

3 forts vol. in-8, comprenant :

INTRODUCTION GÉNÉRALE A L'HISTOIRE DE LA PHILOSOPHIE.
1 fort vol. in-8 (en 14 livraisons). 1828. Prix : 11 fr.

HISTOIRE DE LA PHILOSOPHIE AU XVIIIe SIÈCLE.
2 forts vol. in-8 (en 25 livraisons). 1829. Prix : 18 fr.

DU PROBLÈME DE LA DESTINÉE HUMAINE, par M. Jouffroy. (Discours d'ouverture du Cours d'histoire de la philosophie moderne, prononcé à la Faculté des lettres de Paris en 1831). Prix : 1 fr. 25 c.

DE L'ÉTAT POLITIQUE DE L'ALLEMAGNE ACTUELLE, par M. Saint-Marc-Girardin. (Discours d'ouverture du Cours d'histoire politique et littéraire de l'Allemagne, prononcé à la Faculté des lettres de Paris en 1831). Prix : 75 c.

PARIS, IMPRIMERIE DE DECOURCHANT,
RUE D'ERFURTH, N° 1, PRÈS DE L'ABBAYE.

COURS
D'HISTOIRE
MODERNE,

PAR M. GUIZOT,

PROFESSEUR D'HISTOIRE MODERNE A LA FACULTÉ DES LETTRES DE PARIS.

HISTOIRE
DE
LA CIVILISATION EN FRANCE,

DEPUIS LA CHUTE DE L'EMPIRE ROMAIN
JUSQU'EN 1789.

TOME CINQUIÈME.

PARIS,
DIDIER, LIBRAIRE-ÉDITEUR,
QUAI DES AUGUSTINS, N° 47.

1830-1832

TABLE
DES MATIÈRES.

TREIZIÈME LEÇON.

Page 1.

État et caractères divers de la royauté à l'avénement de Philippe-Auguste. — État du royaume sous le rapport territorial. — Des possessions des rois d'Angleterre en France. — Relations de Philippe-Auguste avec Henri II, Richard Cœur-de-Lion et Jean-sans-Terre. — Acquisitions territoriales de Philippe-Auguste. — Prévôtés du roi. — Progrès du pouvoir monarchique. — Efforts de Philippe-Auguste pour rallier autour de lui les grands vassaux et s'en faire un moyen de gouvernement. — Il s'applique en même temps à placer la royauté en dehors de la féodalité. — La couronne s'affranchit de l'empire du clergé. — Travaux législatifs de Philippe-Auguste. — Ses soins en faveur de la civilisation matérielle et morale. — Effet de son règne sur l'esprit des peuples. — La royauté devient nationale. — Manifestation de ce résultat, après la bataille de Bovines et au sacre de Louis VIII.

QUATORZIÈME LEÇON.

Page 37.

De la royauté sous le règne de saint Louis.— Influence du caractère personnel de saint Louis.— Sa conduite quant à l'étendue territoriale du royaume.— Ses acquisitions. — Sa conduite envers la société féodale.— Son respect pour les droits des seigneurs.— Vrai caractère de ses travaux contre la féodalité.— Extension du pouvoir judiciaire du roi.— Progrès des légistes et du Parlement. — Extension du pouvoir législatif du roi.— Progrès de l'indépendance de la royauté en matière ecclésiastique. — Administration de saint Louis dans l'intérieur de ses domaines.— Résumé.

QUINZIÈME LEÇON.

Page 75.

État de la royauté après le règne de saint Louis.— En droit, elle n'était ni absolue ni limitée.— En fait, elle était sans cesse combattue, et pourtant très-supérieure à tout autre pouvoir.— Sa tendance au pouvoir absolu. — Cette tendance éclate sous Philippe-le-Bel.— Influence du caractère personnel de Philippe-le-Bel.— Diverses sortes de despotisme.— Progrès du pouvoir absolu dans la législation.— Examen des ordonnances de Philippe-le-Bel. — Vrai caractère de la composition et de l'influence des assemblées nationales sous son règne. — Progrès du pouvoir absolu en matière judiciaire. — Lutte des légistes et de l'aristocratie féodale. — Commissions extraordinaires. — Progrès du pouvoir absolu en matière d'impôts. — Réaction de l'aristocratie féodale contre le pouvoir absolu sous les trois fils de Philippe-le-Bel. — Associations de résistance. — Embarras dans l'ordre de successibilité au trône. — Affaiblissement de la royauté à la fin de l'époque féodale.

SEIZIÈME LEÇON.

Page 121.

Du Tiers-État en France. — Importance de son histoire. — Il a été l'élément le plus actif et le plus décisif de notre civilisation. — Nouveauté de ce fait; rien de semblable ne se rencontre jusque là dans l'histoire du monde. — Sa nationalité; c'est en France que le Tiers-État a pris tout son développement. — Distinction importante entre le Tiers-État et les communes. — De la formation des communes aux XIe et XIIe siècles. — Étendue et puissance de ce mouvement. — Divers systèmes pour l'expliquer. — Ils sont étroits et incomplets. — Variété des origines de la bourgeoisie à cette époque. — 1° Des villes où avait survécu le régime municipal romain. — 2° Des villes et bourgs en progrès, quoique non érigés en communes. — 3° Des communes proprement dites. — Combinaison de ces divers élémens pour la formation du Tiers-État.

DIX-SEPTIÈME LEÇON.

Page 149.

Pourquoi il importe de ne jamais perdre de vue la diversité des origines du Tiers-État. — 1° Des villes où s'est perpétué le régime municipal romain. — Pourquoi les documens qui s'y rapportent sont rares et incomplets. — Périgueux. — Bourges. — 2° Des villes qui, sans avoir été érigées en communes proprement dites, ont reçu de leurs seigneurs divers priviléges. — Orléans. — Coutumes de Lorris en Gâtinais. — 3° Des communes proprement dites. — Charte de Laon. — Véritable sens de cette charte et de la révolution communale du XIIe siècle. — Naissance de la législation moderne.

DIX-HUITIÈME LEÇON.

Page 187.

Objet de la leçon. — De la différence entre le régime municipal romain et celui du moyen âge. — Danger de l'immobilité des noms. — 1° Origine diverse de la cité romaine et de la commune moderne. — 2° Diversité de leur constitution. — 3° Diversité de leur histoire. — Résultat : le principe aristocratique domine dans la cité romaine ; le principe démocratique, dans la commune moderne. — Nouvelles preuves de ce fait.

DIX-NEUVIÈME LEÇON.

Page 209.

Histoire du Tiers-État du xie au xive siècle. — Vicissitudes de sa situation. — Décadence rapide des communes proprement dites.— Par quelles causes.— 1° Par la centralisation des pouvoirs féodaux. — 2° Par le patronage des rois et des grands suzerains. — 3° Par les désordres intérieurs des villes. — Décadence de la commune de Laon. — Le Tiers-État ne déchoit pas en même temps que les communes; il se développe au contraire et se fortifie. — Histoire des villes administrées par les officiers du roi. — Influence des juges et des administrateurs royaux sur la formation et les progrès du Tiers-État. — Que faut-il penser des libertés communales et de leurs résultats ? — Comparaison de la France et de la Hollande. — Conclusion du cours.

PREUVES ET DÉVELOPPEMENS HISTORIQUES.

Page 249.

AVERTISSEMENT.

Page 251.

I. Tableau des ordonnances, lettres et autres actes des

rois sur les villes et communes, de Henri Ier à Philippe de Valois.

Page 272.

II. Chartes et pièces relatives à l'histoire d'ORLÉANS.

Page 285.

III. ———— à l'histoire d'ÉTAMPES.

Page 312.

IV. ———— à l'histoire de BEAUVAIS.

COURS

D'HISTOIRE

MODERNE.

TREIZIÈME LEÇON.

État et caractères divers de la royauté à l'avénement de Philippe-Auguste. — État du royaume sous le rapport territorial. — Des possessions des rois d'Angleterre en France. — Relations de Philippe-Auguste avec Henri II, Richard Cœur-de-Lion et Jean-sans-Terre. — Acquisitions territoriales de Philippe-Auguste. — Prévôtés du roi. — Progrès du pouvoir monarchique. — Efforts de Philippe-Auguste pour rallier autour de lui les grands vassaux et s'en faire un moyen de gouvernement. — Il s'applique en même temps à placer la royauté en dehors de la féodalité. — La couronne s'affranchit de l'empire du clergé. — Travaux législatifs de Philippe-Auguste. — Ses soins en faveur de la civilisation matérielle et morale. — Effet de son règne sur l'esprit des peuples. — La royauté devient nationale.—Manifestation de ce résultat, après la bataille de Bovines et au sacre de Louis VIII.

————•————

Messieurs,

J'ai décrit l'état de la royauté de Hugues-Capet à Louis le Gros, les causes qui la plongèrent d'abord et la retinrent ensuite dans une apathie et une insignifiance réelles, quoiqu'on les ait exagérées; puis sa renaissance au commencement du xiie siècle, entre les mains de Louis le Gros.

J'ai à vous entretenir aujourd'hui de ce qu'elle devint sous le règne de Philippe-Auguste. Mais je veux bien constater d'abord le point où nous sommes arrivés, ce qu'était effectivement la royauté à l'avénement de ce prince, et décrire avec quelque détail son nouveau caractère.

Le premier de ses traits, et je vous l'ai déjà fait remarquer, c'était d'être un pouvoir étranger au régime féodal, distinct de la suzeraineté, sans rapport avec la propriété territoriale; un pouvoir *sui generis*, placé hors de la hiérarchie des pouvoirs féodaux, vraiment et purement politique, sans autre titre, sans autre mission que le gouvernement.

Ce pouvoir était en même temps regardé comme supérieur aux pouvoirs féodaux, supérieur à la suzeraineté. Le roi était, à ce titre, placé au-dessus de tous les suzerains.

De plus, la royauté était un pouvoir unique et général. Il y avait mille suzerains en France, un seul roi. Et non-seulement la royauté était unique, mais elle avait droit sur toute la France. Ce droit était vague et très-peu actif dans la pratique. L'unité politique de la royauté française n'était pas plus réelle que l'unité nationale de la France. Cependant l'une et l'autre n'étaient pas non plus tout-à-fait vaines. Les habitans de la Provence, du Languedoc, de l'Aquitaine, de la Normandie, du Maine, etc., avaient, il est vrai, des noms spéciaux, des lois, des destinées spéciales; c'étaient, sous les noms d'Angevins, Manceaux, Normands, Provençaux, autant de petits peuples, de petits États distincts et souvent ennemis. Cependant, au-dessus de tous ces territoires divers, de toutes ces petites nations, planait encore un seul et même nom, une idée générale, l'idée d'une nation appelée les Français, d'une patrie commune, dite la France.

Malgré la force des distinctions locales, malgré la variété, l'opposition même des intérêts et des mœurs, jamais l'idée de l'unité nationale n'a complètement disparu parmi nous : on la voit apparaître au milieu de la plus grande puissance du régime féodal, obscure sans doute, faible, presque étrangère aux événemens, aux réalités de la vie, toujours présente cependant, toujours en possession de quelque empire.

Telle était aussi, Messieurs, l'idée de l'unité politique ; tel l'état de la royauté, considérée comme pouvoir central et général. Quand on a tout dit sur sa faiblesse, sur l'indépendance des souverains locaux, il faut encore revenir à elle et reconnaître que pourtant elle subsistait. De même qu'en dépit de la variété des noms et des destinées, il y a toujours eu un pays appelé la France, un peuple nommé les Français, de même il y a toujours eu un pouvoir dit la royauté française, un souverain appelé le roi des Français ; souverain fort éloigné, à coup sûr, de gouverner tout le territoire qu'on appelait son royaume, sans action sur la plus grande partie de la population qui l'habitait ; nulle part étranger cependant, et dont le nom était inscrit en tête des actes des souverains locaux, comme le nom d'un supérieur auquel ils devaient certaines marques de déférence, qui possédait sur eux certains droits.

La portée politique, la valeur générale de la royauté, pour ainsi dire, à cette époque, n'allait pas plus loin; mais elle allait jusque là, et nul autre pouvoir ne participait à ce caractère d'universalité.

La royauté seule en avait aussi un autre qui n'est pas moins important à constater. C'était un pouvoir qui, dans son origine ni dans sa nature, n'était bien défini et clairement limité. Personne alors n'eût pu assigner à la royauté une origine spéciale et précise. Elle n'était ni purement héréditaire, ni purement élective, ni considérée comme uniquement d'institution divine. Ce n'était pas le sacre, l'onction ecclésiastique, ni la filiation, l'hérédité qui conféraient exclusivement le caractère royal. Il y fallait l'une et l'autre condition, l'un et l'autre fait; et d'autres conditions, d'autres faits venaient encore s'y associer. Je vous ai lu le procès-verbal du sacre de Philippe Ier, et vous y avez reconnu des traces évidentes d'élection; les assistans, grands vassaux, chevaliers, peuple, exprimaient leur consentement; ils disaient: « Nous acceptons, nous consentons, nous vou-
» lons. » Les principes les plus divers, en un mot,

des principes considérés en général comme contradictoires, se réunissaient autour du berceau de la royauté. Tous les autres pouvoirs avaient une origine simple, précise ; on pouvait en indiquer le mode et la date ; on savait que la suzeraineté féodale dérivait de la conquête, de la concession du chef à ses compagnons, de la propriété territoriale ; on remontait aisément et positivement à sa source. La source de la royauté était lointaine, diverse ; nul ne savait bien où la fixer.

Il en était de même de sa nature ; elle n'était pas plus claire, plus déterminée que son origine. Elle n'était point absolue : si la royauté, à cette époque, avait prétendu au pouvoir absolu, mille faits, mille voix se seraient élevés pour la démentir. Aussi n'y prétendait-elle point ; aussi ne revendiquait-elle point avec éclat les traditions de l'empire romain et les maximes de l'Église. Cependant, elle n'avait point de limites connues, définies, écrites, je ne dis pas dans les lois, mais même dans les coutumes. Tantôt elle exerçait un pouvoir qui, par la hauteur de son langage et la portée de son action, ressemblait assez au pouvoir absolu ; tantôt elle était, non-seulement limitée et réprimée en fait, mais elle-même reconnaissait des limites, s'arrêtait devant d'autres pouvoirs. Elle était, en un mot, dans son origine et dans sa nature, essentiellement indéfinie, flexible, capable de se resserrer et de s'étendre, de s'adapter aux circonstances les plus diverses, de jouer les rôles les plus différens ; ancienne de nom, jeune de fait, et placée évidemment à l'entrée d'une vaste carrière, sans que personne en mesurât l'étendue.

Tel était, Messieurs, si je ne m'abuse, le véritable état de la royauté française, quand Philippe-Auguste la recueillit. Il y avait là, vous le voyez, beaucoup d'élémens de force, mais d'une force lointaine, cachée. C'est surtout dans l'ordre moral, et quand on s'applique à pressentir ses futures destinées, que la royauté, dès cette époque, apparaît déjà grande et puissante. Si nous nous renfermons dans les faits matériels, extérieurs, si nous cherchons dans le présent seul, au XIIe siècle, la mesure de la royauté française, nous la trouverons singulièrement faible et restreinte, soit pour la portée, soit pour l'efficacité de son pouvoir. Les États proprement dits de Louis le Gros ne comprenaient guère, sauf l'inexactitude des circonscriptions, que cinq de nos départemens actuels, savoir : les départemens de la Seine, Seine-et-Oise,

Seine-et-Marne, Oise et Loiret. Et dans ce petit territoire, pour exercer quelque autorité, le roi de France avait sans cesse à lutter à main armée contre les comtes de Chaumont, de Clermont, les seigneurs de Montlhéry, de Montfort-l'Amaury, de Montmorency, de Coucy, du Puiset, et une foule d'autres, toujours en disposition, et presque toujours en état de ne lui point obéir. Un moment, et pendant que Louis VI régnait encore, le territoire de la royauté reçut une grande extension. Le mariage de son fils avec Éléonore d'Aquitaine ajouta au royaume de France la Touraine, le Poitou, la Saintonge, l'Angoumois, l'Aquitaine, c'est-à-dire presque tout le pays compris entre la Loire et l'Adour, jusqu'aux frontières des Pyrénées. Mais vous savez comment ce territoire fut perdu, comment le divorce de Louis VII et d'Eléonore le fit passer entre les mains de Henri II, roi d'Angleterre. A l'avénement de Philippe-Auguste, le royaume de France était donc rentré dans les limites qui le contenaient sous Louis le Gros; et à peine Philippe était-il roi, que les mêmes résistances, les mêmes coalitions de vassaux, qui avaient tant exercé l'activité et la persévérance de son grand-père, recommencèrent à éclater. Il était faible et peu en état de les réprimer; aussi dit-il dès lors, selon une vieille chronique :

Jaçoit ce chose (*quelque chose*) que il facent orendroit, lor forces et lor grang outraiges et grant vilenies, si me les convient à souffrir. Se à Dieu plest, ils affoibliront et envieilliront; et je croistrai, se Dieu plest, en force et en povoir. Si en serai en tores (*à mon tour*) vengié à mon talent [1] (*selon mon désir*).

Ce sont là les premières paroles que l'histoire attribue à Philippe-Auguste : on y voit à la fois et sa faiblesse et l'envie qu'il avait d'en sortir. Il en sortit en effet, et le royaume et la royauté étaient, à sa mort, tout autres qu'à son avénement.

Je ne puis songer à vous raconter ici son règne; mais je me hâte de vous en indiquer le vrai, le grand caractère. Il l'employa tout entier d'abord à refaire le royaume, ensuite à mettre la royauté de fait au niveau de la royauté de droit; à faire en sorte que sa situation extérieure, réelle, fût en harmonie avec les idées déjà répandues et accréditées sur sa nature. Comme puissance morale et dans la pensée com-

---

[1] Chron. inéd. dans l'*Art de vérifier les dates*, t. 1, p. 578, édit. in-fol.

mune du temps, la royauté avait déjà reconquis, sous Louis le Gros et Louis le Jeune, beaucoup de grandeur et de force; mais la grandeur, la force matérielle lui manquaient. Philippe-Auguste s'appliqua sans relâche à les lui donner.

A en juger par l'état où il trouvait les choses, la tâche devait être longue et rude. Non-seulement la royauté dont il héritait était resserrée dans un fort petit territoire, et combattue, dans ce territoire même, par de jaloux vassaux; mais, dès qu'il voulait sortir de ses États proprement dits, dès qu'il essayait d'en reculer les limites, il rencontrait un voisin bien plus puissant que lui, le roi d'Angleterre, Henri II, en possession de toute cette dot d'Éléonore d'Aquitaine, que Louis le Jeune avait perdue, c'est-à-dire maître de presque toute la France occidentale, depuis la Manche jusqu'aux Pyrénées, et par conséquent très-supérieur en force au roi de France, quoique son vassal.

Ce fut donc contre ce vassal et ses possessions que se dirigèrent les efforts de Philippe-Auguste. Tant que Henri II vécut, ils eurent peu de succès, et ne furent même tentés que timidement. Henri, prince habile, énergique, obstiné, redouté à la fois comme guerrier et comme politique, avait sur Philippe tous les avantages de la position et de l'expérience. Il en usa sagement, garda habituellement, avec son jeune suzerain, une attitude pacifique, et déjoua la plupart des tentatives sourdes, ou des expéditions à main armée, par lesquelles Philippe essaya de l'entamer. Il y eut, tant qu'il vécut, peu de changement dans les relations territoriales des deux États.

Mais après la mort de Henri II, Philippe eut affaire à ses deux fils, Richard Cœur-de-Lion et Jean-sans-Terre. Richard était, vous le savez, le type des mœurs et des passions de son temps. En lui éclataient, dans toute son énergie, cette soif de mouvement, d'action, ce besoin de déployer son individualité, de faire sa volonté toujours, partout, au risque non-seulement du bien-être et des droits de ses sujets, mais de sa propre sûreté, de son propre pouvoir, de sa couronne même. Richard Cœur-de-Lion est, sans nul doute, le roi féodal par excellence, c'est-à-dire le plus hardi, le plus inconsidéré, le plus passionné, le plus brutal, le plus héroïque aventurier du moyen âge. Philippe-Auguste devait lutter avec grand profit contre un tel homme. Philippe était d'un sens rassis, patient, persévérant, peu touché de l'esprit d'aventure, plus ambitieux qu'ardent, capable de longs desseins, et assez indifférent dans l'emploi des moyens. Il ne fit point, sur le roi Richard, ces grandes et définitives conquêtes qui devaient rendre à la France la meilleure partie de la dot d'Eléonore d'Aquitaine; mais il les prépara par une multitude de petites acquisitions, de petites victoires, et en s'assurant de plus en plus la supériorité sur son rival.

A Richard succéda Jean-sans-Terre, poltron et insolent, fourbe et étourdi, colère, débauché, paresseux, vrai valet de comédie, avec la prétention d'être le plus despote des rois. Philippe avait sur lui, encore plus que sur son frère Richard, d'immenses avantages. Il s'en prévalut si bien qu'après six années de lutte, de 1199 à 1205, il enleva à Jean la plus grande partie de ce qu'il possédait en France, savoir : la Normandie, l'Anjou, le Maine, le Poitou, la Touraine. Philippe se fût probablement passé de procédure légale pour faire sanctionner ces conquêtes, mais Jean lui en fournit un merveilleux prétexte. Le 3 avril 1203, il assassina de sa propre main, dans la tour de Rouen, son neveu Arthur, duc de Bretagne, et, à ce titre, vassal de Philippe-Auguste, auquel il venait de prêter hommage.

Philippe fit sommer Jean, comme son vassal, devant la cour des barons de France, ses pairs, pour se justifier de cet acte. Nous avons, dans l'historien anglais Matthieu Pâris, un récit assez circonstancié de ce qui se passa à cette occasion ; récit un peu confus, il est vrai, car c'est en parlant des réclamations portées plus tard à la cour de Rome contre cette condamnation du roi Jean, que l'historien la raconte; et il mêle les faits anciens à la discussion soutenue à ce sujet, devant le pape, par les envoyés de France et d'Angleterre. Je mettrai cependant son texte même sous vos yeux; malgré la partialité du langage, les faits y apparaissent avec intérêt et vérité.

C'est la coutume du royaume des Français, disaient les envoyés de France, que le roi y ait toute juridiction sur ses hommes liges ; et comme comte et duc, le roi d'Angleterre était son homme lige : ainsi donc, quoique Jean fût roi sacré, il était, en qualité de comte et de duc, soumis à la juridiction du seigneur roi des Français. Or, à titre de comte et de duc, s'il commettait un délit dans le royaume des Français, il pouvait et devait être jugé à mort par ses pairs. N'eût-il même été ni duc, ni comte, mais seulement homme lige du roi de France, s'il eût commis un délit dans le royaume de France, les barons pouvaient le condamner à mort en raison de ce délit. Autrement, et si le roi d'Angleterre, parce qu'il était roi sacré, ne pouvait être jugé à mort, il pourrait impunément entrer dans le royaume de France, et tuer les barons comme il avait tué Arthur.

Voici quelle était la vérité de cette affaire. Dans le fait, le roi Jean ne fut pas justement ni légalement privé de la Normandie; car, après en avoir été dépouillé, non par jugement, mais par violence, le roi envoya, pour obtenir restitution, à Philippe, roi des Français, des ambassadeurs importans et sages; savoir, Eustache, évêque d'Ely, et Hubert-du-Bourg, hommes diserts et éloquens, les chargeant de dire à Philippe qu'il viendrait volontiers à sa cour pour répondre en justice et obéir entièrement sur cette affaire, mais qu'il fallait qu'il lui accordât un sauf-conduit.

Et le roi Philippe répondit, mais ni d'un cœur, ni d'un visage serein : « Volontiers, qu'il vienne en paix et en sû- » reté. » — Et l'évêque : « Et qu'il s'en retourne ainsi, sei- » gneur. » — Et le roi : « Oui, si le jugement de ses pairs » le lui permet. »

Et comme tous les envoyés d'Angleterre le suppliaient qu'il accordât au roi d'Angleterre de venir et de s'en retourner en sûreté, le roi de France irrité répondit, avec son jugement ordinaire : « Non; de par tous les saints de » France, à moins que le jugement n'y consente. »

Et comme l'évêque, énumérant tous les périls que courrait le roi Jean par sa venue, dit : « Seigneur roi, le duc » de Normandie ne peut venir sans que vienne en même » temps le roi d'Angleterre, puisque le duc et le roi sont » une seule et même personne ; et le baronage d'Angle- » terre ne le permettrait en aucune façon; et si le roi le » voulait, il courrait, comme vous le savez, péril de prison » ou de mort. »

Le roi lui répondit : « Qu'est ceci, seigneur évêque ?

» On sait bien que le duc de Normandie, mon homme, a
» acquis par violence l'Angleterre. Ainsi donc, si un vassal
» croît en honneur et puissance, son seigneur suzerain y
» perdra ses droits? Impossible. »

Les envoyés, voyant qu'ils ne pouvaient rien répondre de raisonnable à cela, retournèrent au roi d'Angleterre et lui racontèrent tout ce qu'ils avaient vu et entendu.

Mais le roi ne voulut pas se confier au hasard et au jugement des Français, qui ne l'aimaient pas; car il craignait surtout qu'on ne reprochât le honteux meurtre d'Arthur; et selon Horace :

Quia me vestigia terrent,
Omnia te adversum spectant, nulla retrorsum.

Les grands de France procédèrent néanmoins au jugement, ce qu'ils n'auraient pas dû faire légalement, puisque celui qu'ils avaient à juger était absent, et serait venu s'il l'avait pu. Si donc le roi Jean fut condamné et dépouillé par ses adversaires, ce ne fut pas légalement [1].

La condamnation n'en reçut pas moins son plein effet, et Philippe rentra par là en possession de presque tout le territoire que son père Louis n'avait tenu qu'un moment. Il joignit successivement d'autres provinces à ses États; de telle sorte que le royaume de France, restreint, vous venez de le voir, sous Louis le Gros,

[1] Matthieu Paris, p. 725.

à l'Ile-de-France et à quelques parties de la Picardie et de l'Orléanais, comprenait de plus, en 1206, le Vermandois, l'Artois, le Vexin français et le Vexin normand, le Berry, la Normandie, le Maine, l'Anjou, la Touraine, le Poitou et l'Auvergne.

Cependant, on distinguait encore, dans ce territoire, le royaume de France proprement dit, des nouvelles acquisitions du roi; et la preuve de cette distinction, c'est que, dans les états dressés, au XIIIe siècle, des *prévôtés royales*, c'est-à-dire des terres propres du roi, administrées par ses prévôts, on ne comprend sous le nom de *prévôtés de France* que celles qui sont enclavées dans le territoire que possédait Philippe-Auguste avant ses conquêtes sur l'Angleterre : les autres prévôtés sont dites *prévôtés de Normandie* ou *de Touraine*, etc.

En 1217, Philippe-Auguste possédait soixante-sept prévôtés ou domaines dits *prévôtés de France*; sur ce nombre, trente-deux avaient été acquises par lui; et elles lui valaient toutes ensemble un revenu de 43,000 livres [1].

Tels furent, Messieurs, sous le rapport territorial, les résultats du règne de Philippe-Au-

---

[1] Brussel, *Usage des fiefs*, t. 1, p. 421-465.

guste. Avant lui, et sous les règnes de Louis VI et de Louis VII, la royauté était redevenue puissante comme idée, comme force morale; Philippe-Auguste lui donna un royaume à gouverner. Voyons maintenant comment, le royaume une fois assuré, il y exerça le pouvoir royal.

Ce qui manquait surtout au gouvernement, dans le régime féodal, c'était, vous le savez, l'unité, la présence d'un pouvoir central. Il n'eût pu entrer dans l'esprit de l'homme le plus ambitieux de poser, pour ainsi dire, sur-le-champ, la royauté comme pouvoir central au milieu de la société féodale encore dans toute sa force. Philippe-Auguste ne tenta rien de semblable; mais il essaya de réunir auprès de lui les grands vassaux, de les constituer en assemblée, en parlement, de donner aux cours féodales, aux cours des pairs, une fréquence, une activité politique jusque là inconnues, et de faire faire ainsi à son gouvernement quelques pas vers l'unité. Telle était devenue sa prépondérance qu'il prévalait sans grand'peine dans les réunions de ce genre, et qu'elles lui étaient ainsi plus utiles que périlleuses. Aussi les voit-on, sous son règne, intervenir dans la politique, et même dans la législation, beaucoup plus souvent qu'auparavant. Plusieurs des ordonnances de Philippe-Auguste sont rendues avec le concours, l'assentiment des barons du royaume ; et, à ce titre, elles ont force de loi dans toute son étendue, du moins dans les domaines des barons qui ont pris part à leur adoption.

Pour s'entourer ainsi de ses grands vassaux, et s'en faire un moyen de gouvernement, Philippe se servit avec succès des souvenirs de la cour de Charlemagne. Par une série de causes dont je vous entretiendrai quand nous nous occuperons de l'histoire littéraire de cette époque, le nom de Charlemagne et la mémoire de son règne reprirent alors un grand empire. C'est le temps, soit de la composition, soit de la popularité des romans de chevalerie, particulièrement de ceux dont Charlemagne et ses paladins sont les héros. Il suffit d'ouvrir la *Philippide* de Guillaume le Breton pour voir à quel point les esprits en étaient préoccupés. Philippe-Auguste essaya de mettre à profit ces souvenirs et ce goût de son temps pour rassembler autour de lui les barons, recommencer la cour de Charlemagne, et s'en faire un principe d'unité. La tentative eut peu de résultats, mais elle mérite d'être remarquée.

Philippe réussit mieux dans ses efforts pour affranchir la royauté du pouvoir ecclésiastique. Je vous le disais dans notre dernière réunion; de Hugues Capet à Louis le Gros, la royauté avait vécu sous la domination et, pour ainsi dire, sous la bannière du clergé, soit national, soit étranger. C'est sous Philippe-Auguste qu'a commencé la résistance efficace de la couronne et au clergé national et à la papauté. Ce fait, qui a joué un si grand rôle dans notre histoire, la séparation du pouvoir temporel et du pouvoir spirituel, la royauté indépendante, soutenant qu'elle subsiste par son propre droit, réglant seule les affaires civiles, et se défendant sans relâche contre les prétentions ecclésiastiques, c'est sous Philippe-Auguste qu'on le voit naître et se développer rapidement. Philippe se servit très-habilement, dans ce dessein, de l'appui de ses grands vassaux. Voici, par exemple, une lettre qui lui fut adressée, en 1203, par onze d'entre eux, lorsque Innocent III le menaça de l'interdire, lui et son royaume, s'il ne concluait pas immédiatement la paix avec Jean-sans-Terre :

Moi, Eudes de Bourgogne, je fais savoir à tous ceux à qui les présentes lettres parviendront, que j'ai *conseillé* à mon seigneur Philippe, l'illustre roi des Français, de ne faire ni paix ni trève avec le roi d'Angleterre, par la violence ou la correction du seigneur pape, ou d'aucun des cardinaux. Que si le seigneur pape entreprenait de faire à ce sujet au seigneur roi aucune violence, j'ai promis au seigneur roi, comme à mon seigneur lige, et je lui ai garanti, sur tout ce que je tiens de lui, que je viendrai à son secours de tout mon pouvoir, et que je ne ferai de paix avec le seigneur pape que par l'entremise dudit seigneur roi. Donné, etc. [1].

Qui ne reconnaît déjà là le langage que les barons et les officiers laïques de la couronne de France ont si souvent tenu depuis en pareille occasion?

Et ce n'était pas seulement au pouvoir ecclésiastique étranger, au pape, que Philippe savait ainsi résister. Il ne subissait pas davantage le joug du clergé national. En 1209, les évêques d'Orléans et d'Auxerre refusèrent de fournir leur contingent à raison des fiefs qu'ils tenaient du roi. Philippe saisit leurs domaines, ce qu'on a appelé depuis leur temporel. Le pape le mit en interdit; il brava l'interdit du pape, et réussit à contraindre les évêques de s'acquitter de leurs devoirs féodaux. On ren-

[1] Dumont, *Corpus diplom.*, t. 1, p. 129.

contre sous son règne plusieurs faits analogues.

Procurer au gouvernement royal quelque unité en le donnant pour centre aux grands barons, fonder son indépendance en l'affranchissant du pouvoir ecclésiastique, tels sont les deux premiers travaux politiques de Philippe-Auguste. J'en aborde un troisième.

Plus qu'aucun de ses prédécesseurs, depuis Charlemagne et ses enfans, il s'occupa de législation. Sous les premiers Capétiens on ne rencontre presque aucun acte de législation générale ; je dirai plus, de législation proprement dite. D'une part, tout était local, vous le savez, et tous les possesseurs de fiefs d'abord, ensuite tous les grands suzerains possédaient le pouvoir législatif dans leurs domaines. D'autre part, on ne s'inquiétait nullement de la régularité des relations sociales ; on les abandonnait au hasard, à la coutume ; personne ne songeait à y introduire quelque fixité, quelque ordre, à leur donner des lois. Philippe-Auguste recommença à tenir compte de cette partie du gouvernement. On trouve dans le *Recueil des Ordonnances des rois de France* cinquante-deux ordonnances ou actes officiels émanés de lui ; les uns entiers, les autres par fragmens, d'autres seulement mentionnés dans quelque monument du temps. Voici comment on peut les classer : 1° Trente sont relatifs à des intérêts locaux ou privés; ce sont des concessions de chartes, de priviléges, des mesures prises sur les affaires de telle ou telle ville, de telle ou telle corporation. 2° Cinq sont des actes de législation civile, qui s'appliquent aux bourgeois, colons ou paysans établis dans les domaines du roi ; tantôt pour les autoriser à nommer un tuteur à leurs enfans, tantôt pour régler les droits de la femme à la mort du mari, etc. Ce sont des coutumes que la royauté écrit et convertit en lois. 3° Quatre sont des actes de législation féodale et statuent sur certains points de la situation des possesseurs de fiefs. 5° Treize, enfin, peuvent être classés sous le chef de législation politique, et sont, à vrai dire, des actes de gouvernement. Je n'en ferai pas ici l'énumération ; plusieurs n'ont aucune importance ; mais je veux mettre sous vos yeux le principal de ces actes, le testament que laissa Philippe-Auguste en partant pour la croisade, et par lequel il voulut régler le gouvernement de ses États en son absence. C'est sans contredit le plus curieux de ces monumens :

Au nom de la Trinité sainte et indivisible, ainsi soit-il. Philippe, par la grâce de Dieu, roi des Français.

C'est le devoir d'un roi de pourvoir à tous les besoins de ses sujets et de préférer à son intérêt personnel l'intérêt public. Comme nous brûlons du désir d'accomplir le vœu de notre pélerinage, entrepris pour porter secours à la Terre-Sainte, nous avons résolu de régler, avec l'aide du Très-Haut, la manière dont on devra traiter en notre absence les affaires de notre royaume, et de faire nos dernières dispositions en cette vie pour le cas où il nous arriverait quelque malheur, selon la condition humaine, pendant notre voyage.

1. Nous ordonnons donc, en premier lieu, que nos baillis choisiront pour chaque prévôté, et comme chargés de nos pouvoirs, quatre hommes sages, loyaux et de bonne renommée. Les affaires de la ville ne pourront se traiter sans leur conseil, ou sans le conseil de deux, au moins, d'entre eux. Quant à Paris, nous voulons qu'il y en ait six, tous preux et loyaux, dont voici les noms : T., A., E., R., B., N.

2. Nous avons aussi placé des baillis dans nos terres qui sont distinguées par des noms propres. Tous les mois, ils fixeront dans leurs bailliages un jour, dit jour d'assises, où tous ceux qui auront à faire quelque plainte, recevront d'eux, sans délai, justice et satisfaction. Là aussi nous recevrons satisfaction et justice. On y inscrira les forfaitures qui doivent nous échoir.

3. Nous voulons et ordonnons en outre que notre très-chère mère la reine (Adèle), et notre très-cher et très-fidèle oncle Guillaume, archevêque de Rheims, fixent tous les quatre mois un jour, à Paris, où ils entendront les récla-

mations des sujets de notre royaume, et y feront droit pour l'honneur de Dieu et l'intérêt du royaume.

4. Ordonnons encore que ce jour-là viendront devant eux des hommes de chacune de nos villes, et nos baillis tenant assises, pour exposer en leur présence les affaires de notre terre.

5. Si un de nos baillis s'est rendu coupable de tout autre délit que meurtre, rapt, homicide ou trahison, et qu'il en soit convaincu devant l'archevêque, la reine et les autres juges nommés pour entendre des forfaitures de nos baillis, nous voulons qu'il nous soit envoyé trois fois par an des lettres, pour nous informer du bailli qui a forfait, de la nature du délit, de ce qu'il a reçu, et quel est l'homme dont l'argent, les présens ou les services lui ont fait sacrifier le droit de nos gens ou le nôtre.

6. Nos baillis nous feront les mêmes rapports sur nos prévôts.

7. La reine et l'archevêque ne pourront dépouiller nos baillis de leurs charges, excepté pour crime de meurtre, de rapt, d'homicide ou de trahison : les baillis ne pourront en faire autant aux prévôts que dans les mêmes cas. A nous il est réservé, avec le conseil de Dieu, quand nous aurons connaissance de la vérité, de prendre une telle vengeance qu'elle serve aux autres de leçon.

8. La reine et l'archevêque nous rendront compte aussi trois fois par an de l'état et des affaires du royaume.

9. Si un siége épiscopal ou une abbaye vient à vaquer, nous voulons que les chanoines de l'église ou les moines du monastère vacant viennent devant la reine et l'archevêque, comme ils seraient venus devant nous, pour leur demander

le droit de libre élection, et nous voulons qu'on le leur accorde sans contradiction. Au reste, nous donnons aux chapitres et aux moines le conseil d'élire tel pasteur qui plaise à Dieu et serve bien le royaume. La reine et l'archevêque garderont entre leurs mains la régale tant que le prélat désigné n'aura été ni consacré, ni béni. Après quoi, ils la lui remettront sans contradiction.

10. Voulons en outre que, s'il vient à vaquer une prébende ou un bénéfice ecclésiastique, quand la régale sera remise entre nos mains, la reine et l'archevêque aient soin de les conférer, par le conseil de frère Bernard, le mieux et le plus honorablement qu'ils pourront, à des hommes d'honneur et distinction, sauf les donations que nous avons faites à quelques autres par nos lettres-patentes.

11. Défendons à tous prélats des églises et à nos hommes de donner taille ni impôt, tant que nous serons au service de Dieu. Mais si Dieu, notre Seigneur, venait à disposer de nous, et qu'il nous arrivât de mourir, nous défendons expressément à tous les hommes de notre terre, clercs ou laïques, de donner taille ni impôt, jusqu'à ce que notre fils (que Dieu daigne conserver sain et sauf pour son service) ait atteint l'âge où il pourra, avec la grâce du Saint-Esprit, gouverner le royaume.

12. Mais si quelqu'un voulait faire la guerre à notre fils, et que ses revenus ne fussent pas suffisans pour la soutenir, alors que tous nos sujets l'aident de leurs corps et de leur avoir, et que les églises lui donnent les mêmes secours qu'elles sont dans l'usage de nous donner.

13. De plus, défendons à nos prévôts et baillis de saisir un homme, ni son avoir, quand il offrira de bonnes cautions pour poursuivre son droit devant notre cour, ex-

cepté dans les cas d'homicide, de meurtre, de rapt ou de trahison.

14. Voulons encore que tous nos revenus, services et rentes, soient apportés à Paris à trois époques : 1° à la Saint-Remi, 2° à la Purification de la sainte Vierge, 3° à l'Ascension, et remis à nos bourgeois désignés, et au vice-maréchal. Si l'un d'eux venait à mourir, Guillaume de Garlande nommerait quelqu'un pour le remplacer.

15. Adam, notre clerc, assistera aux recettes de notre avoir et les enregistrera. Chacun d'eux aura une clef de tous les coffres où on déposera notre avoir dans le Temple. Le Temple en gardera une aussi. On nous enverra de cet avoir ce que nous en demanderons dans nos lettres.....

16. ....

17. .....

18. Ordonnons encore à la reine et à l'archevêque de retenir entre leurs mains, jusqu'à notre retour du service de Dieu, tous les honneurs dont nous avons droit de disposer, quand ils viennent à vaquer, et qu'ils pourront conserver honnêtement, tels que nos abbayes, doyennés, et autres dignités. Ceux qu'ils ne pourront retenir, ils les donneront selon Dieu, et les assigneront d'après le conseil du frère G...., et toujours pour l'honneur de Dieu et le bien du royaume. Mais si nous mourions dans notre pélerinage, notre volonté est que les honneurs et dignités ecclésiastiques soient conférés aux plus dignes,..... »

Je supprime quelques articles et je n'ai pas le temps d'entrer dans un long commentaire sur ceux que je viens de vous lire. Mais vous voyez là poindre clairement des intentions de gouvernement régulier, quelques idées d'administration, quelques soins de l'ordre et de la liberté. Il est évident, par ce seul acte, que la royauté fit, sous Philippe, de grands progrès, non-seulement quant au territoire sur lequel elle s'exerçait, mais aussi quant à l'efficacité et à la régularité de son action.

Il prit également beaucoup de soins pour distinguer et séparer la royauté de tous les pouvoirs féodaux. Avant lui, cette distinction était, vous l'avez vu, déjà posée et reconnue; la royauté était un pouvoir spécial, *sui generis*, complétement en dehors de la féodalité. Philippe-Auguste s'appliqua à rendre la distinction plus claire, plus complète, à enlever de plus en plus à la royauté tout caractère féodal, pour faire d'autant plus éclater son caractère propre. En même temps qu'il se prévalait avec grand soin de sa suzeraineté pour rallier autour de lui ses vassaux, en même temps il ne perdait aucune occasion de mettre le roi à part, de l'élever au-dessus du suzerain. Voici des actes. Le roi de France tenait, vous le savez, des fiefs d'autres personnes, était, à ce titre, leur vassal, et par conséquent leur devait hommage. Philippe-Auguste posa en principe que le roi ne pouvait ni ne devait rendre hommage à personne. Je trouve dans Brussel la charte suivante :

Philippe, etc. Il convient à la dignité royale de récompenser par des bienfaits ceux qui lui sont dévoués, afin que notre récompense répondant dignement à leurs mérites, d'autres soient, par ces exemples, invités à les imiter.

Que tous, présens et futurs, sachent donc que Philippe, comte de Flandre, nous ayant abandonné la ville et le comté d'Amiens, nous avons connu clairement la fidélité et le dévoûment envers nous de l'église d'Amiens; car nonseulement elle nous a montré en cette affaire beaucoup de dévoûment, mais en outre, attendu que la mouvance de la terre et du comté susdits appartiennent à cette église, et qu'elle doit en recevoir l'hommage, cette église a consenti et accordé bénignement que nous tinssions son fief sans lui prêter hommage, car *nous ne devons ni ne pouvons rendre hommage à personne.*

C'est pourquoi ayant égard au dévoûment de ladite église, nous la dispensons de tout gîte envers nous ou nos sergens, et lui enjoignons d'être tranquille, tant que nous et nos successeurs, rois des Français, tiendront le comté et la terre d'Amiens. Si un jour cette terre est tenue par quelqu'un qui puisse rendre hommage à l'église d'Amiens, il rendra à l'évêque hommage dudit fief; et l'évêque alors, comme avaient coutume de le faire très-anciennement les évêques d'Amiens, s'acquittera des droits de gîte dus à nous et nos successeurs, rois de France, et à nos sergens [1].

Plusieurs autres chartes contiennent l'application du même principe.

Messieurs, Philippe-Auguste ne borna pas son activité à l'extension de son pouvoir, au soin des intérêts directs et personnels de la royauté. Quoiqu'on ne démêle en lui point de véritable intention morale, point de préoccupation puissante de la justice ou du bien-être des hommes ; il avait l'esprit droit, actif, le besoin de l'ordre et du progrès, et fit beaucoup de choses pour ce que nous appellerions aujourd'hui la civilisation générale du royaume. Il fit paver les rues de Paris, en agrandit et en releva l'enceinte; construisit des aqueducs, des hôpitaux, des églises, des halles ; s'inquiéta partout du bon état matériel de la condition humaine. Il prenait aussi intérêt au développement moral. L'Université de Paris lui dut ses principaux priviléges et une protection éclatante, même excessive. De lui vient également l'institution des archives royales. C'était souvent l'usage des rois de porter leurs archi-

[1] Brussel, *Usage des fiefs*, t. 1, p. 152-159.

ves, les chartes, actes, titres, etc., de la couronne, partout où ils allaient. En 1194, dans une embuscade normande, près de Vendôme, Philippe perdit des registres importans qui le suivaient de la sorte. Il renonça dès lors à cette pratique et fonda un dépôt où tous les actes du gouvernement furent déposés. A ces faits, j'en pourrais ajouter plusieurs autres de même nature ; mais le temps me presse : voici le fait général auquel tous ceux-là viennent aboutir. Le premier, entre les rois capétiens, Philippe-Auguste a donné à la royauté française ce caractère de bienveillance intelligente et active pour l'amélioration de l'état social, pour les progrès de la civilisation nationale, qui a fait si long-temps sa force et sa popularité. Toute notre histoire, Messieurs, dépose de ce fait, qui a reçu, sous le règne de Louis XIV, son dernier et plus glorieux développement. Il remonte jusqu'à Philippe-Auguste. Avant lui, la royauté n'était ni assez forte, ni assez élevée pour exercer, en faveur de la civilisation du pays, une telle influence ; il la lança dans cette route et la mit en état d'y marcher.

Les effets de ce caractère du pouvoir royal sur les esprits ne tardèrent pas à se faire sentir. Ouvrez les monumens de cette époque, la *Vie de Philippe-Auguste*, par Rigord, celle de Guillaume le Breton, le poème de la *Philippide*, par le même, le petit poème de Nicolas de Bray, sur *les siéges de La Rochelle et d'Avignon*, par Louis VIII, vous y verrez la royauté devenant nationale, préoccupant la pensée des peuples : vous rencontrerez un enthousiasme souvent ridicule dans la forme, et prodigieusement exagéré, mais réel au fond et sincère, pour son influence et pour les progrès qu'elle faisait faire à la société. Je ne citerai que deux passages, mais ils ne vous laisseront, à cet égard, aucun doute. Le premier, que j'emprunte à Guillaume le Breton, est la description de la joie publique, après la bataille de Bovines. Il y avait eu bien des batailles, bien des victoires remportées par les rois de France ; aucune n'avait été, comme celle-ci, un événement national ; aucune n'avait ému de la sorte la population tout entière :

> Qui pourrait raconter, s'imaginer, tracer avec la plume, sur un parchemin ou des tablettes, les joyeux applaudissemens, les hymnes de triomphe, les innombrables danses des peuples, les doux chants des clercs, les sons harmonieux des instrumens guerriers dans les églises, les solennels ornemens des églises, en dedans et en dehors, les rues, les maisons, les chemins de tous les châteaux et des villes

tendus de courtines et de tapisseries de soie, couverts de fleurs, d'herbes et de branches verdoyantes ; tous les habitans de toute condition, de tout sexe et de tout âge, accourant de toutes parts voir un si grand triomphe ; les paysans et les moissonneurs interrompant leurs travaux, suspendant à leur cou leurs faulx, leurs hoyaux et leurs trubles (car c'était alors le temps de la moisson), et se précipitant en foule vers les chemins pour voir dans les fers ce Ferrand dont naguère ils redoutaient les armes......? Toute la route se passa ainsi jusqu'à ce qu'on fût arrivé à Paris. Les habitans de Paris, et par-dessus tout la multitude des écoliers, le clergé et le peuple, allant au-devant du roi, en chantant des hymnes et des cantiques, témoignèrent par leurs gestes quelle joie animait leurs esprits. Et il ne leur suffit pas de se livrer à l'allégresse pendant ce jour ; ils prolongèrent leurs plaisirs dans la nuit, et même pendant sept nuits consécutives, au milieu de nombreux flambeaux ; en sorte que la nuit paraissait aussi brillante que le jour. Les écoliers surtout ne cessaient de faire de somptueux festins, chantant et dansant continuellement [1].

Voici maintenant comment Nicolas de Bray décrit l'entrée de Louis VIII à Paris, et la réception que lui fit la ville après son sacre à Rheims :

Alors brille devant les yeux du prince la ville vénérable

---

[1] Guillaume le Breton, *Vie de Philippe-Auguste*, dans ma *Collection*, t. XI, p. 301. — *Voyez* aussi sa *Philipvide*, chant douzième.

où sont exposées les richesses que la prévoyante sollicitude de ses ancêtres avait autrefois amassées. L'éclat des pierreries le dispute à celui de l'astre de Phébus ; la lumière s'étonne d'être effacée par une lumière nouvelle ; le soleil croit qu'un autre soleil éclaire la terre et se plaint de voir éclipsée sa splendeur accoutumée. Sur les places, les carrefours, dans les rues, on ne voit que des vêtemens tout resplendissans d'or, et de tous côtés brillent les étoffes de soie. Les hommes chargés d'années, les jeunes gens au cœur impatient, les hommes à qui les ans ont donné plus de gravité, ne peuvent attendre leurs vêtemens de pourpre : les serviteurs et les servantes se répandent dans la ville, heureux de porter sur leurs épaules de si riches fardeaux, et croient ne plus devoir de services à personne, tant qu'ils s'amusent à regarder autour d'eux toutes les parures magnifiques. Ceux qui n'ont pas d'ornemens pour se vêtir en des fêtes si solennelles, vont emprunter des habits à prix d'argent. Sur les places et dans les rues, tous se livrent, à l'envi, à toutes sortes de divertissemens publics ; le riche n'écarte point l'indigent de la salle de ses festins ; tous se répandent en tous lieux et mangent et boivent en commun. Les temples sont garnis de guirlandes, les autels entourés de pierreries : tous les aromates s'unissent au parfum de l'encens qui s'élève en fumée. Autour des rues et des vastes carrefours, de joyeux jeunes gens, de timides jeunes filles forment des chœurs de danse ; des chanteurs paraissent entonnant des chants joyeux ; des mimes accourent, faisant résonner la vielle aux sons pleins de douceur ; les instrumens retentissent de toutes parts ; ici le sistre, là les tymbales, le psaltérion, les guitares, faisant une agréable symphonie ; tous accordent leurs voix et chantent pour le roi d'aimables chansons. Alors aussi sont suspendus et les procès et les travaux et les études des logiciens. Aristote ne parle plus, Platon ne présente plus de problèmes, ne cherche plus d'énigmes à résoudre; les réjouissances publiques ont fait cesser toute espèce de travail; le chemin par où le roi s'avance est agréablement jonché de fleurs : il entre enfin joyeusement dans son palais, et se place sur son siège royal entouré de ses grands [1].

Plus que beaucoup de faits, Messieurs, ces fragmens peignent avec vérité ce qu'était devenue la royauté à cette époque, quel empire elle exerçait sur les esprits, et comment, dans la pensée commune, son pouvoir était lié au déploiement de l'activité publique, au progrès de la civilisation. C'est là un des grands résultats du règne de Philippe-Auguste. Avant lui, sous Louis le Gros et Louis le Jeune, les principes généraux, les idées morales sur lesquelles repose la royauté, avaient repris vigueur; mais le fait ne répondait point au droit; le pouvoir royal était très-borné dans sa portée et très-faible dans son action. Philippe-Auguste lui conquit un grand territoire et lui donna la force de s'y déployer. Et par cette loi naturelle qui veut que les idées se métamorphosent en faits, et les faits en idées, le progrès matériel

---

[1] Nicolas de Bray, dans ma *Collection*, t. XI.

de la royauté, résultat de l'ascendant moral qu'elle possédait déjà, donna à cet ascendant bien plus d'étendue et d'énergie. Quel usage en fit saint Louis? Que devint la royauté entre ses mains? Ce sera l'objet de notre prochaine réunion.

QUATORZIÈME LEÇON.

De la royauté sous le règne de saint Louis. — Influence du caractère personnel de saint Louis.—Sa conduite quant à l'étendue territoriale du royaume. — Ses acquisitions. — Sa conduite envers la société féodale. — Son respect pour les droits des seigneurs. — Vrai caractère de ses travaux contre la féodalité. — Extension du pouvoir judiciaire du roi.— Progrès des légistes et du Parlement. — Extension du pouvoir législatif du roi. — Progrès de l'indépendance de la royauté en matière ecclésiastique. —Administration de saint Louis dans l'intérieur de ses domaines. — Résumé.

Messieurs,

Nous avons vu la royauté renaître sous Louis le Gros, le royaume se former sous Philippe-Auguste. Que fit saint Louis de la royauté et du royaume ? C'est la question dont nous avons à nous occuper aujourd'hui.

Saint Louis commença par douter de la légitimité de ce qu'avaient fait ses prédécesseurs. Pour bien comprendre l'histoire politique de son règne, il faut d'abord le bien connaître lui-même. Rarement le caractère et les dispositions personnelles d'un homme ont exercé, sur le cours général des choses, une aussi grande influence.

Saint Louis était par-dessus tout un homme consciencieux, un homme qui, avant d'agir, se posait à lui-même la question du bien et du mal moral, la question de savoir si ce qu'il allait faire était bien ou mal en soi, indépendamment de toute utilité, de toute conséquence. De tels hommes sont rarement montés et plus rarement encore demeurés tels sur le trône. A vrai dire, il n'y en a guère dans l'histoire que deux grands exemples, l'un dans l'antiquité, l'autre dans les temps modernes, Marc-Aurèle et saint Louis. Marc-Aurèle et saint Louis sont peut-être les deux seuls princes qui, en toute occasion, aient fait de leurs croyances morales la première règle de leur conduite; Marc-Aurèle, stoïcien; saint Louis, chrétien.

Quiconque perdrait de vue ce fait fondamental se ferait, des événemens accomplis sous le règne de saint Louis et du tour qu'il a voulu donner au pouvoir royal, une idée fausse. L'homme explique seul la marche de l'institution.

Indépendamment de la rigidité de sa conscience, saint Louis était un homme d'une grande activité, d'une activité non-seulement guerrière, chevaleresque, mais politique, intellectuelle même. Il pensait à beaucoup de choses, était fortement préoccupé de l'état de son pays, du sort des hommes, avait besoin de régler, de réformer, s'inquiétait du mal partout où il l'apercevait, et voulait porter partout le remède. Le besoin de faire et le besoin de bien faire le possédaient également. Que faut-il de plus pour assurer l'influence d'un prince, et faire à sa personne, dans les résultats les plus généraux, une large part?

Dominé par son exactitude morale, il commença, je le disais tout-à-l'heure, par douter de la légitimité de ce qu'avaient fait ses prédécesseurs, particulièrement de la légitimité des conquêtes de Philippe-Auguste. Ces provinces, naguère la propriété du roi d'Angleterre, et que Philippe-Auguste avait réunies à son trône, par voie de confiscation; cette confiscation et les circonstances qui l'avaient accompagnée; les réclamations continuelles du prince anglais, tout cela pesait sur la conscience de saint Louis. Ceci n'est pas simplement une conclusion tirée de sa conduite ; le fait est formellement attesté par les chroniqueurs contemporains. Je lis dans les *Annales* du règne de saint Louis, par Guillaume de Nangis :

> Sa conscience li remordait de la terre de Normandie, et pour autres terres que il tenait, que li roys de France, ses ayouls, avait tolues, par le jugement de ses pers, au roi Jehan d'Engleterre, dit sans Terre, qui fu père à cestuy Henry, roy d'Engleterre ; et il s'entremist tous jours que il venait visiter le roy Henry, pour faire paix à li pour lesdites terres [1].

Il poursuivit en effet cette paix de tout son pouvoir, si bien qu'en 1259, après d'assez longues négociations, il conclut avec le roi d'Angleterre, Henri III, un traité par lequel il lui abandonna le Limousin, le Périgord, le Quercy, l'Agénois et la partie de la Saintonge comprise entre la Charente et l'Aquitaine. Henri, de son côté, renonça à toute prétention sur la Normandie, le Maine, la Touraine et le Poitou, et fit hommage à saint Louis, comme duc d'Aquitaine.

[1] *Annales du règne de saint Louis*, par Guillaume de Nangis, pag. 245 ; édit. in-fol. de 1761.

La conscience de saint Louis fut tranquille alors, et il se tint pour légitime possesseur des conquêtes qu'il conservait; mais tout le monde n'y était pas si difficile :

De ladite pez furent moult contraire ceulz de son conseil, et li disoient ainsi : « Sire, nous nous merveillons moult
» que vostre volonté est tele que vous voulés donner au roy
» d'Angleterre si grant partie de vostre terre que vous et
» vostre devancier avez conquise sus li, et par leur meffait ;
» dont il nous semble que, se vous entendez que vous n'i
» aiés droict, vous ne fetes pas bon rendage au roi d'An-
» gleterre, se vous ne li rendez toute la conqueste que vous
» et vostre devancier avés faite ; et se vous entendez que
» vous y aiés droiet, il nous semble que vous perdez quant
» que vous li rendez. » A ce respondit le saint roy en tele
manière : « Seigneurs, je sui (*je sais*) les devanciers au roy
» d'Angleterre ont perdu tout par droit la conqueste que je
» tieng ; et la terre que je li donne, ne li donné-je pas pour
» chose que je sois tenu à li, ne à ses hoirs, mes pour mettre
» amour entre mes enfans et les siens qui sont cousins-ger-
» mains ; et me semble que, ce que je li donne, employé-je
» bien, pour ce que il n'estoit pas mon home ; si en entre
» en mon homage [1]. »

Les raisons de saint Louis ne convainquirent pas tout le monde. Les provinces qui rentraient ainsi sous la domination anglaise se plaignirent.

[1] Joinville, *Hist. de saint Louis*, p. 142, éd. de 1761.

amèrement; et cette amertume se prolongea si tard qu'on lit dans une chronique manuscrite du temps de Charles VI, à propos de ce traité de 1259, entre Louis IX et Henri III :

> De laquelle pais les Périgordins et leurs marchisans (*limitrophes*) se trouvèrent si marris qu'ils n'affectionnèrent oncques puis le roy.... Et encore aujourd'hui, à cette cause, ès marches de Périgord, Quercy et autres d'environ, jaçoit (*quoique*) que sainct Loys soit sainct canonisé par l'Eglise, néanmoins ils ne le réputent pour sainct et ne le festoyent point, comme on fait ès autres lieux de France [1].

Malgré cette désapprobation, et des politiques et du peuple, saint Louis n'en persista pas moins dans ses scrupules et dans ses maximes. Il n'avait pas cru pouvoir garder, sans une libre transaction, ce qu'il ne regardait pas comme légitimement acquis; il ne tenta, ni par la force, ni par la ruse, aucune acquisition nouvelle. Au lieu de chercher à profiter des dissensions qui s'élevaient au dedans ou autour de ses États, il s'appliqua constamment à les apaiser et à en prévenir les effets :

> Ce fut, dit Joinville, l'home du monde qui plus se tra-

---

[1] *Observations de C. Ménard, sur Joinville*, édition de Ducange, pag. 371.

vailla de pais entre ses sougets, et espécialement entre les riches homes voisins et les princes du royaume.

Et ailleurs :

De ces gens étrangers que le roy avait apaisié, li disaient aucuns de son conseil que il ne fesait pas bien quand il ne les lessait guerroier ; car se il les lessast bien apovrir, il ne li courraient pas sus sitost comme se il estaient bien riche. Et à ce respondait le roy, et disait que il ne disaient pas bien : « Car se les princes voisins véoient que je les lessasse
» guerroier, il se pourraient aviser entre eux et dire : —
» Le roy par son malice nous lesse guerroier.—Si en aven-
» rait (*il en arriverait*) ainsi que, par la hainne qu'il au-
» raient à moi, il me venraient courre sus; dont je pourrais
» bien perdre ; sans la hainne (*sans parler de la haine*) de
» Dieu que je conquerraie, qui dit : — Benoit soient tuit li
» apaiseur[1] ! »

Eh bien, Messieurs, malgré cette réserve, malgré cette antipathie scrupuleuse pour les conquêtes proprement dites, saint Louis est un des princes qui ont le plus efficacement travaillé à étendre le royaume de France. En même temps qu'il se refusait à la violence et à la fraude, il était vigilant, attentif à ne jamais manquer l'occasion de conclure des traités avantageux, et d'acquérir à l'amiable,

[1] Joinville, pag. 143-144.

telle ou telle portion de territoire. Il ajouta ainsi au royaume, soit par sa mère la reine Blanche, soit par lui-même, et tantôt à prix d'argent, tantôt par déshérence, tantôt par d'autres arrangemens :

1º En 1229, les domaines du comte de Toulouse, sur la rive droite du Rhône, savoir : le duché de Narbonne; les comtés de Béziers, Agde, Maguelone, Nîmes, Uzès et Viviers; une partie du pays de Toulouse; la moitié du comté d'Albi; la vicomté de Gevaudan; les prétentions du comte de Toulouse sur les anciens comtés de Velay, Gevaudan et Lodève;

2º En 1234, les fiefs et le ressort des comtés de Chartres, Blois et Sancerre, et la vicomté de Châteaudun;

3º En 1239, le comté de Mâcon;

4º En 1257, le comté du Perche;

5º En 1262, les comtés d'Arles, Forcalquier, Foix et Cahors; et à diverses époques, plusieurs villes avec leurs territoires, qu'il serait trop long d'indiquer en détail.

Ce ne fut point là, vous le voyez, sous le rapport territorial, un règne inutile; et malgré la profonde différence des moyens, l'œuvre de Philippe-Auguste trouva, dans saint Louis, un habile et heureux continuateur.

Quels changemens politiques intervinrent par son influence dans le royaume ainsi agrandi? Que fit-il de la royauté?

Je ne vous dirai rien de l'état de faiblesse où elle parut tomber lors de son avénement. Une minorité était, pour les vassaux puissans, une excellente occasion de faire acte d'indépendance, et d'échapper quelque temps à cette suprématie de la couronne que Philippe-Auguste avait commencé à leur faire sentir. Un mouvement semblable paraît, dans le cours du xiiie siècle, au début de chaque nouveau règne. L'habileté de la reine Blanche, et quelques circonstances heureuses empêchèrent qu'il n'eût, pour saint Louis, de longues conséquences; et quand il commença à gouverner lui-même, il retrouva la royauté à peu près au point où Philippe-Auguste l'avait laissée.

Pour apprécier avec exactitude ce qu'elle devint entre les mains de saint Louis, il faut considérer d'une part ses rapports avec la société féodale, sa conduite envers les possesseurs de fiefs, grands ou petits, auxquels il avait affaire; de l'autre, son administration dans l'intérieur de ses domaines, sa conduite envers ses sujets proprement dits.

Les relations de saint Louis avec la féodalité

ont été présentées sous deux aspects très-différens ; on lui a attribué deux desseins contraires. Selon les uns, loin de travailler, comme ses prédécesseurs, à abolir la féodalité et à envahir, au profit de la couronne, les droits des seigneurs, il accepta pleinement la société féodale, ses principes, ses droits, et s'appliqua uniquement à la régler, à la constituer, à lui donner une forme fixe, une existence légale. Les autres veulent que saint Louis n'ait pensé, dans tout le cours de son règne, qu'à détruire la féodalité, qu'il ait constamment lutté contre elle, et systématiquement travaillé à envahir les droits des possesseurs de fiefs, et à élever sur leurs ruines la royauté unique, absolue.

Et selon que les écrivains ont été amis ou ennemis de la féodalité, ils ont admiré et célébré saint Louis, tantôt pour l'un, tantôt pour l'autre de ces desseins.

Ni l'un ni l'autre, à mon avis, ne lui doit être attribué ; l'un et l'autre répugnent également aux faits, pris tous en considération et présentés sous leur vrai jour.

Que saint Louis, plus qu'aucun autre roi de France, ait volontairement respecté les droits des possesseurs de fiefs, et réglé sa conduite selon les maximes généralement adoptées par les vassaux qui l'entouraient, on n'en saurait douter. J'ai déjà eu occasion de vous montrer le droit de résistance, dût-il aller jusqu'à faire la guerre au roi lui-même, formellement reconnu et consacré dans ses Établissemens. Il est difficile de rendre, aux principes de la société féodale, un plus éclatant hommage; et cet hommage revient souvent dans les monumens de saint Louis. Il avait évidemment une haute idée des droits et des devoirs réciproques des vassaux et des suzerains, et admettait que, dans une foule d'occasions, ils devaient prévaloir sur les prétentions du roi.

Non-seulement il reconnaissait ces droits, mais, dans la pratique, il les respectait scrupuleusement, même quand il avait à en souffrir. En 1242, il prit, sur le comte de La Marche, le château de Fontenay, dit depuis l'*Abattu*, en Poitou, défendu long-temps par un bâtard du comte, « quarante-un chevaliers, quatre-vingt sergeans » et autre menuaille qui avec eux estait à moult » grant foison. » On l'engageait à mettre à mort les prisonniers pour les punir de leur obstination et des pertes qu'ils lui avaient fait subir : « Non, répondit-il; l'un n'a pu se rendre cou- » pable en obéissant à son père, ni les autres en » servant leur seigneur.[1] »

[1] Matthieu Paris, p. 521.—Guillaume de Nangis, p. 183.

Il y a, dans ces paroles, plus qu'un mouvement de générosité; il y a, ce qui est bien plus rare, l'aveu formel du droit de ses ennemis. En se refusant à les punir, saint Louis croyait faire acte, non de clémence, mais de justice.

Le droit de résistance n'était pas le seul que saint Louis reconnût aux barons et qu'il eût soin de respecter. Il suffit de parcourir les ordonnances qui nous restent de lui pour se convaincre qu'il les consultait presque toujours quand leurs domaines y pouvaient être intéressés, et qu'en tout il les appelait souvent à prendre part aux mesures de son gouvernement.

Ainsi l'ordonnance de 1228, sur les hérétiques du Languedoc, est rendue *de l'avis de nos grands et prud'hommes*[1];

Celle de 1230, sur les Juifs, *du commun conseil de nos barons*[2].

Celle de 1246, sur le bail et le rachat dans l'Anjou et le Maine, porte :

Nous faisons savoir que, quelques-uns ayant des doutes sur la coutume en fait de bail et de rachat dans les

---

[1] *Recueil des Ordonnances*, t. 1, p. 51.
[2] *Ibid.*, p. 53.

pays d'Anjou et du Maine, nous, voulant connaître sur ce la vérité et déclarer ce qui était douteux, ayant appelé auprès de nous, à Orléans, les barons et les grands desdites terres, et ayant tenu avec eux un conseil attentif, nous avons appris, par leur avis commun, quelle est ladite coutume, à savoir : etc. [1]

On lit dans le préambule des *Établissemens* :

Et furent faits ces établissemens par grand conseil de sages hommes et de bons clercs [2].

Voici un fait qui n'est pas précisément de même nature ; car ce n'est plus des barons, des possesseurs de fiefs, mais de simples bourgeois qu'il s'agit. Une ordonnance de 1262, sur les monnaies, finit par ces mots :

Cette ordonnance a été faite à Chartres, l'an 1262, vers le milieu du carême; et, pour la faire, ont été présens les jurés ci-dessous : Clément de Visiliac (*de Vezelai?*), Jean, dit le Roide, Jean Herman, citoyens de Paris; Nicolas du Châtel, Garin Fernet, Jacques Fris, bourgeois de Provins; Jean de Lorry, Étienne Morin, citoyens d'Orléans; Évrard Maleri, Jean Pavergin, citoyens de Sens; Robaille du Cloître, Pierre des Monceaux, citoyens de Laon [3].

---

[1] *Recueil des Ordonnances*, t. 1, p. 58.
[2] *Ibid.*, p. 107. — [3] *Ibid.*, p. 94.

N'est-ce pas là un exemple remarquable du soin que mettait en général saint Louis, quand il faisait usage du pouvoir législatif, à rechercher l'avis et l'adhésion de tous ceux dont il pouvait attendre quelque bon conseil, ou qui avaient, aux mesures en question, quelque intérêt direct?

Encore une preuve du respect de saint Louis pour les principes et les droits féodaux. En 1248, dit Joinville :

> Le roy manda ses barons à Paris et leur fist fere serment que foy et loiauté porteroient à ses enfans, se aucune chose avenoit de li en la voie. Il me le demanda; mes je ne vos (*voulus*) faire point de serment, car je n'estoie pas son home [1].

Et le roi ne trouvait point mauvais que quiconque n'était pas son homme lui refusât le serment, et Joinville n'en était pas moins son ami.

Peut-on dire, Messieurs, que le prince qui tenait une telle conduite et un tel langage avait systématiquement entrepris la destruction de la société féodale, et ne négligeait aucune oc-

[1] Joinville, p. 25, éd. de 1761.

casion d'abolir ou d'envahir, au profit de la royauté, les droits des possesseurs de fief?

Est-il plus vrai qu'il acceptât la féodalité tout entière, et ne fût occupé que de lui donner cette régularité, cette organisation générale et légale qui lui avaient toujours manqué? Je ne le pense pas davantage.

Vous vous rappelez qu'en examinant la société féodale en elle-même, et particulièrement son organisation judiciaire, nous avons trouvé qu'elle n'avait jamais pu arriver à de véritables institutions; qu'aucune administration régulière, pacifique, de la justice n'avait pu s'y établir; et que, tantôt sous la forme de la guerre privée, tantôt sous celle du duel judiciaire, le recours à la force était la vraie juridiction de la société féodale. Pour qui pénètre un peu avant dans sa nature, la guerre privée et le duel judiciaire n'y étaient point, vous l'avez vu, de simples faits, inhérens à la brutalité des mœurs; c'étaient les moyens naturels de vider les différends, les seuls en accord avec les principes dominans et l'état social.

Les guerres privées et les duels judiciaires, telles étaient donc les institutions propres, les deux bases essentielles de la féodalité. Or, ce sont là précisément les deux faits que saint

Louis a le plus énergiquement attaqués. Nous avons de lui, à ce sujet, deux ordonnances que je vous demande la permission de mettre en entier sous vos yeux, parce qu'elles sont peut-être les deux actes législatifs les plus importans de son règne, et qu'elles en révèlent clairement la tendance.

La première institue cette trève qu'on appelait *la Quarantaine du roi*. On en trouve quelque trace avant saint Louis : on lit dans la coutume de Beauvaisis :

Trop mauvaise coutume soulait courre, en cas de guerre, le royaume de France; car, quand aucun fet avenait de mort, de mehaing ou de bateure, chil a qui le vilenie avait été fete, regardait aucun des parens à chaux qui li avaient fet le vilenie, et qui manaient (*demeuroient*) loin du lieu là où li fet avait été fet, si que il ne savaient rien dou fet; et puis alaient là de nuict et de jour; et sitôt comme il le trouvaient, il l'occiaient, ou mehegnaient, ou bataient, ou en fesaient leur volenté, comme de cheluy qui garde ne s'en donnait, et qui ne savait rien que nus qui li appartenist de lignage leur eust meffet. Et pour les grands perius qui en avenaient *le bon roy Philippe* fist un establissement tel que, quand aucun fet est avenus, chil qui sont au fet presens se doivent bien garder puis le fet; ne vers chaux ne queurt (*court*) nule treve devant que ele est prise par justice ou par amis. Mes tuit li lignage de l'une partie et de l'autre, qui ne furent present au fet, ont, par l'establissement le roy, quarante jours de trève; et puis les quarante jours, il sont en guerre [1].

C'est-à-dire que nul ne peut attaquer les parens de l'une des parties, ni commettre aucun dégât dans leurs terres, ni leur causer aucun dommage, pendant quarante jours, à partir de l'explosion de la querelle, et jusqu'à ce qu'ils soient censés en avoir connaissance et s'être mis sur leurs gardes.

Quoiqu'on l'ait souvent contesté, c'est Philippe-Auguste, à mon avis, que désigne Beaumanoir par ces mots *le bon roi Philippe*, et c'est à lui, par conséquent, que la première invention de la quarantaine du roi doit être attribuée. Mais elle réussit peu, et saint Louis sentit le besoin de la prescrire de nouveau, et en termes beaucoup plus formels. Son ordonnance à cet effet est relatée en entier dans une ordonnance du roi Jean, rendue le 9 avril 1353; en voici le texte :

D'anchien tamps, et mesmement par les ordonnances de bon curée (*bienheureuse*) recordation (*mémoire*) saint Loys de France notre prédécesseur roy, el tamps qu'il vivoit,

---

[1] Beaumanoir, *Coutume de Beauvaisis*, c. 60, p. 306.

eust esté establi et ordené que toutes fois que aucuns descordes, tenchon (*querelle*) meslée, ou delict estoit meus (*excité*) en caude meslée entre aucuns de notre royaume, ou par agait, et de fait appensé (*prémédité*), desquelles coses plusieurs occisions, mutilations, et plusieurs autres injures souvent fois avenoient, li ami carnel (*parens*) de chiauls (*ceux*) qui les dites mellées et delicz faisoient, demouroient, et demeurer devoient en leur estat, du jour dudit assault, ou meffait, jusques à quarante jours continuellement ensuivans, excepté tant seulement les personnes qui s'entremeffesoient; les quesles personnes, pour leur meffait, pooient estre prins et arresté, tant durant les dis quarante jours come après, et pooient estre emprisonnez ès prisons des justicies en la jurisdiction desquels li dit malefice avoient esté perpetré, pour estre justicié de leurs maléfices, selonc la qualité du délit, ainsi que li ordres de droict l'enseignoit. Et se, en dedens le terme des quarante jours devans dis, aucunnes du lingnage, progenie, consanguinité, ou affinité d'aucunes des parties principalement meffaisans, à aucun de l'autre lignage des dis meffaisans en aucune maniere fourfaisoit ou malfaisoit pour chelle cause, en prenant vengeance, ou en autre maniere, excepté les malfaiteurs principaux devant dis, liquel, si comme dit est, pooient estre joint et puni, si comme li cas le désireroit, ichiauls (*ceux-là*) come traistres et convaincus du meffait, et come enfraigneurs des ordonances et statuts royauls, devoient estre puni et justicié par le juge ordinaire sous qui jurisdiction li delict avoient esté perpetré, ou el lieu ouquel il estoient dudit crime convaincus ou condempnés; lesqueles ordonances encore en plusieurs et diverses parties de nostre royaume, non mie sans cause, sont tenues et fermement pour le bien publique, tuition du pays et des habitans en nostre dit royaume demeurans et manans, loialement wardées, si comme est dit [1].

Une telle trêve était, sans nul doute, une forte barrière et une grande restriction aux guerres privées. Saint Louis s'efforça constamment de la faire observer.

Il attaqua en même temps les duels judiciaires ; mais ici l'embarras était plus grand. Le duel judiciaire était, encore plus que la guerre privée, une institution véritable, profondément enracinée dans la société féodale. Les possesseurs de fiefs, grands et petits, y tenaient fortement, comme à leur coutume et à leur droit. La tentative de l'interdire tout-à-coup, dans tous les fiefs indistinctement, était impraticable ; les grands barons auraient à l'instant nié le droit du roi de venir ainsi changer les institutions et les pratiques dans leurs domaines. Aussi saint Louis ne supprima-t-il formellement le duel judiciaire que chez lui, dans les domaines royaux. Son ordonnance le dit expressément :

Nous deffendons à tous les batailles par tout nostre de-

---

[1] *Recueil des Ordonnances*, t. 1, p. 56-58.

mengne (*domaine*); mes nous n'ostons mie les claims, les respons, les convenants, ne tous autres convenants que l'en fait en court laic, siques à ore selon les usages de divers pays, fors que nous ostons les batailles; et en lieu des batailles nous metons prueves de tesmoins; et si n'oston pas les autres bones prueves et loyaux qui ont esté en court laye siques à ore.

Nous commandons que se aucun veut appeller aucun de multre (*pour meurtre*), que il soit ois (*oui*) et, quant il voudra faire sa clameur, que l'en li die : — se tu veux appeller de multre, tu seras ois, mes il convient que tu te lie à tel paine souffrir comme ton adversaire souffreroit, se il estoit ataint. Et sois certain que tu n'auras point de bataille; ains te conviendra preuver par témoins, comme il te plest, à preuver tout quant tu connoitras que aidier te doie; et si vaille ceu qui te doit valoir, quar nous t'oston nulle pruëve qui ait esté recheue en court laic, siques à ores, fors la bataille; et saches bien que ton adversaire poura dire contre tes témoins.

Et se chil qui apeller veut, quant il aura ainsi dit, ne veut poursievre sa clameur, il la peut laissier sans peine et sans péril; et se il veut sa clameur poursievre, il fera sa clameur ainsi que l'en la doit faire par la coutume du pays, et aura ses repis selon la coutume de la terre. Et quant il viendra au point dont la bataille souloit venir, cil qui preuvoit par la bataille, se bataille fut, preuvera par tesmoins; et la justice fera venir les tesmoins as cousts de celuy qui les requiert, se ils sont dessous son pouvoir.

Et se chil contre qui les tesmoins seront amenez, veut aucune reson contre les tesmoins qui seront amenez contre luy, dire pourquoi ils ne doient este recheus, l'en l'oïra; et se la reson est bone et apperte, et communement seue, les tesmoins ne seront pas receus; et se la reson n'est communément sçue, et denoiée d'autre partie, l'en oïra d'une partie et d'autre les tesmoins; et adonc l'en jugera selon le dit des tesmoins peuplé as parties (*publié, lu aux parties*).

Et se il advenoit que chil contre qui les tesmoins sont amenez, voulsist dire, après le peuplement, aucune chose resonnable contre ledit as dits tesmoins, ils seront ois; et puis après fera la justice son jugement. En teles manieres ira l'en avant, és querelles de traison, de rapine, de arson, de larcin, et de tous crimes où aura péril de perdre, ou vie, ou membre.

Et en tous les cas desusdits, se aucun est accusé par devant aucun baillif, orra la querelle jusques as preuves; et adoncques il le nous fera assavoir, et nous renvoyera pour les preuves oir; et appelleron ceux qui boens soient, o le conseil de celz qui devront estre au jugement fere.

En querelle de servage, chil qui demandera homme comme son serf, il fera sa demande, et poursievra la querelle jusqu'au point de la bataille. Cil qui poursuiveroit par bataille, provera par témoins, ou par chartre, ou par autres preuves bons et loyaux, qui ont esté à coustume en court laie jusques à ore. Et ce que il prouvoit par bataille il prouvera par témoins. Et se il faut à sa preuve, il demourra à la volonté au seigneur, pour l'amende.

Se aucun veut fausser jugement ou païs où il appartient que jugement soit faussé, il n'i aura point de bataille, més les claims, et les respons, et les austres destrains (*erremens*) de plet seront apportez en nostre court; et selon les erremens du plet, l'en fera dépecier le jugement ou tenir; et cil qui sera trouvé en son tort, l'amandera selon la coutùme de la terre.

Se aucuns veut appeler son seigneur de deffaute de droit, il convendra que la deffaute soit prouvée par tesmoins, non pas par bataille. Ainsi que, se la deffaute n'est prouvée, cil qui appelera le seigneur de la deffaute, il aura tel dommage que comme il doit, par l'usage du païs. Et se la deffaulte est prouvée, li sire l'amandera et perdra ce que l'en li doit, par la coutûme del païs et de la terre.

Et tex cas aviennent, quànt tesmoins sont amenez en querelle de servage, et quant l'en apele contre son seigneur de deffaute de droit, et il soit peuplée si comme il est déssus dit; et se chil contre qui les tesmoins sont amenez veut dire aucune chose resonnable contre les tesmoins qui seront amenez contre luy, il sera ois.

Se aucuns est attaint, ou repris de faux tesmoignage és querelles dessus dites, il demourra en la volonté de la justice.

Et ces batailles nous ostons en mestre demaigne à toujours, et voulons que les autres choses soient gardées, tenues par tout nostre domaine, si comme il est devisé dessus, en telle manière que nous y puissions mettre et oster, et amander toutes les foys que il nous plera, et que nous voirrons que bien soit [1].

Le soin que prend le roi de répéter, à la fin et au commencement de l'ordonnance, que c'est *dans son domaine* qu'il supprime *les batailles*, est une preuve directe que des prétentions plus étendues n'auraient pas été admises.

---

[1] *Recueil des Ordonnances*, t. 1, p. 86—93.

Mais ce que saint Louis n'aurait pu ordonner, il travailla à l'atteindre par son exemple et son crédit. Il traita avec plusieurs de ses grands vassaux pour qu'ils abolissent eux-mêmes le duel judiciaire dans leurs domaines; et plusieurs y renoncèrent en effet. Cette pratique, si profondément enracinée dans les mœurs féodales, subsista, il est vrai, long-temps encore, et nous en retrouverons plus d'une trace; mais l'ordonnance de saint Louis lui porta, sans nul doute, un rude coup.

Ainsi, tout en respectant les droits des possesseurs de fiefs, tout en acceptant plusieurs maximes de la société féodale, saint Louis attaquait ses deux appuis fondamentaux, ses institutions les plus caractéristiques. Et ce n'est pas qu'il eût conçu, contre la féodalité, aucun dessein général et systématique; mais le duel judiciaire, les guerres privées n'appartenaient pas, dans sa pensée, à une société régulière et chrétienne; c'était évidemment des restes de l'ancienne barbarie, de cet état d'indépendance et de guerre des individus qu'on a si souvent appelé l'état de nature; or cela révoltait la raison et la vertu de saint Louis; et en le combattant, il ne songeait qu'à faire cesser un désordre, à mettre la paix où était la guerre, la justice où était la force, la société enfin où régnait encore la barbarie.

Mais par ce seul fait s'accomplit, au profit de la couronne, un grand changement. Dans tous les domaines du roi, les vassaux, bourgeois, hommes libres ou semi-libres, au lieu de recourir au combat, furent obligés de se soumettre à la décision de ses juges, baillis, prévôts, ou autres. La juridiction royale prit ainsi la place de la force individuelle; ses officiers décidèrent, par leurs arrêts, les questions que naguère vidaient entre eux les champions. N'eût-il rien gagné d'ailleurs, c'était là, à coup sûr, pour le pouvoir judiciaire de la royauté, un immense progrès.

Il en fit en même temps bien d'autres que je me bornerai aujourd'hui à vous indiquer. Quand nous examinerons spécialement les grands monumens législatifs de l'époque féodale, entre autres les *Etablissemens* de saint Louis, nous verrons comment, entre les diverses juridictions, changèrent les compétences, et comment ce qui avait appartenu aux cours féodales fut progressivement attiré dans le domaine des cours du roi. Deux faits, l'introduction ou plutôt la grande extension des *cas royaux* et des *appels*, furent l'instrument décisif de cette révolution. Par les cas royaux, c'est-à-dire les cas où le roi seul avait droit de juger, ses officiers, parlemens ou baillis, resserrèrent les cours féodales dans des limites de plus en plus étroites. Par les appels, que favorisa singulièrement la confusion de la suzeraineté et de la royauté, ils subordonnèrent ces cours au pouvoir royal. La juridiction féodale vit ainsi décliner à la fois : 1° ses institutions véritables et naturelles, le combat judiciaire et la guerre privée ; 2° son étendue ; 3° son indépendance. Elle fut bientôt amenée à reconnaître le pouvoir judiciaire de la couronne pour vainqueur.

Il en arriva à peu près autant en matière de pouvoir législatif. On lit dans la chronique de Beauvaisis :

Voirs est que li roys est souverains pardessus tous, et a de son droit le général garde dou royaume ; par quoy il puet faire tex établissements comme il li plest pour le quemun porfit ; et che que il établit, i doit estre tenu [1].

Si cette maxime eût été reçue d'une façon générale et absolue, elle eût immédiatement entraîné la perte complète de l'indépendance

[1] Beaumanoir, *Coutume de Beauvaisis*, c. 34, p. 181.

législative des propriétaires de fiefs, car elle n'était rien moins que la reconnaissance du pouvoir législatif général du roi, et du roi seul. Mais il s'en fallait bien qu'on lui attribuât, dans la pratique, une telle souveraineté; et vous venez de voir que d'ordinaire saint Louis prenait grand soin, en matière de législation, d'appeler à son conseil, soit les barons, soit en général ceux de ses sujets qui y étaient directement intéressés. Nul doute cependant que la souveraineté législative du roi ne gagnât du terrain. Il suffit, pour s'en convaincre, de parcourir les ordonnances rendues par saint Louis dans tout le cours de son règne, de 1226 à 1270. Le recueil du Louvre en contient ou en mentionne cinquante, dont voici la classification :

20 en matière d'intérêts privés, priviléges locaux, communes, etc.
4 sur les Juifs et leur situation dans le royaume.
24 de législation politique, féodale, pénale, etc.; savoir:
 1° En 1235, ordonnance sur le relief ou le rachat des fiefs.
 2° — 1245 —— sur les guerres privées, dite *la quarantaine du roi.*
 3° — 1246 —— sur le bail et le rachat des fiefs, dans l'Anjou et le Maine.

4° En 1248, lettres par lesquelles le roi, en partant pour la croisade, donne à la reine sa mère la régence du royaume.

5° — 1250 ———— contenant réglement pour le Languedoc.

6° — 1254, ordonnance pour la réformation des mœurs, tant en Languedoc qu'en Languedoil.

7° — id. ———— complémentaire des précédentes.

8° — 1256 ———— pour l'utilité générale du royaume, sur l'administration de la justice.

9° — id. ———— sur les mairies dans toutes les bonnes villes du royaume.

10° — id. ———— sur l'élection des maires dans les bonnes villes de Normandie.

11° — 1257 ———— sur les guerres privées et la quarantaine du roi.

12° — 1259, lettres contenant réglement pour le Languedoc.

13° — 1260, ordonnance sur le duel judiciaire.

14° — 1261 ———— sur le mode de poursuite des débiteurs dans les domaines du roi.

15° — 1262 ———— sur les monnaies.

16° — 1263 ———— sur les retraits au Pont-Audemer.

17º En 1265, ordonnance sur le cours des monnaies anglaises.
18º — id. ——— sur les monnaies.
19º — 1268, Pragmatique ou ordonnance sur les élections et les affaires ecclésiastiques.
20º — id. ordonnance contre les blasphémateurs.
21º — 1269 ——— sur les dîmes.
22º — id. lettres aux deux régens du royaume, lors de sa dernière croisade.
23º — id. ordonnance sur les dîmes.
24º — id. ——— contre les blasphémateurs.

2 sur matières diverses.

Dans ce tableau ne sont compris ni les *Établissemens* de saint Louis, ni les *Établissemens des métiers de Paris*, c'est-à-dire ses plus grands travaux de législation. Et pourtant, qui ne reconnaîtrait, dans cette simple série d'actes législatifs, un caractère de souveraineté que ne nous ont point offert les règnes précédens? Ce seul fait que les actes qui statuent sur des matières d'intérêt général y sont plus nombreux que ceux qui se rapportent à des intérêts locaux ou privés, ce seul fait, dis-je, révèle clairement l'immense progrès du pouvoir législatif de la royauté.

Le même progrès se fait remarquer, sous le règne de saint Louis, en ce qui concerne les affaires ecclésiastiques. Je ne vous en parlerai non plus aujourd'hui qu'en passant. Lorsque nous traiterons de l'histoire de la société religieuse durant l'époque féodale, nous verrons quelles étaient alors ses relations avec l'autorité civile, et comment elles furent successivement modifiées. Je ne veux que vous rappeler cette fameuse ordonnance de saint Louis dite *la Pragmatique,* par laquelle il affirma et maintint si positivement l'indépendance et les priviléges soit de sa couronne, soit de l'Église nationale dans leurs rapports avec la papauté. Elle a été si souvent imprimée, que je me dispenserai de la citer ici. Et ne croyez pas, Messieurs, que cette ordonnance ait été, de la part de saint Louis, un acte isolé, une protestation insignifiante. Dans la pratique habituelle des affaires, ce roi, le plus pieux des rois, le seul de sa race qui ait obtenu les honneurs de la canonisation, agissait effectivement et constamment selon les principes posés dans la Pragmatique, et ne laissait point l'influence ecclésiastique envahir ou seulement diriger son gouvernement. Voici un fait rapporté par Joinville, et qui ne vous laissera à ce sujet aucun doute :

L'evesque Guy d'Auxerre li dist pour tous les prélats du royaume de France : « Sire, ces arcevesques et evesques, » qui ci sont, m'ont chargé que je vous die que la chré- » tienté déchiet et fond entre vos mains; et décherra en- » core plus se vous n'i metés conseil, pour ce que nul ne » doute (*redoute*) hui et le jour (*aujourd'hui*) escommu- » niement : si vous requerons, sire, que vous commandez à » vos baillis et à vos serjans que il contraingnent les escom- » meniés an et jour (*depuis un an et un jour*) par quoy il » facent satisfaction à l'Église. » Et le roy leur respondit tous sans conseil que il commanderoit volentiers à ses bail- lis et à ses serjans que il constreiguissent les escommeniés ainsi comme il le requéroient ; mes que en li donast la cog- noissance si la sentence estoit droiturière ou non. Et il se conseillèrent et respondirent au roi que, de ce que il afféroit à la crestienté (*à la religion*) ne li donneroient-il la congnoissance. Et le roi leur respondit aussi que, de ce que il afféroit à li, ne leur donroit-il jà la congnoissance, ne ne commanderoit jà à ses serjans que il constreinsissent les es- commeniés à eulx fere absoudre, fu tort, fu droit. « Car, se » je le fesoie, je feroie contre Dieu et contre droit. Et si » vous en monstrerai un exemple qui est tel : que les eves- » ques de Bretaigne ont tenu le comte de Bretaigne bien » sept ans en escommeniement ; et puis a eu absolucion par » la court de Rome ; et se je l'eusse contraint dès la pre- » mière année, je l'eusse contraint à tort [1]. »

Tel était, Messieurs, dans ses traits généraux,

[1] Joinville, p. 140.

le gouvernement de saint Louis, et tels furent, sous son règne, les progrès de la royauté dans ses rapports soit avec la féodalité, soit avec l'Église. Suivons-le maintenant dans ses domaines : là il était libre, et administrait à son gré.

Il nous reste de lui deux grandes ordonnances pour la réforme de cette administration intérieure : l'une est du mois de décembre 1254, en trente-huit articles; l'autre, de 1256, en contient vingt-six : elles sont à peu près les mêmes; mais la seconde est plus générale et plus définitive. Je vais l'analyser article par article; elle mérite qu'on en connaisse avec précision le caractère.

Dans les articles 1-8, le roi impose à ses sénéchaux, baillis, prévôts, viguiers, vicomtes, maires, forestiers, sergens et autres officiers, tant supérieurs que subalternes, le serment de ne faire ni recevoir aucun présent, d'administrer la justice sans acception de personnes; et là il énumère une multitude d'abus et de fraudes qui s'étaient déjà glissés dans l'administration et qu'il veut prévenir. Le huitième article est ainsi conçu :

Et pour ce que cil serement soit plus fermement gardé,

nous voulons que il soient pris en pleine place, devant tous clercs et lays, jaçoit que il ayent juré devant nous; à ce que il redoute encourre le vice de parjure, non pas tant seulement pour la paour de Dieu et de nous, mais pour la honte du peuple.

C'est une circonstance remarquable que cet appel à la publicité; et elle indique un ferme dessein d'assurer l'efficacité de réglemens souvent illusoires.

Les articles 9-12 interdisent les jeux publics, les mauvais lieux, les blasphêmes; règlent la police des tavernes et de tous les lieux où se réunit la population inférieure.

Les articles 13-15 défendent à tous les officiers supérieurs du roi, baillis, sénéchaux ou autres, d'acheter des immeubles, de marier leurs enfans, de leur faire avoir des bénéfices, ou de les faire entrer dans des monastères, aux lieux où ils exercent leur office.

Les articles 16-24 sont dirigés contre une foule d'abus de détail, comme la vente des offices sans la permission du roi, le trop grand nombre de sergens, les amendes excessives, les entraves au libre transport des blés, etc.

L'article 25 porte :

Nous voulons que tous nos sénéchaux, baillis et autres

officiaux soient, après ce que il seront hors de leurs offices, par l'espace de quarante jours, ou (au) pays là où ils ont les administrations gouvernées accoustumément, en leurs propres personnes, ou par procureurs, pour ce que ils puissent respondre par devant les noviaux seneschaux, bailiis, ou autres enquesteurs officiaux souverains, à ceulx auxquiex ils auront meffait, qui se voldront plaindre de culx.

N'est-ce pas là, Messieurs, une véritable responsabilité imposée aux administrateurs ? responsabilité efficace en elle-même, et la seule peut-être qui fût alors praticable.

Enfin, par l'article 26, le roi se réserve le droit d'amender son ordonnance, selon ce qu'il apprendra de l'état du peuple et de la conduite de ses officiers [1].

Pour en être instruit, il prit une mesure qu'on a trop peu remarquée ; il rétablit les *missi dominici* de Charlemagne. Je lis dans la *Vie de saint Louis* par le confesseur de la reine Marguerite, sa femme :

Aucunes fois le benoit roy ooit que ses bailliz et ses prevoz fesoient au peuple de sa terre aucunes injures et torz, ou en jugeant malvèsement, ou en ostant leurs biens contre justice ; pour ce acoustuma il à ordener certains enques-

---

[1] *Recueil des ordonnances*, t. 1, p. 79-81.

teurs, aucunes fois frères meneurs et preecheurs, aucunes fois clercs séculiers, et aucunes fois neis chevaliers, à enquerre contre les baillis, et contre les prevoz, et contre les autres sergeans par le royaume; et donnoit as diz enquesteurs pooir que, se il trovoient aucunes choses des diz baillis ou des autres officiaux ostées malement ou soustrètes à quelque personne que ce fust, que il li feissent rétablir sans demeure; et avecques tout ce, que il ostassent de leurs offices les malvès prevoz et les aultres mendres sergeans que il troveroient dignes d'estre ostez [1].

On rencontre, en effet, dans l'histoire de saint Louis, plusieurs inspections de ce genre, et qui amenèrent des résultats. Un bailli d'Amiens, entre autres, à la suite d'une inspection pareille, fut destitué de son office et tenu de rendre tout ce qu'il avait pris à ses administrés.

Joinville nous a donné, sur l'état et l'administration de la prévôté de Paris, en particulier, des détails où se révèle mieux que partout ailleurs l'activité réformatrice et vraiment efficace de saint Louis : je les mets sous vos yeux :

La prévosté de Paris estoit lors vendue aus bourjois de Paris, ou à aucuns; et quant il avenoit que aucuns l'avoit achetée, si soustenoient leurs enfans et leurs neveus en leurs outrages ; car les jouvenciaus avoient fiance en leurs parens

---

[1] *Vie de saint Louis*, par le confesseur de la reine Marguerite, p. 387; édit. de 1761.

et en leurs amis qui les tenoient. Pour cette chose estoit trop le menu peuple défoulé, ne ne pouoient avoir droit des riches homes, pour les grans présens et dons que il fesoient aus prevoz. Qui à ce temps disoit voir devant le prevost, ou qui vouloit son serement garder qui ne feust parjure, d'aucune debte ou d'aucune chose *ou feust tenu de répondre*, le prévost en levoit amende et estoit puni. Par les grans jures (injures) et par les grans rapines qui estoient faites en la prevosté, le menu peuple n'osoit demourer en la terre le roy, ains aloient demourer en autres prevostés et en autres seigneuries; et estoit la terre le roy si vague *que, quant il tenoit ses plez*, il n'y venoit pas plus de dix personnes ou de douze. Avec ce il avoit tant de maulfèteur et de larrons à Paris et dehors, que tout le pais en estoit plein. Le roy qui mètoit grand diligence comment le menu peuple feust gardé, sot toute la vérité; si ne voult plus que la prévosté de Paris feust vendue; ains donna gages bons et grans à ceulz qui dès or en avant la garderoient, et toutes les mauvaises coutumes dont le peuple pooit estre grévé, il abatit: et fit enquerre par tout le royaume et par tout le pais, *où l'en feist bone justise et roide*, et qui n'epargnast plus le riche home que le pouvre. Si li fu enditié Estienne Boilyaue, lequel maintint et garda si la prevosté, que nul malfaiteur, ne liarre, ne mortrier n'osa demourer à Paris, qui tantost ne feust pendu ou destruit; ne parent, ne lignage, ne or, ne argent ne le pot garantir. La terre le roy commença à amender, et le peuple y vint pour le bon droit que en y fesoit. Si moulteplia tant et amenda, que les ventes, les saisinnes, les achats et *les autres choses valoient à double, que quant li roys y prenoit devant* [1].

---

[1] Joinville, p. 149.

Étienne Boileau fut le principal auteur d'un des grands travaux législatifs de saint Louis, de l'*Établissement des corps et métiers* de la ville de Paris. Ce curieux document, encore manuscrit à la bibliothèque du roi, contient l'énumération et les réglemens intérieurs de toutes les corporations industrielles qui existaient alors à Paris, réglemens dont la plupart étaient l'ouvrage d'Étienne Boileau lui-même.

Telle était, Messieurs, l'administration de saint Louis dans l'intérieur de ses domaines. Vous le voyez clairement; là, comme dans ses rapports avec les possesseurs de fiefs, sa conduite n'a rien de systématique, rien qui semble partir d'un principe général et tendre vers un but unique, longuement prémédité. Il n'a entrepris ni de constituer ni d'abolir la féodalité. Malgré la rigidité de sa conscience et l'empire de sa dévotion, c'était, dans la pratique de la vie, un esprit remarquablement sensé et libre, qui voyait les choses comme elles étaient, et y portait le remède dont elles avaient besoin, sans s'inquiéter de savoir s'il était conforme à telle ou telle vue générale, s'il amènerait telle ou telle conséquence lointaine. Il allait au fait actuel, pressant; il respectait le droit partout où il le reconnaissait; mais quand, derrière le droit, il voyait un mal, il l'attaquait directement, non pour se faire de cette attaque un moyen d'envahir le droit, mais pour supprimer réellement le mal même. Je le répète; un ferme bon sens, une extrême équité, une bonne intention morale, le goût de l'ordre, le désir du bien commun, sans dessein systématique, sans arrière-pensée, sans combinaison politique proprement dite, c'est là le vrai caractère du gouvernement de saint Louis. C'est par là que la féodalité fut, sous son règne, prodigieusement affaiblie, et la royauté en grand progrès.

Nous verrons, dans notre prochaine réunion, ce qu'elle devint après saint Louis, spécialement sous le règne de Philippe le Bel et de ses trois fils, jusqu'à la fin de l'époque féodale proprement dite.

QUINZIÈME LEÇON.

État de la royauté après le règne de saint Louis. — En droit, elle n'était ni absolue ni limitée. — En fait, elle était sans cesse combattue, et pourtant très-supérieure à tout autre pouvoir. — Sa tendance au pouvoir absolu. — Cette tendance éclate sous Philippe le Bel. — Influence du caractère personnel de Philippe le Bel. — Diverses sortes de despotisme. — Progrès du pouvoir absolu dans la législation. — Examen des ordonnances de Philippe le Bel. — Vrai caractère de la composition et de l'influence des assemblées nationales sous son règne. — Progrès du pouvoir absolu en matière judiciaire. — Lutte des légistes et de l'aristocratie féodale. — Commissions extraordinaires. — Progrès du pouvoir absolu en matière d'impôts. — Réaction de l'aristocratie féodale contre le pouvoir absolu sous les trois fils de Philippe le Bel. — Associations de résistance. — Embarras dans l'ordre de successibilité au trône. — Affaiblissement de la royauté à la fin de l'époque féodale.

Messieurs,

Nous avons déjà assisté au développement progressif de la royauté pendant trois cents ans environ, depuis l'avénement de Hugues Capet, en 987, jusqu'à la mort de saint Louis, en 1270. Résumons, en quelques mots, ce qu'elle était à cette époque.

En droit, elle n'était point absolue; ce n'était ni la royauté impériale, fondée, vous le savez, sur la personnification de l'Etat, ni la royauté chrétienne, fondée sur la représentation de la divinité. Ni l'un ni l'autre de ces principes ne dominait dans la royauté française à la fin du XIIIe siècle; ni à l'un ni à l'autre, elle n'empruntait le pouvoir absolu.

Cependant, si elle n'était point absolue en droit, elle n'était pas non plus limitée. Dans l'ordre social, aucune institution qui lui fît équilibre; nul contrepoids régulier, soit par quelque grand corps aristocratique, soit par quelque assemblée populaire. Dans l'ordre moral, aucun principe, aucune idée puissante, généralement admise, et qui assignât des bornes au pouvoir royal. On ne croyait point qu'elle eût droit de tout faire, d'aller à tout; mais on ne savait pas, on ne cherchait pas même à savoir où elle devait s'arrêter.

En fait, la royauté était limitée et sans cesse combattue par des pouvoirs indépendans, et jusqu'à un certain point rivaux, par le pouvoir du clergé, surtout par celui des grands propriétaires de fiefs, vassaux directs ou indirects de la couronne. Cependant elle possédait une force infiniment supérieure à toute autre, une force que vous avez vue se former par les acquisitions successives de Louis le Gros, de Philippe-Auguste, de saint Louis, et qui, à la fin du xiiie siècle, plaçait, sans nul doute, le roi hors de pair au milieu de la France.

Ainsi, en droit, point de souveraineté systématiquement illimitée, mais point de limites converties en institutions ou en croyances nationales. En fait, des adversaires et des embarras, mais point de rivaux ; tel était, au vrai, quand Philippe le Hardi succéda à saint Louis, l'état de la royauté.

Il y avait là, et à peine ai-je besoin de le dire, un germe fécond de pouvoir absolu, une pente marquée vers le despotisme. Jusqu'ici nous n'avons point vu ce germe se développer. Il serait tout-à-fait injuste de prétendre que, du xe au milieu du xiii_e siècle, la royauté ait travaillé à se rendre absolue ; elle travaillait à rétablir un peu d'ordre, de paix, de justice ; à relever quelque ombre de société et de gouvernement général. Il n'était pas question de despotisme.

Ne vous en étonnez pas. Toutes les institutions, toutes les forces sociales commencent, dans leur développement, par le bien qu'elles ont à faire. C'est à ce titre, c'est en tant qu'utiles à la société, en tant qu'en harmonie avec ses besoins présens, généraux, qu'elles s'accréditent et grandissent. Telle fut la marche de la royauté sous les règnes de Louis le Gros, de Philippe-Auguste et de saint Louis. Louis le Gros, en réprimant dans ses domaines et tout alentour une multitude de petits tyrans, et en rendant à la royauté son caractère de pouvoir public et protecteur; Philippe-Auguste, en reconstruisant le royaume et en redonnant aux peuples, par ses guerres contre les étrangers, l'éclat de sa cour, et ses soins pour la civilisation, le sentiment de la nationalité; saint Louis, en imprimant à son gouvernement ce caractère d'équité, de respect des droits, d'amour de la justice et du bien public, qui éclate dans tous ses actes, rendirent à coup sûr à la France les plus importans, les plus pressans services; et on peut dire sans hésiter que, durant toute cette époque, le bien l'emporta de beaucoup sur le mal dans le développement de la royauté française, et les principes moraux, ou du moins les principes d'intérêt public, sur les principes de pouvoir absolu.

Cependant le germe du pouvoir absolu était là, et nous arrivons aujourd'hui à l'époque où il commença à se développer. La métamorphose de la royauté en despotisme, tel est le caractère du règne de Philippe le Bel. S'il en fallait croire une théorie qui n'est pas nouvelle, mais qui a repris de nos jours confiance en elle-même et quelque crédit; s'il était vrai que toutes choses icibas s'enchaînent nécessairement, fatalement, sans que la liberté humaine y soit pour rien et réponde de rien, nous aurions tout simplement à reconnaître qu'à la fin du xiiie siècle les circonstances au milieu desquelles se déployait la royauté, l'état social et intellectuel de la France, faisaient, de cette invasion du pouvoir absolu, une nécessité; que personne ne l'amena et n'eût pu la prévenir; qu'ainsi il ne faut s'en prendre à personne, et que, dans ce mal, il n'y a point de coupable. Heureusement, Messieurs, la théorie n'est pas vraie; et l'observation tant soit peu exacte des faits historiques la dément, aussi bien que la raison. En fait, et j'ai déjà eu l'honneur de vous le faire remarquer, le caractère personnel, la volonté libre des rois qui régnèrent, du xie au xiiie siècle, influa puissamment sur le cours des choses, spécialement sur les destinées de la royauté. Vous avez vu, entre autres, combien fut grande la part de saint Louis en personne dans le tour des institutions sous son règne. Il en arriva autant sous Philippe le Bel; son caractère personnel fut pour beaucoup dans la nouvelle face que prit alors la royauté. Indépendamment de toutes les causes générales qui y concoururent sans doute, mauvais lui-même et despote par nature, il la précipita, plus violemment peut-être que toute autre cause, vers le pouvoir absolu.

Il y a, Messieurs, de grandes variétés dans le despotisme; je ne dis pas seulement de grandes inégalités quant au degré de despotisme, mais de grandes variétés dans la nature même du despotisme et dans ses effets. Pour certains hommes, le pouvoir absolu n'a guère été qu'un moyen; ils n'étaient pas gouvernés par des vues complètement égoïstes; ils roulaient dans leur esprit des desseins d'utilité publique, et se sont servis du despotisme pour les accomplir. Charlemagne, par exemple, et Pierre le Grand, en Russie, ont été de véritables despotes, mais non des despotes exclusivement égoïstes, uniquement préoccupés d'eux-mêmes, ne consultant que leurs caprices, n'agissant que dans un but personnel. Ils avaient l'un et l'autre sur leur pays, sur le sort des hommes, des vues et des volontés générales, désintéressées, dans lesquelles la satisfaction de leurs propres passions ne tenait que la moindre place. Le despotisme, je le répète, était pour eux un moyen, non un but; moyen vicieux par sa nature, et qui porte le mal au sein du bien même qu'il accomplit; mais qui sert, du moins quelquefois, à presser la marche du bien, tout en l'altérant par un impur alliage.

Pour d'autres hommes, au contraire, le despotisme est le but même, car ils y joignent l'égoïsme; ils n'ont aucune vue générale; ne forment aucun dessein d'intérêt public; ne cherchent, dans le pouvoir dont ils disposent, que la satisfaction de leurs passions, de leurs caprices, de leur misérable et éphémère personnalité. Tel était Philippe le Bel. On ne rencontre, dans tout le cours de son règne, aucune idée générale et qui se rapporte au bien de ses sujets. C'est un despote égoïste, dévoué à lui-même, qui règne pour lui seul, et ne demande au pouvoir que l'accomplissement de sa propre volonté. Or, Messieurs, autant la vertu personnelle de saint Louis avait tenu de place dans son gouvernement, autant cette perversité personnelle de Philippe le Bel exerça d'influence sur le sien, et contribua au nouveau tour, à ce tour immoral et despotique que prit, sous son règne, la royauté.

Je ne vous raconterai point l'histoire de Philippe le Bel ; je suppose toujours les événemens à peu près présens à votre esprit. C'est surtout dans les documens originaux, dans les actes législatifs ou politiques de toute nature, que je cherche l'histoire des institutions, et celle de la royauté en particulier.

Il suffit d'ouvrir le recueil des ordonnances du Louvre pour être frappé du caractère différent que revêt le pouvoir royal entre les mains de Philippe le Bel, et des changemens qui surviennent dans son mode d'action. J'ai mis jusqu'ici sous vos yeux, à propos de chaque règne, le nombre et la nature des ordonnances ou autres actes politiques qui nous sont restés des divers princes. Sous Philippe le Bel, le nombre de ces actes devient tout-à-coup infiniment plus grand. Le recueil du Louvre en contient 354, qu'on peut classer de cette manière :

44 de législation politique et de gouvernement proprement dit;

101 de législation civile, féodale ou domaniale;

56 sur les monnaies, soit monnaies royales,

soit monnaies des seigneurs ou monnaies étrangères ;

104 sur des affaires de privilége local ou d'intérêt privé, concessions ou confirmations de communes, priviléges accordés à certains lieux ou à certaines corporations, ou à certaines personnes, etc.;

11 sur les Juifs et les marchands et négocians italiens;

38 sur des sujets divers.

Évidemment la royauté est beaucoup plus active, et intervient dans un beaucoup plus grand nombre d'affaires et d'intérêts qu'elle ne l'avait fait jusque là.

Si nous entrions dans un examen détaillé de ces actes, nous serions encore bien plus frappés de ce fait en le suivant dans toutes ses formes. J'ai fait un dépouillement complet de ces 354 ordonnances ou actes de gouvernement de Philippe le Bel pour bien connaître la nature de chacun. Je ne mettrai pas sous vos yeux ce tableau dans toute son étendue, mais je vous en donnerai une idée; vous verrez quelle était la variété des intérêts et des affaires dans lesquels intervint, sous ce règne, la royauté, et combien son action fut plus étendue et plus décisive qu'elle ne l'avait été jusque là.

Je vais analyser rapidement les ordonnances des premières années du règne de Philippe le Bel, et de celles-là seulement qui sont contenues dans le tome 1er du recueil du Louvre.

En 1226, je ne trouve que deux actes sans intérêt pour nous aujourd'hui, des instructions en matière d'amortissement, et une concession locale.

En 1287, il y a trois ordonnances, dont deux fort importantes; l'une, en dix articles, a pour objet le mode d'acquisition de la bourgeoisie, et règle comment quiconque voudra aller s'établir dans une ville, pourra en devenir bourgeois, quelles formalités il aura à remplir, quelles relations subsisteront entre lui et le seigneur dont il quitte les domaines, ou celui dans les domaines duquel il entre, etc. Cette ordonnance statue d'une manière générale et pour toute l'étendue des domaines du roi.

La seconde est conçue en ces termes :

> Il est ordonné, par le conseil du seigneur roi, que les ducs, comtes, barons, archevêques, évêques, abbés, chapitres, colléges, chevaliers, et en général tous ceux qui possèdent dans le royaume de France la juridiction temporelle, aient à instituer, pour exercer ladite juridiction, un bailli,

un prévôt et des sergens laïcs et non clercs, afin que si lesdits officiers viennent à faillir, leurs supérieurs puissent sévir contre eux. Et s'il y a des clercs dans lesdits offices, qu'ils soient écartés.

Il a été également ordonné que tous ceux qui ont ou auront, après le présent parlement, une cause devant la cour du roi et les juges séculiers du royaume de France, constituent des procureurs laïques. Les chapitres néanmoins pourront prendre des procureurs parmi leurs chanoines, et aussi les abbés et couvens parmi leurs moines.

Certes, Messieurs, expulser de la sorte des fonctions judiciaires tout ecclésiastique, et non-seulement dans les cours du roi, mais dans celles des seigneurs et partout où existe une juridiction temporelle quelconque, c'est, à coup sûr, un des actes de pouvoir les plus importans et les plus énergiques qui pussent être accomplis alors.

En 1288, deux ordonnances, l'une sur des intérêts privés ; l'autre défend à tout religieux, de quelque ordre qu'il soit, d'emprisonner un Juif sans en avertir le juge laïque du lieu où le Juif est domicilié.

En 1289, une ordonnance en matière d'intérêts privés.

En 1290, six ordonnances : je n'insisterai que sur deux. L'une retire aux Templiers les priviléges de leur ordre, toutes les fois qu'ils n'en portent pas l'habit. C'est l'un des premiers symptômes de la malveillance de Philippe pour les Templiers. L'autre accorde divers priviléges aux ecclésiastiques, spécialement aux évêques ; entre autres celui que les causes de ces derniers seront toujours portées aux parlemens, jamais devant une juridiction inférieure.

En 1291, quatre ordonnances. La plus importante, en onze articles, contient la première organisation un peu précise du parlement de Paris. Le roi ordonne la formation d'une chambre spéciale pour l'examen des requêtes, indique quelles personnes y siégeront, quels jours elle se réunira, comment on y devra procéder, etc. Une autre ordonnance renferme sur l'amortissement des domaines acquis par les églises, des dispositions favorables au clergé.

En 1292, quatre ordonnances peu importantes ; la dernière est un fragment d'ordonnance sur la pêche, qui contient des dispositions singulièrement minutieuses. On n'est pas sûr qu'elle soit de Philippe le Bel.

En 1293, deux sans importance.

En 1294, trois, dont une ordonnance somptuaire, sur laquelle je reviendrai tout-à-l'heure.

En 1295, quatre. La principale accorde des

priviléges aux marchands italiens, moyennant un droit sur leurs marchandises.

En 1296, six, dont 1° ordonnance pour interdire les guerres privées et les combats judiciaires pendant la guerre du roi en Flandre.

2° Le roi garantit au duc de Bretagne le maintien de ses droits en matière d'ajournement devant la cour du roi.

3° Confirmation détaillée d'un réglement sur les salines de Carcassonne.

En 1297, trois. L'une établit le commerce libre entre la France et le Hainaut, tant que durera l'alliance des deux princes.

En 1298, trois. Le roi ordonne au duc de Bourgogne de défendre les monnaies étrangères.

En 1299, quatre. Le roi interdit aux baillis de Touraine et du Maine de vexer les ecclésiastiques de leur ressort.

Il prescrit des mesures contre les voleurs de gibier et de poisson.

En 1300, deux. Il réduit à soixante, le nombre des notaires du Châtelet.

Il déclare punissables, les clercs, même absous en cour ecclésiastique, si le crime est notoire.

En 1301, quatre. Il ordonne au prévôt de

Paris de faire exécuter son ordonnance sur le nombre des notaires au Châtelet, et règle leurs fonctions.

Il règle la succession des bâtards et des aubains morts dans les domaines des seigneurs.

En 1302, dix-sept. 1º Il limite les pouvoirs des sénéchaux sur les églises du Languedoc.

2º Il réprime les sénéchaux qui, sous le prétexte de guerres privées, envahissaient la juridiction des seigneurs, spécialement de l'archevêque de Narbonne, dans tous les cas de rixe et troubles publics.

3º Il exempte les hommes trop peu riches, du service militaire pour l'armée de Flandre.

4º Il s'approprie la vaisselle de ses baillis, et en partie celle de ses sujets, moyennant un remboursement futur ou incomplet.

5º Il fait saisir les domaines d'évêques, abbés, etc., qui sont sortis du royaume contre sa défense.

6º Il prélève sur ses sujets nobles et non nobles, une subvention pour la guerre de Flandre. — Il interdit aux seigneurs d'en prélever aucune sur ceux de leurs hommes qu'il en a exemptés.

7° Il interdit l'exportation du blé, du vin et autres denrées.

8° Il règle le nombre et les fonctions des divers officiers du Châtelet.

9° Grande ordonnance pour la réformation du royaume. — Il règle les fonctions et les devoirs des sénéchaux, baillis, sergens, etc.

« Pour l'avantage de nos sujets et l'expédition des causes, on tiendra tous les ans deux parlemens à Paris, deux échiquiers à Rouen, et deux fois l'an les jours de Troyes. Il y aura un parlement à Toulouse, si les gens de cette province consentent qu'il n'y ait point d'appel des présidens de ce parlement. »

10° Il prélève une subvention pour la guerre de Flandre, en exemptant ceux qui la paieront de diverses autres charges. Il donne à ses commissaires une longue instruction qui finit par ces mots remarquables :

« Et contre la volenté des barons ne faites pas ces finances en leurs terres. Et cette ordenance tenez serrée, mesmement l'article de la terre des barons, car il nous seroit trop grand dommaige se il le savoient. Et en toutes les bonnes manières que vous pourrez, les menez à ce que il le vueillent souffrir ; et les noms de ceux que vous y trouverez contraires, nous rescrivez hartivement, à ce que nous metions conseil de les ramener; et les menez et traitez par belles paroles, et si courtoisement que esclandre n'en puisse venir. »

Je m'arrête, Messieurs; il me serait facile d'analyser de la sorte les 354 ordonnances de Philippe le Bel; mais en voilà assez pour vous montrer à combien d'objets divers s'appliqua sous son règne le pouvoir royal, et quel fut presque en toutes choses le progrès de son intervention. Un dernier exemple vous fera voir à quel point cette intervention était minutieuse; je le tire de cette ordonnance somptuaire de 1294, que j'ai indiquée tout-à-l'heure. On y lit:

1° Nulle bourgeoise n'aura char.

2° Nul bourgeois, ne bourgeoise, ne portera vair, ne gris, ne ermines, et se délivreront de ceux que ils ont, de Paques prochaines en un an. Ils ne porteront ne pourront porter or, ne pierres précieuses, ne couronnes d'or, ne d'argent....

4° Li duc, li comte, li baron de six mille livres de terre, ou plus, pourront faire quatre robes par an, et non plus, et les femmes autant....

8° Chevaliers qui aura 3,000 livres de terre, ou plus, ou li bannerets, pourra avoir trois paires de robes par an, et non plus; et sera l'une de ces trois robes pour esté....

11° Garçons n'auront qu'une paire de robes l'an....

14° Nul ne donra au grand mangier que deux mets, et

un potage au lard, sans fraude. Et au petit mangier, un mets et un entremets. Et se il est jeûne, il pourra donner deux potages aux harens et deux mets, ou trois mets et un potage. Et ne mettra en une escuelle que une manière de char (*chair*), une pièce tant seulement, ou une manière de poisson....

15° Il est ordonné, pour déclarer ce que dessus est dit des robes, que nuls prélats, ou barons, tant soit grans, ne puisse avoir robe, pour son corps, de plus de 25 sols tournois l'aune de Paris.....

Et sont ces ordonnances commandées à garder aux ducs, aux comtes, aux barons, aux prélaz, aux clers, et à toutes manières de gens du royaume qui sont en la foy.... Li ducs, li comtes, li bers, li prélaz qui fera contre cette ordonnance payera cent livres tournois pour paine. Et sont tenus à faire garder cet establissement à leurs sujets, en quelque estat qu'il soient, et en tele manière que, si aucun banneret fait encont, il payera cinquante livres tournois, et li chevalier ou vavasseur vingt-cinq livres tournois..... Cil par qui li fourfait vendra, à la connoissance du seigneur, aura le tiers de l'amende..... [1].

Jusqu'ici, Messieurs, nous n'avons rencontré rien de semblable dans les actes de la royauté française. C'est pour la première fois que nous voyons apparaître cette prétention à se mêler de tout, cette manie réglementaire qui a joué un si grand rôle dans l'administration de la

[1] En 1294, *Recueil des ordonnances*, t. 1, p. 541-543.

France. Son rapide développement doit être attribué surtout à deux causes, à ce que le pouvoir était exercé, soit par des ecclésiastiques, soit par des jurisconsultes. C'est la constante disposition des ecclésiastiques, de considérer principalement la législation sous le point de vue moral, de vouloir faire passer dans les lois la morale tout entière. Or, en morale, et particulièrement en morale théologique, il n'y a dans la vie point d'action indifférente; les moindres détails de l'activité humaine sont moralement bons ou mauvais, et doivent être par conséquent autorisés ou interdits. Instrumens ou conseillers du pouvoir royal, les ecclésiastiques étaient gouvernés par cette idée, et s'efforçaient de faire passer dans la législation pénale toutes les prévoyances, toutes les distinctions, toutes les prescriptions de la discipline ou de la casuistique théologique. Les jurisconsultes, par une autre cause, agissaient dans le même sens. Ce qui domine dans le jurisconsulte, c'est l'habitude de pousser un principe jusqu'à ses dernières conséquences; la subtilité, la vigueur logique, l'art de suivre, sans en jamais perdre le fil, un axiôme fondamental dans son application à une multitude de cas différens, tel est le caractère essentiel de l'esprit légiste; et les jurisconsultes romains en sont le plus éclatant exemple. A peine donc la royauté avait-elle donné aux légistes, ses principaux instrumens, un principe à appliquer, que, par cette pente naturelle de leur profession, ils travaillaient à développer ce principe, à en tirer chaque jour de nouvelles conséquences, et faisaient ainsi pénétrer le pouvoir royal dans une multitude d'affaires et de détails de la vie, auxquels naturellement il serait resté étranger.

Tel est le caractère que commence à prendre ce pouvoir sous le règne de Philippe le Bel. Quoiqu'il les eût exclus de l'ordre judiciaire, les ecclésiastiques jouaient encore dans son gouvernement un grand rôle, et les jurisconsultes un rôle chaque jour plus grand. Or, les uns et les autres, par des causes diverses, exerçaient sur la royauté une influence analogue, et la poussaient dans les mêmes voies.

Ce qui n'est pas moins remarquable, Messieurs, c'est que la plupart de ces ordonnances émanent du roi seul, sans qu'il soit fait mention du consentement, ni même le plus souvent du conseil des barons et autres grands possesseurs de fiefs. En fait de législation, la royauté s'isole et s'affranchit évidemment de l'aristocratie féodale; elle ne délibère presque jamais qu'avec des conseillers de son choix, et qui tiennent d'elle seule leur mission. Son indépendance s'accroît avec l'étendue de son pouvoir.

Il n'y a guère qu'une sorte d'actes dans lesquels, sous ce règne, on voie intervenir non-seulement les barons, mais d'autres personnes encore; et ce sont précisément les actes qui, d'après les théories modernes, appellent le moins un tel concours, c'est-à-dire les actes de paix et de guerre et tout ce qui tient aux relations extérieures. On pense aujourd'hui que les affaires de ce genre appartiennent au pouvoir royal seul, et que les pouvoirs collatéraux n'ont point à s'en mêler, si ce n'est fort indirectement. Sous Philippe le Bel, Messieurs, le fait directement contraire prévalait. Les actes que nous appelons législatifs, qui règlent au dedans l'état des personnes et des propriétés, émanaient très-souvent du roi seul. Mais quand il s'agissait de paix et de guerre, de négociations avec les princes étrangers, il invoquait souvent le concours des barons et des autres notables du royaume. La nécessité pratique, et non telle ou telle théorie, décidait alors de toutes choses. Comme le roi ne pouvait faire la guerre seul, et que, pour traiter avec les étrangers, il voulait être et paraître soutenu par ses sujets, il y avait nécessité pour lui de ne faire aucune grande entreprise de ce genre sans s'assurer de leur bonne volonté, et il les appelait tout simplement parce qu'il ne pouvait s'en passer.

Ce fut la même cause qui fit, à cette époque, entrer aussi quelquefois dans les conseils du prince un certain nombre des députés des principales villes. On a beaucoup dit que Philippe le Bel appela le premier le tiers-état aux États-Généraux du royaume. Les paroles sont trop magnifiques, Messieurs, et le fait n'était pas nouveau. Sous saint Louis, vous l'avez vu, des députés de villes, dont nous savons même les noms, furent appelés auprès du roi pour délibérer sur certains actes législatifs. Il y en a encore d'autres exemples. Philippe le Bel n'eut donc pas l'honneur du premier appel; et quant aux assemblées de ce genre qui parurent sous son règne, on s'en est fait une beaucoup trop grande idée. C'étaient des réunions fort courtes, presque accidentelles, sans influence sur le gouvernement général du royaume, et dans lesquelles les députés des villes tenaient fort peu de place.

Le fait ainsi réduit à ses justes dimensions, il est vrai qu'il devint, sous Philippe le Bel, plus fréquent qu'il ne l'avait encore été, et que l'importance croissante de la bourgeoisie s'y révèle.

En 1302, engagé dans sa grande querelle avec Boniface VIII, et voulant se présenter au combat avec l'appui de tous ses sujets, Philippe convoqua les États-Généraux, et leur assemblée se tint à Paris dans l'église de Notre-Dame, du 23 mars au 10 avril. Les trois ordres, la noblesse, le clergé et un certain nombre de députés des bonnes villes y siégeaient. Leurs délibérations furent fort courtes; chaque ordre ne fit guère que se prêter aux désirs du roi en écrivant une lettre au pape. Celle des bourgeois ne s'est pas conservée, et nous ne la connaissons que par la réponse des cardinaux, adressée « aux maires, échevins, jurats, consuls des communautés, villes, cités et bourgs du royaume de France. »

En 1304, on voit Philippe traiter avec les nobles et les communes des sénéchaussées de Toulouse, Cahors, Périgueux, Rhodez, Carcassonne et Beaucaire, pour en obtenir des subsides pour son expédition en Flandre.

En 1308, il convoque les États-Généraux à Tours pour délibérer sur le procès des Templiers; et le chanoine de Saint-Victor, celui des chroniqueurs du temps qui nous donne sur cette assemblée le plus de détails, en parle ainsi :

Le roi fit assembler un parlement à Tours, de nobles et

d'ignobles, de toutes les châtellenies et les villes de son royaume. Il vouloit, avant de se rendre auprès du pape à Poitiers, recevoir leur conseil sur ce qu'il convenoit de faire des Templiers, d'après leur confession. Le jour avoit été assigné à tous ceux qui furent invités, au premier du mois qui suivroit la Pâque (elle étoit cette année le 14 avril). Le roi vouloit agir avec prudence; et, pour ne pouvoir être repris, il vouloit avoir le jugement et l'assentiment des hommes de toute condition de son royaume. Aussi il ne vouloit pas seulement avoir la délibération et le jugement des nobles et des lettrés, mais celui des bourgeois et des laïques. Ceux-ci, comparaissant personnellement, prononcèrent presque tous d'une commune voix que les Templiers étoient dignes de mort. L'université de Paris, et surtout les maîtres en théologie, furent requis expressément de donner leur sentence, ce qu'ils firent, par les mains de leur tabellion, le samedi qui suivit l'Ascension [1].

On lit aussi dans l'*Histoire de Languedoc* :

« Aymar de Poitiers, comte de Valentinois, Odilon de Guarin, seigneur de Tournel, Guarin de Chateauneuf, seigneur d'Apchier, Bermond, seigneur d'Usez et d'Aymargues, Bernard Pelet, seigneur d'Alais et de Calmont, Amaury, vicomte de Narbonne, Bernard Jourdain, seigneur de Lille-Jourdain, et Louis de Poitiers, évêque de Viviers, donnèrent procuration à Guillaume de Nogaret, chevalier du roi de France, pour se trouver en leur nom à cette as-

---

[1] Jean, chanoine de Saint-Victor, p. 456. Continuat. de Guillaume de Nangis, p. 61.

semblée. Les prélats de la province de Narbonne y députèrent de leur côté les évêques de Maguelonne et de Béziers, et on leva une imposition sur le clergé du pays pour ce voyage. Enfin on a des lettres du roi données à Tours le 6 mai de l'an 1308, pour ordonner au sénéchal de Beaucaire de faire payer, par tous les habitans de la ville de Bagnols au diocèse d'Usez, les députés de cette ville qui avoient été envoyés à Tours [1]. »

C'est presque toujours, vous le voyez, pour des cas de paix et de guerre, ou d'importantes relations au dehors, qu'ont lieu de telles convocations. Dans presque toutes les autres parties du gouvernement, et surtout dans ce que nous regardons aujourd'hui comme essentiellement législatif, ni les députés des villes, ni les barons mêmes n'interviennent, le roi décide seul.

Tel fut, Messieurs, sous ce règne, le développement de la royauté, considérée sous le rapport législatif. Il y a là un notable progrès vers le pouvoir absolu. La royauté se mêle d'un grand nombre d'affaires dont elle ne se mêlait pas auparavant; elle les règle dans ses moindres détails; déclare ses actes exécutoires dans toute l'étendue du royaume, indépendamment de la diversité des domaines; elle les rend enfin, pour la

[1] T. IV, p. 139.

plupart du moins, sans le concours des possesseurs de fiefs; et quand elle appelle soit les possesseurs de fiefs, soit les bourgeois, à concourir avec elle, c'est par des motifs tout-à-fait étrangers au gouvernement intérieur du pays, par des nécessités purement politiques et de circonstance.

Le pouvoir judiciaire de la royauté reçut en même temps un développement de même nature.

Vous vous rappelez les détails que j'ai eu l'honneur de vous donner sur le système judiciaire de la féodalité. Son principe fondamental était, vous le savez, le jugement par les pairs, les vassaux se jugeant entre eux à la cour de leur seigneur, de leur suzerain commun. Vous avez vu que ce système se trouva à peu près impraticable; les vassaux étaient tellement isolés, tellement étrangers les uns aux autres; il y avait entre eux si peu de relations sociales et d'intérêts communs, qu'il était fort difficile de les réunir pour qu'ils se jugeassent entre eux. Ils ne venaient pas, et quand quelques-uns venaient, c'était le suzerain qui les choisissait arbitrairement. Ce grand et beau système, l'intervention du pays dans les jugemens, alla donc toujours déclinant par la plus puissante des causes, par son *inapplicabilité;* passez-moi le vice de l'expression en faveur de son exactitude.

Vous avez vu s'élever progressivement à sa place un autre système, celui d'un ordre judiciaire, d'une classe de personnes spécialement vouées à l'administration de la justice. Ce fut là le grand changement qui s'accomplit, à cet égard, du xie au xiiie siècle, et dont je vous ai entretenus quand nous nous sommes occupés de la féodalité [1].

A la fin du xiiie siècle, la royauté avait donc à sa disposition, sous les noms de sénéchaux, baillis, prévôts, etc., de véritables magistrats. Souvent, il est vrai, ces magistrats ne jugeaient pas seuls; ils appelaient quelques hommes du lieu à rendre avec eux le jugement. C'était là un souvenir, un reste de l'intervention judiciaire de la société, et j'ai cité plusieurs textes de Beaumanoir entre autres, qui consacrent formellement cette pratique. Ces assesseurs accidentels des magistrats, qu'on appelait *jugeurs*, rendaient même, en certains lieux, le jugement véritable, et le bailli ne faisait guère que le prononcer. Pendant quelque temps se réunirent ainsi autour des baillis, de petits possesseurs de fiefs, des chevaliers, qui venaient remplir les fonc-

[1] Leçons x^e et xie, t. iv, p. 313, 369.

tions de jugeurs. Les baillis eux-mêmes furent
d'abord d'assez grands possesseurs de fiefs, des
barons de second ordre, qui acceptaient des
fonctions dont les grands barons ne se souciaient
plus. Mais au bout d'un certain temps, par l'in-
capacité des anciens possesseurs de fiefs, par
leur ignorance, par leur goût excessif pour la
guerre, la chasse, etc., ils laissèrent échapper
ce dernier débris du pouvoir judiciaire ; et à la
place des juges-chevaliers, des juges féodaux,
se forma une classe d'hommes uniquement occupés d'étudier soit les coutumes, soit les lois
écrites, et qui peu à peu, à titre soit de baillis,
soit de jugeurs associés aux baillis, restèrent à
peu près seuls en possession de l'administration
de la justice. Ce fut la classe des légistes, et
après avoir été pris quelque temps, en partie
du moins, dans le clergé, ils finirent par sortir
tous, ou à peu près tous, de la bourgeoisie.

Une fois instituée de la sorte, en possession
du pouvoir judiciaire, et séparée de toutes
les autres, la classe des légistes ne pouvait
manquer de devenir, entre les mains de la
royauté, un instrument admirable contre les
deux seuls adversaires qu'elle eût à craindre,
l'aristocratie féodale et le clergé. Ainsi arriva-
t-il, et c'est sous Philippe le Bel qu'on voit

s'engager avec éclat cette grande lutte qui a tenu tant de place dans notre histoire. Les légistes y rendirent non-seulement au trône, mais au pays, d'immenses services, car ce fut un immense service, que d'abolir, ou à peu près, dans le gouvernement de l'État, le pouvoir féodal et le pouvoir ecclésiastique, pour leur substituer le pouvoir auquel ce gouvernement doit appartenir, le pouvoir public. Un tel progrès était, sans nul doute, la condition, le préliminaire indispensable de tous les autres. Mais, en même temps, la classe des légistes fut, dès son origine, un terrible et funeste instrument de tyrannie : non-seulement elle ne tint, dans beaucoup d'occasions, aucun compte des droits, des véritables droits du clergé et des propriétaires de fiefs; mais elle posa et fit prévaloir, quant au gouvernement en général et en matière judiciaire en particulier, des principes contraires à toute liberté. L'histoire en offre, dès l'époque qui nous occupe, une preuve irrécusable. C'est après saint Louis, sous le règne de Philippe le Hardi, qu'on voit commencer ces commissions extraordinaires, ces jugemens par commissions, qui depuis ont tant de fois souillé et attristé nos annales. Les sénéchaux, baillis, jugeurs et autres officiers judiciaires, nommés alors par le roi, n'étaient point inamovibles ; il les révoquait à son gré, les choisissait même dans chaque occasion particulière, et suivant le besoin, peut-être par un souvenir des cours féodales, où en fait, le suzerain appelait presque arbitrairement tels ou tels de ses vassaux. Il arriva de là que dans les grands procès le roi se trouva le maître d'instituer ce que nous appelons une commission. Or, remarquez que les grands procès, les grandes affaires criminelles, avaient alors presque nécessairement l'un ou l'autre de ces deux caractères : ou bien la royauté poursuivait un ennemi redouté, ecclésiastique ou laïque, un grand seigneur ou un évêque; ou bien, à la suite d'une réaction, l'aristocratie féodale ou le clergé, ayant repris auprès de la royauté leur ancien empire, employèrent sa force et ses agens à poursuivre à leur tour leurs ennemis. Dans les deux cas, l'ordre judiciaire royal, les légistes servaient d'instrumens à des inimitiés, à des vengeances de parti, de pouvoir; et l'un ou l'autre vainqueur choisissant à son gré les commissaires, jugeait ses ennemis aussi arbitrairement, aussi iniquement qu'il avait été jugé lui-même quelque temps auparavant.

Je trouve, de la mort de saint Louis à l'avénement de Philippe de Valois, cinq grands procès criminels qui sont restés historiques ; vous allez voir quel en est le caractère, et si le fait général que je viens d'énoncer n'en est pas le fidèle résumé.

Le premier est le procès fait, en 1278, à Pierre de la Brosse, favori de Philippe le Hardi :

> Ce Pierre de La Brosse, dit Guillaume de Nangis, quand pour la première fois il vint à la cour, étoit chirurgien du saint roi Louis, père de ce roi Philippe. C'étoit un pauvre homme, natif de Touraine. Après la mort de Louis, il fut fait chambellan de Philippe ; et ce roi l'aima tant, se confia tant à lui en toute chose, et l'éleva si haut que tous les barons, les prélats et les chevaliers du royaume de France lui témoignoient le plus profond respect, et lui apportoient souvent de riches présens. En effet, ils le craignoient fort, assurés que tout ce qu'il vouloit du roi, il l'obtenoit toujours. Les barons éprouvoient en secret beaucoup de dégoût et d'indignation de lui voir exercer tant de puissance sur le roi et le royaume [1].

En 1278, après une lutte que vous trouverez racontée dans toutes les histoires de France, Pierre de La Brosse succombe : il est jugé par une commission composée du duc de Bourgogne, du duc de Brabant et du comte d'Artois, et pendu le 30 juin, à la suite d'une procédure si secrète, si

---

[1] Guill. de Nangis, *Gesta Phil. aud.*, p. 529.

inique, que son crime et les causes légales de
sa condamnation sont encore inconnus. C'est
évidemment ici l'aristocratie féodale, qui se
venge et pend un parvenu.

Vers 1301, Philippe le Bel se prend de querelle et de haine avec Bernard. de Saisset, évêque de Pamiers, légat de Boniface VIII. Il lance contre lui ses légistes, Pierre Flotte, Enguerrand de Marigny, Guillaume de Plasian, Guillaume de Nogaret; et les poursuites exercées contre l'évêque de Pamiers sont un modèle d'iniquité et de violence. Je n'ai pas le temps d'en parler avec détail. C'est ici la royauté qui fait soutenir, par la main des légistes, et aux dépens d'un accusé, sa lutte politique contre le clergé.

De 1307 à 1310, le procès des Templiers; de 1309 à 1311, le procès intenté à la mémoire de Boniface VIII, offrent, sur une plus grande échelle, et avec bien plus d'éclat encore, le retour des mêmes faits. Ce sont toujours les légistes, les commissions judiciaires mettant la justice au service de la politique et aux ordres de la royauté.

Philippe le Bel meurt, la chance tourne; l'aristocratie féodale reprend l'ascendant. Malheur aux parvenus légistes! En 1315, Enguerrand de Marigny, l'un des principaux, est jugé à son tour par une commission de chevaliers, et pendu le 30 avril à Montfaucon, après la plus odieuse procédure et sur les plus absurdes accusations.

Ainsi l'histoire de l'ordre judiciaire, à peine créé, est une série de réactions continuelles entre l'aristocratie féodale et le clergé d'une part, la royauté et les légistes de l'autre. L'un et l'autre parti se jugent tour à tour, selon le système et par les procédés arbitraires, violens, qu'ont introduits les légistes et qu'ils ont en partie empruntés au droit romain, au droit ecclésiastique, aux coutumes féodales dénaturées, en partie inventés pour la circonstance et selon le besoin.

N'est-ce pas là, Messieurs, l'introduction du despotisme dans l'administration de la justice? N'est-il pas clair que, sous le rapport judiciaire comme sous le rapport législatif, la royauté fit à cette époque un pas immense dans la carrière du pouvoir absolu?

En voici un troisième que je ne ferai guère qu'indiquer : il s'agit des impôts.

Philippe le Bel s'arrogea le droit d'imposer, même hors de ses domaines, et surtout par la voie des monnaies. Le droit de battre monnaie, vous le savez, n'appartenait pas exclusivement à la royauté; la plupart des possesseurs de fiefs l'avaient possédé originairement, et plus de quatre-vingts en jouissaient encore du temps de saint Louis. Sous Philippe le Bel, ce droit vint par degrés se concentrer, quoique incomplètement encore, entre les mains du roi. Il l'acheta d'un certain nombre de seigneurs, l'usurpa sur d'autres, et se trouva bientôt, en matière de monnaies, sinon le seul maître absolument, du moins en état de faire la loi dans tout le royaume. Il y avait là une manière commode et bien tentante d'imposer arbitrairement les sujets. Philippe en usa largement, follement. L'altération des monnaies reparaît presque chaque année sous son règne; et des 56 ordonnances émanées de lui en matière de monnaies, 35 ont des falsifications de monnaies pour objet.

Il ne se borna point cependant à ce seul procédé pour taxer arbitrairement ses peuples : tantôt par des subventions expresses, tantôt par des impôts de consommation sur les denrées, tantôt par des mesures qui frappaient le commerce intérieur ou extérieur, il se procura momentanément de larges ressources. Il ne parvint point ainsi à fonder, au profit de la royauté, un droit véritable; à faire admettre qu'il lui appartenait d'imposer à son gré les peuples; il n'en éleva même pas la prétention générale et systématique; mais il laissa des précédens pour tous les modes d'imposition arbitraire, et ouvrit, en tous sens, cette voie funeste à ses successeurs.

Il n'y a donc pas moyen de le méconnaître : sous le rapport législatif, sous le rapport judiciaire et en matière d'impôts, c'est-à-dire dans les trois élémens essentiels de tout gouvernement, la royauté prit, à cette époque, le caractère d'un pouvoir absolu ; caractère, je le répète, qui n'était point reconnu en droit, qui ne prévalait pas non plus complètement en fait, car la résistance s'élevait à chaque instant et sur tous les points de la société ; mais qui n'en était pas moins dominant dans l'application pratique comme dans la physionomie morale de l'institution.

A la mort de Philippe le Bel, et dans l'intervalle qui s'écoula jusqu'à l'extinction de sa famille et l'avénement de Philippe de Valois, c'est-à-dire sous les règnes de ses trois fils, Louis le Hutin, Philippe le Long et Charles le Bel, une vive réaction éclata contre toutes ces usurpations ou prétentions nouvelles de la royauté. Elle n'attendit même pas tout-à-fait jusqu'à la mort de Philippe IV; en 1314, c'est-à-dire dans la dernière année de son règne, plusieurs associations se formèrent pour lui résister, et elles rédigèrent en ces termes leurs desseins et leurs engagemens :

A tous ceux qui verront, orront (*entendront*) ces présentes letres, li nobles et li communs de Champagne; pour nous, pour les pays de Vermandois, de Beauvaisis, de Ponthieu, de La Fèrre, de Corbie, et pour tous les nobles et communs de Bourgogne, et pour tous nos alliés et adjoints étant dedans les points du royaume de France; salut. Scachent tuis que comme très excellent et très puissant prince, notre très cher et redouté sire, Philippe, par la grâce de Dieu, roi de France, ait fait et relevé plusieurs tailles, subventions, exactions non deus, changement des monnoyes, et plusieurs aultres choses qui ont été faites : par quoi li nobles et li communs ont été moult gervés, appauvris, et a moult grand meschief pour les choses dessus dites qui encore sont. Et il n'apert pas qu'ils soient tournez en l'honneur et prouffit du roy ne dou royalme, ne en deffension dou prouffit commun. Desquels griefs nous avons plusieurs fois requis et supplié humblement et devotement ledit sire li roy, que ces choses voulist defaire et delaisser; de quoy rien n'en ha fait. Et encore en cette présente année courant, par l'an 1314, li dit nos sire le roy ha fait impositions non deuement, sur li nobles et li communs dou royalme, et subventions lesquelles il s'est efforcé de lever; laquelle chose ne pouvons souffrir ne soûtenir eu bonne conscience, car ainsi perdrions nos honneurs, franchises et libertés; et nous et cis qui après nous veront (*viendront*). Par lesquelles choses dessus dites, nos li nobles et communs dessus-dits, et pour nos, et pour nos parens et alliés, et autres, dans les points du royalme de France, en la manière que dessus est dit, avons juré et promis par nos sermens, leaument et en bonne foy, par (*pour*) nous et nos hoirs aux comtés d'Auxerre et de Tonerre, aux nobles et aux communs desdits comtés, leurs alliés et adjoints, que nos, en la subvention de la présente année, et tous autres griefs et novelletez non deuement faites et à faire, au temps présent et avenir, que li rois de France, nos sires, ou autre, lor voudront faire, lor aiderons, et secourerons, à nos propres coustes et despens.... Et à scavoir quen cette chose faisant, avons retenu et retenons, volu et volons que toutes les obéissances, féautez, léautez et hommages, jurez et non jurez, et toutes autres droictures que nous devons aux rois de France, nos sires, et à nos autres seigneurs, et à leurs successeurs, soient gardées, sauvées et réservées [1].

Il existe aux archives du royaume, dans le *trésor des chartes*, dans la layette intitulée *Ligues des nobles*, sept autres actes d'associations semblables de la même époque, savoir : ceux de la Bourgogne, des comtés d'Auxerre et de Tonnerre, du Beauvaisis, du comté de Ponthieu, de la Champagne, de l'Artois et du Forez. Peut-on concevoir une protestation plus officielle et plus forte contre le nouveau tour que Philippe le Bel avait imprimé à la royauté?

[1] Boulainvilliers, *Lettres sur les anciens parlemens*, t. II, p. 29-31.

Cette protestation ne demeura point sans effet. Le temps me presse ; je ne puis vous entretenir avec détail de la lutte engagée, sous les fils de Philippe le Bel, entre la royauté et l'aristocratie féodale. Mais voici une ordonnance de Louis le Hutin, rendue en 1315, presque aussitôt après son avénement, et qui n'est autre chose qu'un redressement des griefs de l'aristocratie. Vous y verrez quelles furent l'étendue et l'efficacité momentanée de la réaction.

Louis, par la grâce de Dieu roy de France et de Navarre, etc. Nous faisons sçavoir à tous présens et à venir, que comme les nobles de la duché de Bourgoigne, des évêchés de Lengres, d'Ostun et du comté de Forez, pour eus et les religieus et non nobles des diz païs, se fussent complaints à nous, que puis le tems *Monsr. saint Louis, notre besayeul,* les franchises, les libertez, les usages et les coûtumes anciennes des .... et des païs dessus ditz. Avoient esté enfraintes en plusieurs cas et en plusieurs manières, et plusieurs griefs, et autres choses faiz et attemptez au contraire, par les gens de nos predecesseur, et les nostres, en grant grief et en grant préjudice de eus et de tout le pays, et des habitans en iceluy. Et nous eussent baillez *articles* contenans une partie de ces griefs si comme ils disoient, li quel articles sont cy dessous contenuz. Et nous eussent supplié que nous y vousisiens mettre remède convenable. *Nous* qui désirons la paix, et le bon estat de nos subgiez, eüe sur ce point grant délibération de bon conseil, sur les griez et les nouvelletez a nous bailliez de par eus, si comme dit est, *avons ordené et ordenons de nostre autorité real* et de certaine science en la fourme, et en la manière qui suit.

Le premier article baillié à nous qui est tiels : « Premier » que l'on ne puisse en cas de crime, aller encontre les diz » nobles, par dénonciations, ne par souspeçon, ne eus ju- » ger, ne condampner par enquestes, se ils ne s'y mettent, » jaçoit de .... que le souspeçon pourroit être si grant et » si notoire, que li souspeçonnez contre qui la denoncia- » tion seroit faite, devroit demourer en l'hostel de son » seigneur, et illec demourer une quarantaine, ou deus, ou » trois au plus, et se en ce termine, aucun ne l'approchoit » dou fait, il seroit ostagez, et en faisant partie; il doient » avoir leur deffence pour gage bataille. » Nous leur octroions, se la personne n'etait si diffamé, ou li faiz si notoires, que li sires deust mettre autre remède. Et quant au gage de bataille, nous voullons que il en usent, si comme l'en fesoit anciennement.

Le second article, qui est tiels : « *Item*, que l'on ne mette » la main ausdits nobles, à leurs chastiaux, forteresses, » villes et autres biens, à leurs hommes, ne à leurs sougez » puisque il aient de quoy on les puisse contraindre à estre » a droit de leur querelle, dont ils seroient poursuivi, ou » que il s'applegerait souffisament. » Nous leur octroions, si l'en ne si est liez, excepté les cas de crime.

Le tiers article qui est tiels : « *Item*, que l'on ne contrai- » gne lesdits nobles, leurs hommes, ne leurs sougez à don- » ner assurement en guerre ouverte, ne en autre cas, se la » menace n'est connue ou prouvée. » Nous leur octroions.

Le quart article qui est tiels : « *Item*, que le roy n'ac-

» quiere ne ne s'acroisse ès baronnies et chastellenies, ès
» fiez, et riere fiez desdits nobles, et religieus, se n'est de
» leur volonté. » Nous leur octroions, sauf notre droit en
ce qui nous pourroit venir par forfaiture, ou par eschoite de
lignage, es quex cas nous baillierons au seigneur dou *fié
deserveur souffisant* qui gouverneroit cette chose qui avenue nous seroit, en la manière, que cilx de qui elle nous seroit avenue, la gouverneroit.

Le cinquième article, qui est tiels. *Item*. « Que li roy et
» sa gent, ne lievent amende, se elle leur apartenoit d'un
» home noble, qui monte a plus de soixante livres tour-
» nois, et d'un homme de pooste, plus de soixante sols tour-
» nois. » Nous leur octroions, et voullons que la coustume
soit gardée; réservez à nous les cas, et les fais qui se
oient si grand et si horrible, que par cette coustume, ne
se devoient juger, des quiez cas, et faiz, il seroit cogneu par
ceux à qui la cognoissance en apartiendroit.

Le sixième article, qui tiex est. *Item*, « Que ledit noble
» puissent et doient user des armes, quant leur plaira, et qu'il
» puissent guerroyer et contregagier. » Nous leur octroions
les armes et les guerres, en la maniere que il en ont usé, et
accoutumé anciennement, et fera l'en savoir au pais comment il en ont usé, et accoutumé à user anciennement. Et
selon ce que l'en trouvera, nous leur ferons garder, et si
de guerre ouverte li uns avoit prins sur l'autre, il ne seroit
tenu du rendre ne dou recroire, se puis la deffence que
nous sur ce leur avons faite, ne l'avoient pris.

Le septième article, qui est tiex, *Item*, « Que le roy ne
» mande a armes, les diz nobles, ceux qui ne sont nûement
» si homme, et s'il estoient mandé, que il ne soient tenu
» d'aller, car ainsi ne pourroient servir le roy ses barons,

» et li autre noble ses hommes, se l'en leur ostoit ceux qui
» doivent aler à leur mandement. » Nous ferons sçavoir la
coustume et la ferons garder et quant a ores nous nous
soufferons demander.

Le huitieme article, qui est tielx. *Item,* « Que le roy em-
» pesche, ne ne se entremettent ses gens de justitiers ès
» terres et ès lieux, on lesdits nobles et religieux ont ac-
» coustumé à avoir justice haute et basse, mais y justicent
» lesdits nobles et religieux en tout cas, ce n'est en cause
» d'appel fait deûement au roy, ou a se gent, pour defaut
» de droit ou par mauvais jugement. » Nous leur octroions,
se ce n'est en cas qui nous apartiengne, pour cause de ressort, ou de souveraineté.

Au *neuvieme* et *dixieme* articles, qui tielx sont. *Item,*
« Que le roy mette les monnoies en l'estat du poids, et de
» la loy en quoy, elles estoient au tems Monsr. saint Louis,
» et les y maintiegne perpetuelement ; » et valloit « lors le
» marc d'argent cinquante-deux sols tournois. » Item, *Que
le roy ne* empesche le cours des monnoies faites en son
royaume ou *dehors.* Nous leur repondons que faisons faire
bonne monnoie du poids et de la loy de saint Loüis, et la
promettons à continuer.

Le onzieme article, qui est tielx. « Que les nobles, reli-
» gieux et non nobles ne soient adjourné, trait, ou mené
» hors des chastellenies, ou prévostez, ou il demeurent quels
» que elles soient, se n'est pour cause d'appel de deffaut
» de droit, ou de mauvés jugement, et ne soient jugé li dit
» noble, més que par les nobles leurs ygaus. » Nous leur
octroions en tous les cas, réservé a nous et a nostre court,
les cas qui nous apartiennent par nostre souveraineté royal,
des quiex cas il apartiendroit nos baillis, nos prévoz et nos

sergens, a connoistre. Et si il faisoient le contraire, nous les en punirions et ferions rendre dommages et chastielx. Et qnant a ce que les nobles soit jugé par les autres nobles leurs ygaus, nous ferons sçavoir comment l'on en a usé, et le leur ferons garder.

Le douxieme article, qui est tielx. *Item.* « Que comme
» plusieurs sergens et official du roy aient esté pour leur
» meffaitz, par enquestes condamnés a partie et privés
» pour touzjours de leur office, et il soient arieremis en
» leurs offices, qu'icel en soient derechief osté à touz-jours
» et contraint a paier les condamnations et cil qui remis
» les ont és offices en soient puni, et que jamais sergent
» prive a touzjours de l'office le roy n'i soient remis. »

Nous l'octroions et ordonons que jamais ne soit fait contre, et envoierons au païs pour accomplir ledit article, et pour mettre le nombre des sergens en estat.

Le treizieme article, qui tielx est. *Item,* « Que le roy en-
» voie brievement et de plain, a ses desniers esdits païs,
» en quiex choses, le roy si devancier, ou leur gentz ont
» grevé lesdits nobles, leurs hommes, et lesdits religieux, ou
» aucun d'eus, ou enfraint leurs droitz, leurs coustumes, et
» leurs usaiges, et que iceulx griefs face rapeller et defaire,
» et des or les rapelle. Quar il y a plusieurs autres griez
» qui ne sont pas ci espécifiez et que choses que li rois, si
» devanciers, ou leur gent aient usé, en faisant lesdits griez,
» ne tourne a prejudice a ceuls contre qui il ont fait, ne
» au roy, a profit, en saisine, en propriété, en temps pré-
» sent ne en temps a venir. » Nous leur octroions.

Le quatorzieme article, qui est tielx. *Item.* « Que le roy
» commande que ses baillis, ses sergens, et ses autres offi-
» cials, jurent publiquement a leurs primes assises, et au

» commencement de leurs offices, que il tendront et garde-
» ront toutes les choses dessus dites et chascunes d'icelles,
» et ne feront et ne souffriront a leurs poüoirs, a faire
» encontre. Et se il fesoient ou voulloient faire encontre,
» que l'en ne soit tenu a obeir a eux. » Nous leur octroions, et promettons a punir grievement ceuls qui feront
encontre, et eus faire rendre les domages.

Les quiex ordonances, octroiz et responces en la fourme et en la maniere que elles sont cy dessus contenües et
avec ce les ordonnances que notre chier sires et père fist
faire et publier. *Nous voullons, establissons, mandons et
commandons* estre accomplies, enterinées, gardées, et tenir
fermement en son dit cours en toutes les choses, et chas-
cune d'icelles, que les nobles religieux et non nobles desdits païs entendront qui leur soit profitables et que facent
pour leur. *Et mandons et commandons* a tous nos sene-
chaux, baillis, prevoz, et autres officiers, et ministres quiex
que il soient, que il les choses dessus dites, et chascunes de
ils gardent, et facent accomplir, garder et tenir, sanz rien
faire encontre. Et cognoissons que nous ne savons aucune
malgré ausdiz nobles, ne a aucuns d'iceulx de aliances que
ils ayent faites jusques aujourd'huy, et que jamais nous,
ne notre hoir, ne demanderons aucune chose a eulx ou a
aucun d'euls, a leurs hoirs, ni a leurs successeurs. Et a
plus grant seureté des choses dessus dites, nous leur avons
baillié ces lettres scellées de notre scel [1].

Donné au bois de Vincennes, l'an de grâce 1315 *au mois d'avril.*

---

[1] *Recueil des Ordonnances*, t. I, p. 558.

On trouve, sous Louis le Hutin, neuf autres ordonnances du même genre, rendues au profit de la noblesse et du clergé d'autres provinces.

A la suite d'une telle lutte, et qui avait amené de tels résultats, la royauté devait se trouver et se trouva, en effet, fort affaiblie. Elle avait méconnu tous les droits, collatéraux, envahi tous les pouvoirs; au lieu d'être un principe d'ordre et de paix dans la société, elle y était devenue un principe d'anarchie et de guerre. Elle sortit de cette tentative beaucoup moins ferme, beaucoup plus contestée et combattue qu'elle ne l'avait été sous les règnes plus prudens et plus légaux de Philippe-Auguste et de saint Louis.

En même temps survint, pour la royauté, une nouvelle cause d'affaiblissement, l'incertitude de la succession au trône. Vous savez qu'à la mort de Louis le Hutin, qui laissait la reine Clémence grosse, s'éleva la question de savoir si les femmes avaient droit de succéder à la couronne, cette question qu'on a prétendu résoudre par la loi salique. Elle fut décidée, en 1316, au profit de Philippe le Long; elle reparut en 1328 à la mort de Charles le Bel, et fut débattue alors entre des rivaux puissans et capables de soutenir chacun leurs droits ou leurs prétentions. A la fin de l'époque féodale, la royauté se trouva donc attaquée sur deux points : quant à l'ordre de succession et quant à la nature de son pouvoir. En fallait-il davantage pour compromettre un pouvoir déjà grand sans doute, mais qui sortait à peine des premières crises de sa formation? Aussi cette institution, cette force que nous venons de voir se développer et grandir presque sans interruption de Louis le Gros à Philippe le Bel, nous apparaît-elle, au commencement du xiv° siècle, chancelante, délabrée et dans un état qui ressemble fort à la décadence. La décadence n'était pas réelle ; le principe de vie, déposé au sein de la royauté française, était trop énergique, trop fécond pour périr de la sorte. Il est très-vrai cependant que le xiv° siècle vit commencer pour elle une période de revers et d'abaissement, dont les plus laborieux efforts eurent peine à la relever. Mais cette période n'appartient pas à l'époque dont nous nous occupons cette année ; c'est, vous le savez, à la fin de l'époque féodale, c'est-à-dire au commencement du xiv° siècle, que nous devons nous arrêter.

J'ai conduit jusqu'à ce terme, Messieurs, l'histoire de la royauté et de son rôle dans la civilisation de notre patrie. J'aborderai, dans notre prochaine réunion, l'histoire du tiers-état et des communes durant le même intervalle. Elle complètera le tableau du développement progressif des trois grands élémens qui ont concouru à la formation de notre société.

SEIZIÈME LEÇON.

Du Tiers-État en France.—Importance de son histoire.—Il a été l'élément le plus actif et le plus décisif de notre civilisation. — Nouveauté de ce fait; rien de semblable ne se rencontre jusque là dans l'histoire du monde. — Sa nationalité; c'est en France que le Tiers-État a pris tout son développement. — Distinction importante entre le Tiers-État et les communes.—De la formation des communes aux XIe et XIIe siècles. — Étendue et puissance de ce mouvement. — Divers systèmes pour l'expliquer. — Ils sont étroits et incomplets. — Variété des origines de la bourgeoisie à cette époque. — 1° Des villes où avait survécu le régime municipal romain. — 2° Des villes et bourgs en progrès, quoique non érigés en communes.— 3° Des communes proprement dites. — Combinaison de ces divers élémens pour la formation du Tiers-État.

Messieurs,

J'ai mis d'abord sous vos yeux la société féodale proprement dite, ses divers élémens, leurs rapports et leurs vicissitudes. Nous venons de voir naître et grandir, en dehors et au-dessus de la société féodale, un pouvoir étranger aux pouvoirs féodaux, d'une autre origine, d'une autre nature, destiné à les combattre et à les abolir : la royauté. Nous commencerons aujourd'hui à voir naître et grandir également, en dehors et au-dessous de la société féodale, une autre société, d'une autre origine aussi, d'une autre nature, également destinée à la combattre et à l'abolir ; je veux parler des communes, de la bourgeoisie, du Tiers-État.

L'importance de cette partie de notre histoire est évidente. Personne n'ignore le grand rôle que le Tiers-État a joué en France ; il a été l'élément le plus actif et le plus décisif de la civilisation française, celui qui en a déterminé, en dernière analyse, la direction et le caractère. Considérée sous le point de vue social, et dans ses rapports avec les diverses classes qui coexistaient sur notre territoire, celle qu'on a nommée le Tiers-État s'est progressivement étendue, élevée, et a d'abord modifié puissamment, surmonté ensuite, et enfin absorbé, ou à peu près, toutes les autres. Si on se place dans le point de vue politique, si on suit le Tiers-État dans ses rapports avec le gouvernement général du pays, on le voit d'abord, allié pendant plus de six siècles avec la royauté, travailler sans relâche à la ruine de l'aristocratie féodale, et faire prévaloir, à sa place, un pouvoir unique, central, la monarchie pure, très-voisine, en principe du moins, de la monarchie absolue. Mais dès qu'il a remporté cette victoire et accompli cette révolution, le Tiers-État en poursuit une nouvelle; il s'attaque à ce pouvoir unique, absolu, qu'il avait tant contribué à fonder, entreprend de changer la monarchie pure en monarchie constitutionnelle, et y réussit également.

Ainsi, sous quelque aspect qu'on le considère, soit qu'on étudie la formation progressive de la société en France, ou celle du gouvernement, le Tiers-État est, dans notre histoire, un fait immense. C'est la plus puissante des forces qui ont présidé à notre civilisation.

Ce fait n'est pas seulement immense, Messieurs; il est nouveau et sans autre exemple dans l'histoire du monde. Jusqu'à l'Europe moderne, jusqu'à notre France, rien de semblable à l'histoire du Tiers-État ne frappe les regards. Permettez-moi de faire passer en courant, devant les vôtres, les principales nations de l'Asie et de l'ancienne Europe; vous reconnaîtrez, dans leurs destinées, presque tous les grands faits qui ont agité la nôtre ; vous y verrez le mélange de races diverses, la conquête d'un peuple par un peuple, des vainqueurs établis sur des vaincus, de profondes inégalités entre les classes, de fréquentes vicissitudes dans les formes du gouvernement et l'étendue du pouvoir. Nulle part vous ne rencontrerez une classe de la société qui, partant de très-bas, faible, méprisée, presque imperceptible à son origine, s'élève par un mouvement continu et un travail sans relâche, se fortifie d'époque en époque, envahit, absorbe successivement tout ce qui l'entoure, pouvoir, richesse, lumières, influence, change la nature de la société, la nature du gouvernement, et devient enfin tellement dominante qu'on puisse dire qu'elle est le pays même. Plus d'une fois, dans l'histoire du monde, les apparences extérieures de l'état social ont été les mêmes que celles de l'époque qui nous occupe; mais ce sont de pures apparences. Je vais faire passer sous vos yeux les quatre ou cinq plus grandes nations d'Asie ; vous verrez qu'elles n'offrent rien de pareil au fait que je vous signale en ce moment.

Dans l'Inde, par exemple, les invasions étrangères, le passage et l'établissement de races diverses sur le même sol, se sont fréquemment renouvelés. Qu'en est-il résulté? La permanence des castes n'en a point été atteinte : la société est restée divisée en classes distinctes et à peu près immobiles. Point d'envahissement d'une caste par une autre; point d'abolition générale du régime des castes par le triomphe de l'une d'entre elles. Après l'Inde, prenez la Chine. Là aussi l'histoire montre beaucoup de conquêtes analogues à celle de l'Europe moderne par les Germains; plus d'une fois des vainqueurs barbares se sont établis au milieu d'un peuple de vaincus. Qu'en est-il arrivé? Les vaincus ont à peu près absorbé les vainqueurs, et l'immobilité a été encore le caractère dominant du pays. Regardez les Turcs et leur histoire dans l'Asie occidentale; la séparation des vainqueurs et des vaincus est demeurée invincible. Il n'a été au pouvoir d'aucune classe de la société, d'aucun événement de l'histoire, d'abolir ce premier effet de la conquête. L'état de l'Asie mineure, de la portion de l'Europe que les Turcs ont envahie, est encore aujourd'hui à peu près ce qu'il était au sortir de l'invasion. Dans la Perse, des événemens analogues se sont succédé; des races diverses se sont combattues et mêlées; elles n'ont abouti qu'à une anarchie immense, insurmontable, qui dure depuis des siècles, sans que l'état social du pays change, sans qu'il y ait mouvement, progrès, sans qu'on puisse démêler le développement d'une civilisation.

Je ne vous présente là que des aperçus bien généraux, bien passagers; mais le grand fait que je cherche s'y révèle suffisamment : vous ne trouverez, dans toute l'histoire des nations asiatiques, malgré la similitude de certains événemens et de quelques apparences extérieures, vous ne trouverez, dis-je, rien qui ressemble à ce qui s'est passé en Europe, dans l'histoire du Tiers-État.

Abordez l'Europe ancienne, l'Europe grecque et romaine; au premier moment, vous croirez reconnaître un peu plus d'analogie; ne vous y trompez pas; elle n'est qu'extérieure, et la ressemblance n'est pas plus réelle; là aussi il n'y a aucun exemple du Tiers-État et de sa destinée dans l'Europe moderne. Je n'ai pas besoin de vous retenir sur l'histoire des républiques grecques; elles n'offrent évidemment aucun trait analogue. Le seul fait qui ait paru, à de bons esprits, assez semblable à la lutte des bourgeois du moyen âge contre l'aristocratie féodale, c'est celle des plébéiens et des patriciens de Rome; on les a plus d'une fois comparées.

Comparaison entièrement fausse, Messieurs; et avant que je vous dise pourquoi, en voici une preuve simple et frappante. La lutte des plébéiens et des patriciens romains commence dès le berceau de la république. Elle n'est pas, comme il est arrivé chez nous dans le moyen âge, le résultat du développement lent, difficile, incomplet, d'une classe long-temps très-inférieure en force, en richesse, en crédit, qui, peu à peu, s'étend, s'élève, et finit par engager, contre la classe supérieure, un véritable combat. C'est sur-le-champ, dès l'origine de l'État, que les plébéiens sont en lutte contre les patriciens. Ce fait est clair par lui-même, et les belles recherches de Niebuhr l'ont pleinement expliqué. Niebuhr a prouvé dans son *Histoire de Rome,* que la lutte des plébéiens contre les patriciens n'était point l'affranchissement progressif et laborieux d'une classe long-temps infime et misérable, mais une suite et comme une prolongation de la guerre de conquête, l'effort de l'aristocratie des cités conquises par Rome pour participer aux droits de l'aristocratie conquérante. Les familles plébéiennes étaient les principales familles des populations vaincues; transportées dans Rome, et placées, par la défaite, dans une situation inférieure, elles n'en étaient pas moins des familles aristocratiques, riches, entourées de cliens, naguère puissantes dans leur cité, et capables, dès les premiers momens, de disputer le pouvoir à leurs vainqueurs. A coup sûr, il n'y a rien là qui ressemble à ce travail lent, obscur, douloureux, de la bourgeoisie moderne, s'échappant à grand' peine du sein de la servitude, ou d'une condition voisine de la servitude, et employant des siècles, non à disputer le pouvoir politique, mais à conquérir son existence civile. Notre Tiers-État est, je le répète, un fait nouveau, jusque là sans exemple dans l'histoire du monde, et qui appartient exclusivement à la civilisation de l'Europe moderne.

Non-seulement, Messieurs, ce fait est grand, ce fait est nouveau, mais il a pour nous un intérêt tout particulier; car, pour me servir d'une expression dont on abuse de nos jours, c'est un fait éminemment français, essentiellement national. Nulle part, la bourgeoisie, le Tiers-État, n'a reçu un aussi complet développement, n'a eu une destinée aussi vaste, aussi féconde qu'en France. Il y a eu des communes dans toute l'Europe, en Italie, en Espagne, en Allemagne, en Angleterre tout comme en France. Et non-seulement il y a eu partout des communes; mais les communes de France ne sont pas celles qui, en tant que communes, sous ce nom, et au moyen âge, ont joué le plus grand rôle et tenu la plus grande place dans l'histoire. Les communes italiennes ont enfanté des républiques glorieuses; les communes allemandes sont devenues des villes libres, souveraines, qui ont eu leur histoire particulière, et ont exercé beaucoup d'influence dans l'histoire générale de l'Allemagne; les communes d'Angleterre se sont alliées à une portion de l'aristocratie féodale, ont formé avec elle l'une des chambres, la chambre prépondérante du parlement britannique, et ont ainsi joué de bonne heure un rôle puissant dans l'histoire de leur pays. Il s'en faut bien que les communes françaises, dans le moyen âge et sous ce nom, se soient élevées à cette importance politique, à ce rang historique. Et pourtant c'est en France que la population des communes, la bourgeoisie s'est développée le plus complètement, le plus efficacement, et a fini par acquérir dans la société la prépondérance la plus décidée. Il y a eu des communes dans toute l'Europe; il n'y a eu vraiment de Tiers-État qu'en France. Ce Tiers-État qui est venu aboutir en 1789 à la révolution française, c'est là une destinée, une puissance qui appartient à notre histoire seule, et que vous chercheriez vainement ailleurs.

Ainsi, sous tous les rapports, Messieurs, ce fait a droit à notre plus vif intérêt; il est grand, il est nouveau, il est national; aucune source d'importance et d'attrait ne lui manque. Nous devons donc lui donner une attention particulière. Je ne pourrai, cette année, vous le présenter dans toute son étendue, ni vous faire assister de très-près au développement progressif du Tiers-État; mais j'essaierai, dans le peu de temps qui nous reste, de vous indiquer avec quelque précision quelles en ont été, du xie au xive siècle, les principales phases.

Pendant long-temps, Messieurs, c'est au xiie siècle qu'on a rapporté l'origine, la première formation des communes françaises, et on a attribué cette origine à la politique et à l'intervention des rois. De nos jours, ce système a été combattu, et avec avantage; on a soutenu, d'une part, que les communes étaient beaucoup plus anciennes qu'on ne le croyait; que sous ce nom, ou sous des noms analogues, elles remontaient fort au-delà du xiie siècle; d'autre part, qu'elles n'étaient point l'œuvre de la politique et de la concession royale, mais bien la conquête des bourgeois eux-mêmes, le résultat de l'insurrection des bourgs contre les seigneurs. C'est ce dernier système qu'a exposé et défendu, avec un rare talent, mon ami M. Augustin Thierry, dans la dernière partie de ses *Lettres sur l'Histoire de France.*

J'ai peur, Messieurs, que l'un et l'autre systèmes ne soient incomplets, que tous les faits n'y puissent trouver leur place, et que, pour bien comprendre la véritable origine, le véritable caractère du Tiers-État, il ne faille tenir compte d'un beaucoup plus grand nombre de circonstances, et regarder en même temps de plus près et de plus haut.

Sans nul doute, au XII siècle s'est accompli, dans les communes de France, un grand mouvement qui a fait crise dans leur situation et époque dans leur histoire. Un simple détail matériel suffirait pour vous en convaincre. Ouvrez le recueil des ordonnances des rois; vous y trouverez, dans les XII° et XIII° siècles, un nombre très-considérable d'actes relatifs aux communes. Évidemment elles surgissaient de toutes parts, acquéraient chaque jour plus d'importance, et devenaient une grande affaire de gouvernement. J'ai dressé un état des actes, soit chartes et concessions de priviléges de tout genre, soit réglemens intérieurs et autres documens émanés du pouvoir royal, relativement aux communes, dans les xii° et xiii° siècles. Il en résulte que le recueil des ordonnances contient à lui seul :

Du roi Louis le Gros, 9 actes relatifs aux communes;

De Louis VII, 23;

De Philippe-Auguste, 78;

De Louis VIII, 10;

De saint Louis, 20;

De Philippe le Hardi, 15;

De Philippe le Bel, 46;

De Louis X, 6;

De Philippe le Long, 12;

De Charles le Bel, 17.

En sorte que, dans le cours de la seule époque dont nous nous occupons, et dans un seul recueil, on trouve 236 actes de gouvernement, dont les communes sont l'objet.

Sur aucune autre matière, il ne reste, de cette époque, un aussi grand nombre de documens officiels.

Et remarquez, je vous prie, qu'il ne s'agit ici que d'actes émanés de la royauté. On pourrait faire, sur chacun des principaux suzerains qui se partageaient le territoire de France, un travail analogue. Les rois, vous le savez, n'étaient pas les seuls qui donnassent des chartes et qui intervinssent dans les affaires des communes; c'était à chaque seigneur, quand il se trouvait dans ses domaines quelque bourg ou ville, qu'il appartenait d'en régler les destinées ou les droits; et si nous pouvions rassembler tous les actes de ce genre auxquels ont donné lieu les communes, dans tous les fiefs de France, du XIIe au XVe siècle, nous arriverions à un chiffre immense. Mais le tableau que je mets sous vos yeux, bien que borné aux actes royaux, suffit pleinement pour donner une idée du mouvement prodigieux qui éclata, vers cette époque, dans l'existence des communes et le développement du Tiers-État [1].

Dès qu'on regarde à ces actes, Messieurs, et sans pénétrer bien avant dans leur examen, on s'aperçoit qu'il est impossible de les faire rentrer tous dans l'un ou l'autre des deux systèmes que je viens de rappeler sur l'origine et l'histoire primitive des communes françaises. La plus légère inspection fait reconnaître, dans ces 236 actes, trois classes de faits bien distincts. Les uns parlent de villes, de libertés et de cou-

---

[1] *Voyez*, à la fin du volume, ce tableau et l'analyse des actes qui y sont mentionnés.

tumes municipales, comme de faits anciens, incontestés; on ne reconnaît même pas ces faits expressément, on ne sent pas le besoin de leur donner une forme précise, une nouvelle date; on les modifie, on les étend, on les adapte à des besoins nouveaux, à quelque changement survenu dans l'état social. D'autres actes contiennent la concession de certains priviléges, de certaines exemptions particulières, au profit de tel ou tel bourg, de telle ou telle ville, mais sans la constituer en commune proprement dite, sans lui conférer une juridiction indépendante, le droit de nommer ses magistrats et de se gouverner, pour ainsi dire, elle-même; on affranchit les habitans de certains lieux de tel ou tel impôt, de tel ou tel service; on leur fait telle ou telle promesse; les concessions sont extrêmement diverses, mais elles ne confèrent aucune indépendance politique. Enfin, il y a des actes qui constituent des communes proprement dites, c'est-à-dire qui reconnaissent ou confèrent aux habitans le droit de se confédérer, de se promettre réciproquement secours, fidélité, assistance, contre toute entreprise ou violence extérieure, de nommer leurs magistrats, de se réunir, de délibérer, d'exercer enfin, dans l'intérieur de leurs murs, une sorte de souveraineté, une souveraineté analogue à celle des possesseurs de fiefs dans l'intérieur de leurs domaines.

Vous le voyez, Messieurs, ce sont là trois classes de faits bien distincts et qui révèlent des régimes municipaux essentiellement différens. Eh! bien, cette différence qui se manifeste dans les documens officiels du xiiᵉ siècle, on la reconnaît également dans l'histoire, dans les événemens; et nous arrivons, en les observant, aux mêmes résultats qu'en lisant les chartes et les diplômes.

Et d'abord, vous vous rappelez ce que j'ai eu l'honneur de vous dire sur la persistance du régime municipal romain dans beaucoup de villes après l'invasion des barbares. C'est là un point aujourd'hui reconnu; la municipalité romaine ne périt point avec l'Empire; je vous l'ai montrée encore vivante et active pendant les viiᵉ et viiiᵉ siècles, particulièrement dans les cités de la Gaule méridionale, bien plus romaine que la Gaule du nord. On la retrouve également dans les ixᵉ, xᵉ et xiᵉ siècles. M. Raynouard, dans la dernière moitié du second volume de son *Histoire du droit municipal en France*, a mis ce fait hors de doute. Il a recueilli, d'époque en époque, pour un grand nombre de villes, entre autres pour celles de Périgueux, Bourges, Marseille, Arles, Toulouse, Narbonne, Nîmes, Metz, Paris, Reims, etc., les traces d'un régime municipal en vigueur sans interruption du viiie au xiie siècle. Lors donc qu'à cette dernière époque s'opéra, dans la situation des communes, ce grand mouvement qui la caractérise, il n'y eut rien à faire pour ces villes, déjà en possession d'un régime municipal, sinon semblable à celui qui se disposait à naître, du moins suffisant aux besoins de la population. Aussi, est-il beaucoup de villes dont le nom ne se rencontre nullement dans les chartes communales du xiie siècle, et qui n'en jouissaient pas moins des principales institutions et libertés municipales, quelquefois même sous le nom de *commune, communitas*, comme la ville d'Arles, par exemple. Ce sont là évidemment des municipalités romaines qui avaient survécu à l'Empire, et n'avaient eu nul besoin qu'un acte des pouvoirs nouveaux vînt les reconnaître ou les créer.

Il est très-vrai que, du viiie à la fin du xie siècle, l'existence de ces municipalités apparaît rarement et très-confusément dans l'histoire. Qui s'en étonnerait? Il n'y a, dans cette confusion, dans cette obscurité, rien de particulier aux villes et au régime municipal. La confusion, l'obscurité sont universelles à cette époque, et la société féodale y est plongée aussi bien que la société municipale. Dans les IXe et Xe siècles, la société féodale elle-même, cette société des vainqueurs, des maîtres du pouvoir et du sol, n'a point d'histoire, et il est impossible de suivre le fil de ses destinées. La propriété était alors tellement livrée aux hasards de la force, les institutions étaient si peu assurées, si peu régulières, toutes choses étaient en proie à une anarchie si agitée, qu'aucun enchaînement, aucune clarté historique ne se laissent saisir. L'histoire veut quelque ordre, quelque suite, quelque lumière ; elle n'existe qu'à ce prix. Il n'y avait, dans les IXe et Xe siècles, ni ordre, ni suite, ni lumière, pour aucune classe de faits, pour aucune condition de la société; le chaos régnait partout; et c'est seulement à la fin du Xe siècle que la société féodale en sort et devient vraiment sujet d'histoire. Comment en eût-il été autrement pour la société municipale, bien plus faible, bien plus obscure? Beaucoup de municipalités romaines subsistaient, mais sans influer sur aucun événement un peu général, sans laisser aucune trace. Il ne faut donc pas s'étonner du silence que gardent, sur leur compte, les rares monumens et les misérables chroniqueurs de cette époque. Ce silence tient à l'état général de la société, et non à l'absence de toute institution, de toute existence municipale. La municipalité romaine se perpétuait, comme la société féodale se formait, au milieu de la nuit et de l'anarchie universelle.

Dès que toutes choses se furent un peu calmées et fixées, d'autres municipalités ne tardèrent pas à paraître. Plusieurs fois déjà, Messieurs, je vous ai fait remarquer qu'un des principaux changemens apportés par l'invasion des barbares, dans l'état social de l'Europe, fut la dispersion de la population souveraine, des possesseurs du pouvoir et du sol, au milieu des campagnes. Jusque là, et particulièrement dans le monde romain, c'était au sein des villes que la population était concentrée, et qu'habitaient surtout les propriétaires, les hommes considérables, l'aristocratie du temps. La conquête renversa ce grand fait; les vainqueurs barbares s'établirent de préférence au milieu de leurs terres, dans leurs châteaux forts. La prépondérance sociale passa des villes aux campagnes. Bientôt autour des châteaux se groupa une population employée surtout à la culture des terres. Ces agglomérations nouvelles n'eurent pas toutes la même destinée; beaucoup demeurèrent peu étendues, pauvres, obscures ; d'autres furent plus heureuses. Les progrès de la fixité, de la régularité dans les existences, amenaient des besoins nouveaux; les besoins nouveaux provoquaient un travail plus étendu, plus varié. La population rassemblée autour des châteaux était la seule qui travaillât. On ne la vit plus partout et exclusivement attachée, dans l'état de colons ou de serfs, à la culture de la terre. L'industrie, le commerce se ranimèrent, s'étendirent. Ils prospérèrent spécialement en certains lieux, par une multitude de causes diverses et accidentelles. Quelques-unes de ces agglomérations de population qui s'étaient formées autour des châteaux, dans les domaines des possesseurs de fiefs, devinrent de grands bourgs, des villes. Au bout d'un certain temps, les possesseurs des domaines au milieu desquels elles étaient situées reconnurent qu'ils profitaient de leur prospérité et avaient intérêt à en seconder le développement; ils leur accordèrent alors certaines faveurs, certains priviléges, qui, sans les soustraire à la domination féodale, sans leur conférer une véritable indépendance, avaient cependant pour but et pour effet d'y attirer la population, d'y accroître la richesse. Et à leur tour la population plus nombreuse, la richesse plus grande appelaient, amenaient des faveurs plus efficaces, des concessions plus étendues. Les recueils de documens sont pleins de chartes de ce genre accordées, par le seul empire du cours des choses, à des bourgs, à des villes de création nouvelle, et dont l'indépendance n'allait pas au-delà de ces concessions plus ou moins précaires.

Je cherche un exemple qui fasse bien comprendre le fait que je viens de décrire; je n'en trouve point de plus applicable que celui des colonies. Qu'a-t-on fait quand on a voulu fonder des colonies? On a concédé des terres, des priviléges aux gens qui allaient s'y établir en s'engageant pour un certain nombre d'années, et moyennant une certaine redevance. C'est précisément là ce qui se passait fréquemment au milieu des campagnes, autour des châteaux, dans les xie et xiie siècles. On voit un grand nombre de possesseurs de fiefs concéder des terres et des priviléges à tous ceux qui s'établissent dans les bourgs situés dans leurs domaines. Ils y gagnaient non-seulement un accroissement de revenu, mais aussi un accroissement de force matérielle. Les habitans de ces bourgs, de ces villes, étaient tenus, envers leur seigneur, à certains services militaires; on voit de très-bonne heure les bourgeois marcher au combat, groupés en général autour de leurs prêtres. En 1094, dans une expédition de Philippe Ier contre le château de Breherval :

« Les prêtres conduisirent leurs paroissiens avec leurs bannières. »

En 1108, à la mort de Philippe Ier :

« Une communauté populaire, dit Orderic Vital, fut établie en France par les évêques, de telle sorte que les prêtres accompagnaient le roi aux combats ou aux siéges, avec les bannières et tous les paroissiens. »

Selon Suger :

« Les communes des paroisses du pays prirent part au siége de Thoury par Louis le Gros. »

En 1119, après l'échec de Brenneville, on donna à Louis le Gros ce conseil :

« Que les évêques, et les comtes, et les autres puissans de ton royaume se rendent vers toi, et que les prêtres, avec tous leurs paroissiens, aillent avec toi où tu l'ordonneras.....

» Le roi résolut de faire toutes ces choses..... Il fit partir de prompts messagers et envoya son édit aux évêques. Ils lui obéirent volontiers, et menacèrent d'anathème les prêtres de leur diocèse, avec leurs paroissiens, s'ils ne se hâtaient de se réunir, vers le temps fixé, à l'expédition du roi, et s'ils ne combattaient de toutes leurs forces les rebelles Normands.

» Les gens de la Bourgogne et du Berry, d'Auvergne et du pays de Sens, de Paris et d'Orléans, de Saint-Quentin et de Beauvais, de Laon et d'Étampes, et beaucoup d'autres, tels que des loups, s'élancèrent avidement sur la proie.....

» L'évêque de Noyon et celui de Laon et beaucoup d'autres allèrent à cette expédition, et à cause du mauvais vouloir qu'ils portaient aux Normands, permirent à leurs gens toutes sortes de crimes. Ils les laissèrent même, comme en vertu d'une permission divine, piller les édifices sacrés, afin d'accroître ainsi leurs légions en les flattant de toutes manières, et de les animer contre leurs ennemis en leur permettant toutes choses. »

Ce besoin d'*accroître les légions* qui les suivaient à la guerre fut sans contredit un des principaux motifs qui portèrent les propriétaires de fiefs à favoriser ces agglomérations de population sur leurs domaines, et par conséquent à leur concéder les priviléges qui pouvaient seuls attirer de nouveaux habitans.

Ces priviléges fort incomplets, dictés par le seul intérêt personnel, sans cesse violés, souvent révoqués, ne constituaient point, je le répète, de véritables communes investies d'une juridiction indépendante, nommant leurs magistrats et se gouvernant à peu près elles-mêmes; mais ils n'en contribuèrent pas moins très-puissamment à la formation générale de cette classe nouvelle qui devint plus tard le Tiers-État.

J'arrive à la troisième de ses origines, à celle que M. Thierry a si bien étudiée et développée; c'est-à-dire la lutte violente des bourgeois contre les seigneurs. C'est là une source des communes proprement dites, et l'une des causes les plus efficaces de la formation du Tiers-État. Les vexations des seigneurs sur les habitans des bourgs et des villes situés dans leurs domaines étaient quotidiennes, souvent atroces, prodigieusement irritantes; la sécurité manquait encore plus que la liberté. Avec le progrès de la richesse, les tentatives de résistance devinrent plus fréquentes et plus vives. Le xiie siècle vit enfin éclater sur une foule de points l'insurrection des bourgeois formés en petites confédérations locales pour se défendre des violences de leurs seigneurs et en obtenir des garanties. De là une infinité de petites guerres, terminées les unes par la ruine des bourgeois, les autres par des traités qui, sous le nom de chartes de commune, conférèrent à un grand nombre de bourgs et de villes une sorte de souveraineté *intrà muros*, seule garantie alors possible de la sécurité et de la liberté. Comme ces concessions étaient le résultat de la conquête, elles furent en général plus étendues et plus efficaces que celles dont je viens de parler tout-à-l'heure, et que d'autres bourgs avaient obtenues sans guerre. Aussi est-ce à la lutte à main armée qu'il faut rapporter la formation des communes les plus fortes et les plus glorieuses, de celles qui ont pris place dans l'histoire. Vous savez cependant qu'elles ne conservèrent pas très-long-temps leur indépendance politique, et que leur condition finit par être assez semblable à celle des autres villes qui n'avaient pas livré les mêmes combats.

Telles sont, Messieurs, les trois origines de la bourgeoisie française, du Tiers-État: 1° le régime municipal romain et ce qui continua d'en subsister dans un grand nombre de cités; 2° les agglomérations de population qui se formèrent naturellement sur les terres de beaucoup de seigneurs, et qui, par la seule influence de la richesse croissante, par le besoin que les seigneurs avaient de leurs services, obtinrent successivement des concessions, des priviléges qui, sans leur donner une existence politique, assurèrent cependant le développement de leur prospérité et par conséquent de leur importance sociale; 3° enfin les communes proprement dites, c'est-à-dire les bourgs et les villes qui, à main armée, par une lutte plus ou moins longue, arrachèrent à leurs seigneurs une portion notable de la souveraineté et se constituèrent en petites républiques.

Voilà, Messieurs, quel fut le véritable caractère du mouvement municipal aux XIe et XIIe siècles; le voilà dans toute sa vérité, bien plus divers et bien plus étendu qu'on ne le dépeint ordinairement. Nous pénétrerons maintenant dans l'intérieur de ces différentes espèces de communes que je viens de vous faire connaître; nous nous appliquerons à les bien distinguer les unes des autres, et à déterminer avec un peu de précision ce qu'était le régime municipal, soit dans les municipalités d'origine romaine, soit dans les bourgs qui possédaient de simples priviléges concédés par les seigneurs, soit dans les communes véritables, formées par la guerre et la conquête. Nous arriverons ainsi à une question très-grave et qui a été, à mon avis, fort négligée; à la question de savoir quelle différence essentielle existe entre l'ancienne municipalité romaine et la commune du moyen âge. Sans doute il y a de la municipalité romaine dans la commune du moyen âge, et on l'a beaucoup trop méconnu. Mais il est vrai aussi qu'au moyen âge, il s'est fait, dans les villes même d'origine romaine, un changement considérable, une véritable révolution, qui a donné à leur régime municipal un autre caractère, une autre tendance; je vous indiquerai d'avance et en deux mots la différence essentielle que je fais pressentir. Le caractère dominant de la municipalité romaine était aristocratique, le caractère dominant de la commune moderne a été démocratique. C'est là le résultat auquel nous serons conduits par l'examen attentif de cette question.

Enfin, Messieurs, quand nous aurons bien étudié, d'une part, la formation des bourgs et des villes du moyen âge, de l'autre leur régime intérieur, nous suivrons les vicissitudes de leur histoire du xie au xive siècle, dans le cours de l'époque féodale; nous essaierons de déterminer les principales révolutions qu'elles subirent pendant cette époque, ce qu'elles étaient au commencement, ce qu'elles étaient à la fin. Nous aurons alors une idée un peu complète et précise de l'origine et des premières destinées du Tiers-État français.

DIX-SEPTIÈME LEÇON.

Pourquoi il importe de ne jamais perdre de vue la diversité des origines du Tiers-État. — 1° Des villes où s'est perpétué le régime municipal romain. — Pourquoi les documens qui s'y rapportent sont rares et incomplets.— Périgueux. — Bourges. — 2° Des villes qui, sans avoir été érigées en communes proprement dites, ont reçu de leurs seigneurs divers priviléges. — Orléans. — Coutumes de Lorris en Gâtinais. — 3° Des communes proprement dites. — Charte de Laon. —Véritable sens de cette charte et de la révolution communale du xiie siècle.— Naissance de la législation moderne.

Messieurs,

Ne perdez jamais de vue, je vous prie, la vraie question dont nous nous occupons en ce moment; ce n'est pas seulement de la formation et du premier développement des communes, mais de la formation et du premier développement du Tiers-État : la distinction est importante, et j'y insiste par plusieurs raisons.

D'abord, elle est réelle et fondée sur les faits. Le mot *tiers-état* est évidemment plus étendu, plus compréhensif que celui de *commune* : beaucoup de situations sociales, d'individus qui ne sont point compris dans le mot *commune*, sont compris dans celui de *tiers-état*; les officiers du roi, par exemple, les légistes, cette pépinière d'où sont sorties presque toutes les magistratures de France, appartiennent évidemment à la classe du Tiers-État, y ont été très-long-temps incorporés, et ne s'en sont séparés que dans des siècles très-voisins du nôtre, tandis qu'on ne peut les ranger dans les communes.

De plus, la distinction a été souvent méconnue, et il en est résulté des erreurs graves dans la manière dont on a présenté les faits. Quelques historiens, par exemple, ont vu surtout, dans le Tiers-État, la portion dérivée des officiers du roi, des légistes, des diverses magistratures; et ils ont dit que le Tiers-État avait toujours été étroitement lié à la couronne, qu'il en avait toujours soutenu le pouvoir, partagé la fortune; que leurs progrès avaient toujours été parallèles et simultanés. D'autres, au contraire, ont considéré presque exclusivement le Tiers-État dans les communes proprement dites, dans ces bourgs, ces villes formées par voie d'insurrection contre les seigneurs et pour échapper à leur tyrannie. Ceux-là ont affirmé que le Tiers-État avait toujours revendiqué toutes les libertés nationales; qu'il avait toujours été en lutte, non-seulement contre l'aristocratie féodale, mais contre le pouvoir royal. Selon qu'on a ainsi donné au mot *tiers-état* telle ou telle étendue, selon qu'on a particulièrement considéré tel ou tel de ses élémens primitifs, on en a déduit, sur son véritable caractère et sur le rôle qu'il a joué dans notre histoire, des conséquences absolument différentes, et toutes également incomplètes, également erronées.

Enfin, la distinction sur laquelle j'insiste explique seule un fait évident dans notre histoire. De l'aveu de tous, les communes proprement dites, ces villes indépendantes, à moitié souveraines, nommant leurs officiers, ayant presque droit de paix et de guerre, souvent même battant monnaie, ces villes, dis-je, ont perdu peu à peu leurs priviléges, leur grandeur, leur existence communale; à partir du xive siècle, elles se sont progressivement effacées; et, en même temps, pendant cette décadence des communes, le Tiers-État se développait, acquérait plus de richesse, d'importance, jouait de jour en jour un plus grand rôle dans l'État. Il fallait donc bien qu'il puisât la vie et la force à d'autres sources qu'à celle des communes, à des sources d'une autre nature et qui lui fournissent de quoi grandir lorsque les communes dépérissaient.

La distinction est donc très-importante et caractérise le point de vue sous lequel je veux vous faire considérer le sujet. C'est de la formation et du développement du Tiers-État dans son ensemble, dans ses divers élémens constitutifs, et non pas des communes seules, que nous nous occupons.

Dans notre dernière réunion, je vous ai entretenus de la première formation des élémens du Tiers-État, et j'ai essayé de vous faire bien comprendre la variété de ses origines. Nous étudierons aujourd'hui l'organisation intérieure de ces villes, de ces bourgs, de ces communes où s'est formée cette classe nouvelle, qui est devenue le Tiers-État.

Évidemment, par cela seul que les origines ont été diverses, l'organisation de ces villes, leur constitution intérieure a dû l'être également. J'ai déjà indiqué quelles furent, selon moi, les trois sources du Tiers-État : 1° les villes qui conservèrent, en grande partie du moins, le régime municipal romain, où il domina toujours, tout en se modifiant ; 2° les villes et bourgs qui se formèrent peu à peu dans les domaines des grands propriétaires de fiefs, et qui, sans avoir été érigés en communes proprement dites, sans avoir jamais obtenu cette indépendance, ce gouvernement local, cette demi-souveraineté qui caractérise les vraies communes, reçurent cependant de leurs seigneurs des priviléges, des concessions successives, et arrivèrent à un degré assez élevé de richesse, de population et d'importance sociale; 3° enfin, les communes proprement dites, les villes dont l'existence reposait sur des chartes précises, complètes, qui les érigeaient formellement en communes, et leur donnaient tous les droits inhérens en général à ce nom. Telles sont les trois origines de la bourgeoisie française, de notre Tiers-État.

Je vais, Messieurs, prendre successivement ces trois classes de villes, d'associations municipales, et essayer de décrire avec quelque précision quelle était au xii° siècle leur organisation intérieure.

Regardons d'abord aux villes d'origine romaine, où le régime municipal romain continua de subsister ou à peu près.

Pour celles-ci, vous le comprenez sans peine,

les monumens formels et précis sur leur organisation nous manquent. Par cela seul que cette organisation était essentiellement romaine, nous ne la trouvons point écrite, sous telle ou telle date, au moyen âge. C'était un fait ancien, qui avait survécu à l'invasion, à la formation des États modernes, que personne ne songea à rédiger et à proclamer. Ainsi, une des cités qui, depuis l'invasion barbare, conservèrent, à ce qu'il paraît, le régime municipal romain dans sa forme la plus complète, la plus pure, c'est Périgueux. Eh bien! on ne rencontre aucun document de quelque étendue sur la constitution de la ville de Périgueux, aucune charte qui règle ou modifie son organisation intérieure, les droits de ses magistrats, ses rapports avec son seigneur ou ses voisins. Je le répète, cette organisation était un fait, un débri de l'ancienne municipalité romaine; les noms des magistratures romaines, des consuls, duumvirs, triumvirs, édiles, se rencontrent dans l'histoire de Périgueux, mais sans que leurs fonctions soient nulle part instituées ou définies. Beaucoup d'autres villes sont dans le même cas, surtout dans le midi de la France. Il est incontestable que les villes de la France méridionale apparaissent les premières dans notre histoire, comme riches, peuplées, importantes, jouant un rôle considérable dans la société : on les voit telles dès le x°, presque dès le ix° siècle, c'est-à-dire beaucoup plus tôt que les communes du nord. Cependant c'est sur les villes du midi que nous possédons le moins de détails législatifs, de documens formels. Les chartes communales sont beaucoup plus nombreuses pour la France du nord que pour la France du midi. Pourquoi? Parce que les villes du midi ayant conservé en grande partie le régime romain, on n'a pas senti là le besoin d'écrire l'organisation municipale. Elle n'a pas été un fait nouveau qu'il ait fallu instituer, proclamer, dater. Ne nous étonnons donc pas de connaître l'organisation intérieure des villes nouvelles, des communes proprement dites, avec plus de précision et de détail que celle des villes où le régime municipal était romain d'origine, et subsistait par tradition. Cela ne prouve absolument rien contre la réalité des institutions et l'étendue des libertés municipales, attestées d'ailleurs indirectement par une multitude de faits.

M. Raynouard, dans son *Histoire du droit municipal en France*, a rassemblé, pour un grand nombre de villes, les textes, les faits qui prouvent la persistance de l'organisation municipale romaine, et la font à peu près connaître, en l'absence de toute institution formelle, de tout document détaillé. Je citerai les résultats de son travail sur la cité de Bourges [1]. Cet exemple suffira pour donner une idée claire et juste de cette première source du Tiers-État français, la plus ancienne et peut-être la plus abondante.

Au moment de l'invasion barbare, Bourges avait des arènes, un amphithéâtre, tout ce qui caractérisait la cité romaine.

Au VIIe siècle, l'auteur de la vie de sainte Estadiole, née à Bourges, dit « qu'elle appar-
» tenait à d'illustres parens, qui, selon la di-
» gnité mondaine, étaient recommandables par
» la noblesse sénatoriale. » Or, on appelait noblesse sénatoriale les familles auxquelles le gouvernement de la cité était dévolu, qui occupaient les *munera* ou grandes charges municipales. Grégoire de Tours, à la même époque, cite un jugement rendu par les chefs (*primores*) de la ville de Bourges. Il y avait donc, à cette époque, dans Bourges, une véritable juridiction

---

[1] Raynouard, *Histoire du droit municipal en France*, t. 2, p. 183-190.

municipale, analogue à celle de la curie romaine.

C'était le caractère général des municipalités romaines, des cités proprement dites, que le clergé, de concert avec le peuple, élisait l'évêque. Or, on voit à Bourges, sous les rois mérovingiens et carlovingiens, plusieurs évêques, Sulpice, Didier, Austrégisile, Agiulphe, élus absolument comme ils l'auraient été sous les empereurs romains.

On trouve aussi des monnaies de cette époque où est empreint, soit le nom de la cité de Bourges, soit celui de ses habitans. Une de ces monnaies du temps de Charles-le-Chauve, et une autre du temps du roi Lothaire, portent formellement : *Biturices*, les *habitans de Bourges*.

Ce fut en 1107 que Philippe Ier acheta la vicomté de Bourges, de son vicomte Herpin, qui se disposait à partir pour la croisade. On voit qu'il existait alors à Bourges un corps municipal dont les membres étaient nommés *prudhommes*, sans qu'on rencontre aucun détail de plus.

Sous l'archevêque Volgrin, sur son avis, et d'après la prière du clergé et du peuple, Louis-le-Gros publie une charte qui ne donne à la cité de Bourges aucun droit nouveau, n'y institue aucun pouvoir public, mais réforme quelques mauvaises coutumes qui s'y étaient introduites, et qu'apparemment l'autorité royale était seule capable de réprimer.

En 1145, Louis VII confirme la charte de Louis VI. Dans cette confirmation, les principaux habitans de Bourges, ceux qui, au VIIe siècle, étaient encore appelés *senatores*, sont désignés par le nom de *bons hommes*. Le mot a changé avec la langue; mais c'est évidemment des mêmes personnes, de la même condition sociale qu'il s'agit.

Un autre nom est donné aussi, dans cette charte, aux principaux de Bourges. L'article 9 s'exprime en ces termes :

« Il avait été réglé par notre père que si
» quelqu'un faisait des torts dans la cité, com-
» mettait une offense, il aurait à réparer ledit
» tort, selon l'évaluation des *barons* de la cité. »
Barons, mot féodal qui révèle la nouvelle constitution de la société, mais qui correspond, aussi bien que celui de *bons hommes*, aux *senatores* de la cité romaine.

En 1118, Philippe-Auguste accorde une nouvelle charte à Bourges. Ces diverses concessions, assurées par ces divers titres, ne sont relatives qu'à des objets de législation et de police locale. Il n'y est question ni de maires, ni d'échevins, ni de jurés, parce que la corporation, la juridiction municipale existant de temps immémorial à Bourges, c'étaient les *senatores, boni homines, probi homines, barones,* qui administraient la cité.

Je ne poursuivrai pas plus loin cette histoire de la cité de Bourges, que M. Raynouard a conduite jusqu'à la fin du xv® siècle. Elle est une image fidèle de ce qui s'est passé pour beaucoup d'autres villes d'origine et de situation pareilles. Vous voyez là, sans interruption, du v® au xiv® siècle, dans ces faits, peu considérables il est vrai, peu détaillés, mais très-significatifs, très-clairs, vous voyez, dis-je, le régime municipal romain se perpétuer, avec des modifications, soit dans les noms, soit même dans les choses, qui correspondent aux révolutions générales de la société, sans rencontrer nulle part, sur l'organisation intérieure de ces cités, sur leurs magistrats, sur leurs rapports avec la société féodale, des détails précis et nouveaux. On ne peut que se reporter à l'ancien régime municipal romain, étudier ce qu'il était au moment de la chute de l'empire, et recueillir ensuite les faits épars, d'époque en époque, qui révèlent à la fois la permanence de ce régime et son altération progressive. C'est seulement ainsi qu'on peut arriver à se faire une idée un peu exacte de l'état des villes d'origine romaine au xii° siècle.

On rencontre une difficulté, sinon égale, du moins analogue, quand on veut étudier les villes qu'on peut appeler de création moderne, celles qui ne se rattachent pas à la cité romaine, qui ont reçu du moyen âge leurs institutions ou même leur existence, et qui pourtant n'ont jamais été érigées en communes proprement dites, n'ont jamais conquis de véritable charte qui leur ait assuré, à partir de certain jour, une constitution municipale réelle et complète. Je vais vous donner un exemple de ce genre : c'est la ville d'Orléans. Elle était ancienne, et avait prospéré sous l'empire. Cependant la perpétuité du régime municipal romain n'y apparaît pas clairement, comme nous venons de le voir pour la ville de Bourges. C'est du moyen âge et des rois qu'Orléans a tenu ses franchises municipales et ses priviléges. C'était, vous le savez, après Paris, la ville la plus importante du domaine des Capétiens, même avant leur avénement au trône. Voici, depuis Henri Ier jusqu'à Philippe-le-Hardi, la série des actes des rois de France au profit de la ville d'Orléans. Cette analyse vous en fera connaître mieux que tout autre moyen le véritable caractère.

On trouve dans le *Recueil des ordonnances*, de 1051 à 1300, sept chartes relatives à Orléans.

En 1051, le roi Henri Ier, sur la demande de l'évêque et du peuple d'Orléans (l'évêque paraît dans cette charte comme le chef du peuple, comme l'homme qui prend en main ses intérêts et porte la parole en son nom, situation qui correspond assez à ce que, dans le régime municipal romain, au ve siècle, on appelait *defensor civitatis*), sur la demande donc de l'évêque et du peuple, le roi Henri ordonne que les portes de la ville ne seront plus fermées pendant les vendanges, que chacun entrera et sortira librement, et que ses officiers ne prendront plus le vin qu'ils exigeaient indûment à l'entrée. C'est là un abus, une exaction que le roi fait cesser dans la ville d'Orléans. Point de concession de constitution municipale, rien qui ressemble à une charte de commune proprement dite.

En 1137, Louis-le-Jeune interdit « au prévôt » et aux sergens d'Orléans....... » Ces mots seuls indiquent que la ville n'avait pas de constitution municipale indépendante, qu'elle était gouvernée au nom du roi par un prévôt et des sergens, c'est-à-dire par des officiers royaux, et non par ses propres magistrats. Je reprends l'ordonnance. Louis VII interdit au prévôt et aux sergens d'Orléans toute vexation sur les bourgeois; il promet de ne pas retenir violemment les bourgeois quand ils seront sommés de venir à sa cour, de ne faire aucune altération à la monnaie d'Orléans, etc., etc. En raison de cette dernière promesse, le roi percevra un droit sur chaque mesure de blé et de vin.

Voilà encore des déclarations contre les abus, des concessions favorables à la sécurité et à la prospérité de la ville d'Orléans, mais qui ne réveillent aucune idée de constitution municipale.

En 1147, le même roi abolit dans Orléans le droit de *main-morte* : c'était, vous le savez, un droit assez variable, qui s'exerçait à la mort, soit des serfs, soit des hommes d'une condition intermédiaire entre la complète liberté et la servitude; ils n'avaient pas le droit de tester, de laisser leurs biens à qui ils voulaient; quand ils n'avaient pas d'enfans, d'héritiers naturels et directs, c'était le roi qui héritait d'eux. Dans certains lieux, ils pouvaient disposer d'une portion de leurs biens;

mais la personne qui héritait était obligée de payer une certaine somme au roi. Je ne m'arrêterai point à expliquer toutes les formes, toutes les variétés de ce droit de main-morte; il suffit de dire que c'était un droit d'un grand revenu pour le seigneur, et dont la population, à mesure qu'elle grandissait et prospérait, cherchait incessamment à s'affranchir. En 1147 donc, Louis VII abolit dans Orléans le droit de main-morte, nouveau progrès de la sécurité et de la fortune des bourgeois, mais sans changement dans leur régime municipal.

En 1168, autre charte du même roi, qui abolit plusieurs taxes et abus indûment introduits à Orléans. Il rend plusieurs réglemens favorables aux transactions, à la liberté du commerce; il exempte de toute taxe le marchand de vin qui ne fait qu'offrir sa marchandise et en dire le prix. Il interdit les duels, les combats judiciaires, en cas de contestation pour une valeur de cinq sous et au-dessous.

En 1178, Louis VII abolit encore plusieurs taxes et entraves à la liberté du commerce dans Orléans; il autorise le paiement en nature du droit qu'il percevait sur le vin, en vertu de l'ordonnance de 1137.

En 1183, Philippe-Auguste exempte de toute

taille les habitans présens et futurs d'Orléans et de quelques bourgs voisins, et leur accorde divers priviléges ; par exemple, celui de ne pas venir plaider plus loin qu'Étampes, Yèvres-le-Châtel ou Lorris ; celui de ne jamais payer une amende de plus de soixante sous, excepté dans certains cas déterminés, etc., etc.

Ces concessions sont faites moyennant une redevance de deux deniers sur chaque mesure de blé et de vin ; chaque année le roi enverra un des sergens de sa maison qui, de concert avec ses sergens dans la ville et dix bourgeois notables (*legitimi*) élus *communiter* par tous les bourgeois, fixer pour chaque maison le montant de cette redevance.

En 1281, Philippe-le-Hardi renouvelle et confirme ces concessions de Philippe-Auguste.

Vous le voyez, Messieurs, voilà, pendant cent cinquante ans environ, une série de concessions importantes qui, plus ou moins bien observées, ont suivi et favorisé les progrès de la population, de la richesse, de la sécurité dans la ville d'Orléans, mais qui ne l'ont nullement érigée en vraie commune, et l'ont toujours laissée dans un état de complète dépendance politique.

C'est ce qui est arrivé à un grand nombre de

villes. Je dis plus : il en est qui ont reçu des chartes fort positives, fort détaillées, des chartes qui semblent leur accorder des droits aussi considérables que ceux des communes proprement dites ; mais quand on y regarde de près, on s'aperçoit qu'il n'en est rien ; car ces chartes ne contiennent au fait que des concessions analogues à celles que je viens de mettre sous vos yeux pour Orléans, et ne constituent nullement la ville en vraie commune, ne lui donnent nullement une existence propre et indépendante.

Voici une charte qui a joué un grand rôle dans le moyen âge ; car elle a été formellement concédée à un grand nombre de villes, et a servi de modèle pour l'état intérieur de plusieurs autres ; c'est la charte donnée par Louis-le-Jeune, et qui ne paraît être qu'une répétition d'une charte de Louis-le-Gros, à la ville de Lorris en Gâtinais. Je vous demande la permission de la lire en entier, quoiqu'elle soit un peu longue et se rapporte aux détails de la vie civile. Il est important de la bien connaître pour apprécier avec quelque précision le sens et l'étendue des concessions de ce genre. Presque toujours, Messieurs (pardon, si je suspends notre sujet pour insister de nouveau sur ce point), presque toujours on a parlé des communes et des chartes de commune d'une manière beaucoup trop générale; on n'a pas examiné les faits d'assez près, ni bien distingué ceux qui diffèrent réellement. Cette science confuse et incomplète jette l'imagination hors du vrai; elle n'assiste point au spectacle des choses telles qu'elles ont été réellement; et la raison, à son tour, s'égare dans les conséquences qu'elle en déduit. Voilà pourquoi je tiens à mettre sous vos yeux le texte même de quelques-unes de ces chartes qu'on regarde ordinairement comme semblables; vous verrez combien, au fond, elles sont diverses, combien elles émanent de principes différens, et révèlent, dans le régime municipal du moyen âge, des variétés trop souvent méconnues. Voici donc cette charte de la commune de Lorris, que les recueils appellent *Coutumes de Lorris en Gatinais; Consuetudines Lauriacenses.*

Louis, etc. Qu'il soit connu à tous, etc.

1° Que quiconque aura une maison dans la paroisse de Lorris paie un cens de six deniers seulement pour sa maison et chaque arpent de terre qu'il aurait dans cette paroisse. Et s'il fait une telle acquisition, que cela soit le cens de sa maison;

2° Que nul habitant de la paroisse de Lorris ne paie

de droit d'entrée ni aucune taxe pour sa nourriture, et qu'il ne paie aucun droit de mesurage pour le blé que lui procurera son travail ou celui des animaux qu'il pourrait avoir, et qu'il ne paie aucun droit de forage pour le vin qu'il retirera de ses vignes ;

3° Qu'aucun d'eux n'aille à une expédition de pied ou de cheval, d'où il ne pourrait revenir le même jour chez lui s'il le voulait ;

4° Qu'aucun d'eux ne paie de péage jusqu'à Étampes, ni jusqu'à Orléans, ni jusqu'à Milly, qui est en Gâtinais, ni jusqu'à Melun ;

5° Que quiconque a du bien dans la paroisse de Lorris n'en perde rien pour quelque méfait que ce soit, à moins que ledit méfait ne soit commis contre nous ou quelqu'un de nos hôtes ;

6° Que personne allant aux foires et marchés de Lorris, ou en revenant, ne soit arrêté ni inquiété, à moins qu'il n'ait commis quelque méfait ce même jour. Et que personne, un jour de foire ou marché de Lorris, ne saisisse le gage donné par sa caution, à moins que le cautionnement n'ait été fait le jour même ;

7° Que les forfaitures de soixante sous soient réduites à cinq, celles de cinq sous à douze deniers, et le droit du prévôt, en cas de plainte, à quatre deniers ;

8° Que nul homme de Lorris ne soit obligé d'en sortir pour plaider avec le seigneur roi ;

9° Que personne, ni nous, ni aucun autre, n'exige des hommes de Lorris aucune taille, offrande ni exaction ;

10° Que personne à Lorris ne vende du vin, avec ban public, sauf le roi qui vendra son vin dans son cellier, avec tel ban.

11° Nous aurons à Lorris, pour notre service et celui de la reine, un crédit de quinze jours pleins, en fait d'alimens; et si quelque habitant a reçu un gage du seigneur roi, il ne sera pas tenu de le garder plus de huit jours, si ce n'est de son gré.

12° Si quelqu'un a eu querelle avec un autre, mais sans effraction de maison fermée, et s'ils se sont accommodés sans qu'il y ait eu plainte portée au prévôt, il ne sera dû, en raison de ce, à nous ni à notre prévôt, aucune amende. Et s'il y a eu plainte, ils pourront néanmoins s'accorder, dès qu'ils auront payé l'amende. Et si l'un a porté plainte contre l'autre, et qu'il n'y ait point eu d'amende prononcée contre l'un ni l'autre, ils ne nous devront rien, en raison de ce, à nous ni au prévôt.

13° Si quelqu'un doit prêter serment à un autre, qu'il soit permis de le lui remettre.

14° Si les hommes de Lorris ont remis témérairement leurs gages de bataille, et qu'avec le consentement du prévôt, ils s'accommodent, avant que les ôtages aient été donnés, que chacun paie deux sous et demi; et si les ôtages ont été donnés, que chacun paie sept sous et demi; et si le duel a eu lieu entre hommes ayant droit de combattre en champ clos, que les ôtages du vaincu paient cent douze sols;

15° Que nul homme de Lorris ne fasse pour nous de corvée, si ce n'est deux fois l'an, pour amener notre vin à Orléans, et point ailleurs. Et ceux là seulement le feront qui auront des chevaux et des charrettes, et ils en seront avertis; et ils ne recevront de nous aucun gîte. Les villains amèneront aussi du bois pour notre cuisine;

16° Nul ne sera retenu en prison s'il peut fournir caution de se présenter en justice;

17° Quiconque voudra vendre ses biens le pourra ; et ayant reçu le prix de vente, il pourra s'en aller de la ville, libre et tranquille, si cela lui plaît ; à moins qu'il n'ait commis dans la ville quelque méfait.

18° Quiconque aura demeuré un an et un jour dans la paroisse de Lorris, sans qu'aucune réclamation l'y ait poursuivi, et sans que le droit lui ait été interdit, soit par nous, soit par notre prévôt, y restera libre et tranquille.

19° Nul ne plaidera contre un autre, si ce n'est pour recouvrer et faire observer ce qui lui est dû.

20° Quand les hommes de Lorris iront à Orléans avec marchandises, ils paieront, au sortir de la ville, un denier pour leur charrette, savoir, quand ils n'iront pas à raison de la foire ; et quand ils iront à raison de la foire et pour le marché, ils paieront, au sortir d'Orléans, quatre deniers par charrette, et à l'entrée, deux deniers.

21° Aux mariages de Lorris, le crieur public n'aura aucun droit, ni celui qui fait le guet.

22° Nul cultivateur de la paroisse de Lorris, cultivant sa terre à la charrue, ne donnera, au temps de la moisson, plus d'une hémine (*mina*) de seigle à tous les sergens de Lorris [1].

23° Si quelque chevalier ou sergent trouve, dans nos forêts, des chevaux ou autres animaux appartenant aux hommes de Lorris, il ne doit les conduire à nul autre qu'au prévôt de Lorris. Et si quelque animal de la paroisse de Lorris, mis en fuite par les taureaux, ou assailli par les mouches, est entré dans notre forêt ou a franchi nos haies,

---

[1] Selon Ducange, la *mina* équivalait à un demi-septier.

le propriétaire de l'animal ne devra nulle amende au prévôt, s'il peut jurer que l'animal est entré malgré son gardien. Mais si l'animal est entré au su du gardien, le propriétaire donnera douze deniers, et autant pour chaque animal, s'il y en a plusieurs.

24° Il n'y aura à Lorris point de droit de portage au four.

25° Il n'y aura à Lorris point de droit de guet.

26° Tout homme de Lorris qui mènera du sel ou son vin à Orléans, ne paiera par charrette qu'un denier.

27° Nul des hommes de Lorris ne devra d'amende au prévôt d'Étampes, ni au prévôt de Pithiviers, ni dans tout le Gâtinais.

28° Nul d'entre eux ne paiera de droit d'entrée à Ferrières, ni à Château-Landon, ni à Puiseaux, ni à Nibelle;

29° Que les hommes de Lorris prennent du bois mort dans la forêt pour leur usage.

30° Quiconque, dans le marché de Lorris, aura acheté ou vendu quelque chose, et, par oubli, n'aura pas payé le droit, pourra le payer dans les huit jours, sans être inquiété, s'il peut jurer qu'il n'a pas retenu le droit sciemment.

31° Nul homme de Lorris ayant une maison, ou une vigne, ou un pré, ou un champ, ou quelque bâtiment dans les domaines de Saint-Benoît, ne sera sous la juridiction de l'abbé de Saint-Benoît ou de son sergent, si ce n'est pour cause de forfaiture quant au cens ou à la redevance en gerbes dont il est tenu. Et dans ce cas, il ne sortira pas de Lorris pour être jugé.

32° Si quelqu'un des hommes de Lorris est accusé de quelque chose, et qu'on ne puisse le prouver par témoins, il se purgera par son seul serment, contre l'affirmation de l'accusateur.

43° Nul homme de cette paroisse ne paiera aucun droit à raison de ce qu'il achètera ou vendra pour son usage sur le territoire de la Banlieue, et de ce qu'il achètera le mercredi au marché.

44° Ces coutumes sont accordées aux hommes de Lorris, et elles sont communes aux hommes qui habitent à Courpalais, à Chanteloup, et dans le bailliage de Harpard.

45° Nous ordonnons que toutes les fois que le prévôt changera dans la ville, il jurera d'observer fidèlement ces coutumes; et de même feront les nouveaux sergens chaque fois qu'ils seront institués [1].

Cette charte, Messieurs, fut regardée par les bourgeois comme si bonne, si favorable, que dans le cours du XIIe siècle elle fut réclamée par un grand nombre de villes : on demandait les coutumes de Lorris ; on s'adressait au roi pour les obtenir. Dans l'espace de cinquante ans, elles furent accordées à sept bourgs ou villes ;

En 1163, à Villeneuve-le-Roi ;
En 1175, à Chaillon-sur-Loire (Sonchalo) ;
En 1186, à Boiscommun, dans le Gatinais ;
En 1187, à Voisines ;

---

[1] *Recueil des ordonnances*, t. XI, p. 200-203.

En 1188, à Saint-André, près Mâcon;

En 1190, à Dimont;

En 1201, à Cléry.

Et cependant, lisez attentivement cette charte: il n'y a, dans le sens spécial et historique de ce mot, point de commune, point de véritable constitution municipale; car il n'y a point de juridiction propre, point de magistrature indépendante. Le propriétaire du fief, l'administrateur suprême, le roi, fait à certains habitans de ses domaines telles ou telles promesses; il s'engage envers eux à les gouverner selon certaines règles; il impose lui-même ces règles à ses officiers, à ses prevôts. Mais des garanties réelles, des garanties politiques, il n'y a rien, absolument rien de semblable.

Ne croyez pas cependant, Messieurs, que ces concessions fussent sans valeur et soient demeurées sans fruit. En suivant, dans le cours de notre histoire, les principales villes qui, sans avoir jamais été érigées en communes proprement dites, avaient obtenu des avantages de ce genre, on les voit se développer peu à peu, grandir en population, en richesse, et adhérer de plus en plus à la couronne, de qui elles avaient reçu leurs priviléges, et qui, en les faisant très-imparfaitement observer, en les violant souvent même; était néanmoins accessible aux réclamations, réprimait de temps en temps la mauvaise conduite de ses officiers, renouvelait au besoin les priviléges, les étendait même, suivait, en un mot, dans son administration, les progrès de la civilisation, les conseils de la raison, et s'attachait ainsi les bourgeois sans les affranchir politiquement.

Orléans est un grand exemple de ce fait. Dans le cours de l'histoire de France, cette ville est sans contredit une de celles qui ont le plus fortement, le plus constamment adhéré à la couronne, et lui ont donné des preuves du plus fidèle dévoûment. Sa conduite pendant les grandes guerres contre les Anglais, et l'esprit qui y a dominé jusqu'à nos jours, en sont d'éclatans témoignages. Et pourtant Orléans n'a jamais été une véritable commune, une ville à peu près indépendante; elle est toujours restée sous l'administration des officiers royaux, investie de priviléges précaires: et c'est uniquement à la faveur de ces priviléges que se sont progressivement développées sa population, sa richesse et son importance.

Je passe maintenant à la troisième des sources du Tiers-État que j'ai indiquées en commençant, aux communes proprement dites, à ces villes, à ces bourgs qui ont joui d'une existence à peu près indépendante, protégée par de vraies garanties politiques.

Vous savez comment la plupart d'entre elles furent formées; par l'insurrection, par la guerre contre les seigneurs, guerre qui amena ces traités de paix appelés Chartes, où furent réglés les droits et les relations des contractans.

Il semble, au premier abord, que ces traités de paix, ces chartes, ne devaient contenir que les conditions de l'accommodement conclu entre les insurgés et le possesseur du fief, la commune et son seigneur. Quels seront désormais leurs rapports? à quel prix est reconnue l'indépendance de la commune? quelle en sera l'étendue? comment seront institués ses magistrats? où s'arrêtera leur juridiction? Voilà quels arrangemens semblent devoir sortir de la lutte et se trouver écrits dans la Charte qui la termine.

Presque toujours, en effet, et tout récemment encore, dans les travaux dont cette partie de notre histoire a été l'objet, on n'a guère vu dans les chartes de commune, ou du moins on n'y a guère remarqué que cela. Il y a cependant tout autre chose, et beaucoup plus.

Je vais mettre sous vos yeux, dans toute

son étendue, une des plus anciennes chartes de commune, une de celles qui font le mieux connaître quel était l'état intérieur d'une ville, après une longue lutte contre son seigneur, et tout ce qu'il y avait à faire au moment de la pacification définitive, quand la guerre avait duré assez long-temps et qu'il fallait en venir enfin au traité. Je veux parler de la charte donnée par Louis-le-Gros, en 1128, à la commune de Laon. Vous trouverez, dans les *Lettres sur l'histoire de France* de M. Thierry, le récit des faits qui précédèrent cette charte, la tyrannie de l'évêque de Laon, les insurrections des bourgeois d'abord contre leur évêque, ensuite contre le roi lui-même, leurs séditions intérieures, leurs négociations, et toutes les vicissitudes de cette lutte terrible, racontées avec autant de vérité que de vivacité. Après dix-neuf ans enfin, arriva la charte dont je parle, qui est très-véridiquement intitulée : *Établissement de la paix*. Pour la comprendre, il est indispensable de la connaître tout entière :

Au nom de la sainte et indivisible Trinité, amen. Louis, par la grâce de Dieu, roi des Français, voulons faire connaître à tous nos fidèles, tant futurs que présens, le suivant établissement de paix, que, de l'avis e du consentement de nos grands et des citoyens de Laon, nous avons institué à Laon, lequel s'étend depuis l'Ardon jusqu'à la futaie, de telle sorte que le village de Luilly et toute l'étendue des vignes et de la montagne soient compris dans ces limites :

1° Nul ne pourra, sans l'intervention du juge, arrêter quelqu'un pour quelque méfait, soit libre, soit serf. S'il n'y a point de juge présent, on pourra, sans forfaiture, retenir (le prévenu) jusqu'à ce qu'un juge vienne, ou le conduire à la maison du justicier, et recevoir satisfaction du méfait, selon qu'il sera jugé.

2° Si quelqu'un a fait, de quelque façon que ce soit, quelque injure à quelque clerc, chevalier ou marchand, et si celui qui a fait l'injure est de la cité même, qu'il soit cité dans l'intervalle de quatre jours, vienne en justice devant le maire et les jurés, et se justifie du tort qui lui est imputé, ou le répare selon qu'il sera jugé. S'il ne veut pas le réparer, qu'il soit chassé de la cité, avec tous ceux qui sont de sa famille propre (sauf les mercenaires qui ne seront pas forcés de s'en aller avec lui, s'ils ne veulent pas), et qu'on ne lui permette pas de revenir avant d'avoir réparé le méfait par une satisfaction convenable.

S'il a des possessions, en maisons ou en vignes, dans le territoire de la cité, que le maire et les jurés demandent justice de ce malfaiteur au ou aux seigneurs (s'il y en a plusieurs) dans le district desquels sont situées ses possessions, ou bien à l'évêque, s'il possède en alleu; et si, assigné par les seigneurs ou l'évêque, il ne veut pas réparer sa faute dans la quinzaine, et qu'on ne puisse pas avoir justice de lui soit par l'évêque, soit par le seigneur dans le district duquel sont ses possessions, qu'il soit permis aux jurés de dévaster et détruire tous les biens de ce malfaiteur.

Si le malfaiteur n'est pas de la cité, que l'affaire soit rapportée à l'évêque; et si, sommé par l'évêque, il n'a pas réparé son méfait dans la quinzaine, qu'il soit permis au maire et aux jurés de poursuivre vengeance de lui, comme ils le pourront.

3° Si quelqu'un amène, sans le savoir, dans le territoire de l'établissement de paix, un malfaiteur chassé de la cité, et s'il prouve par serment son ignorance, qu'il remmène librement ledit malfaiteur, pour cette seule fois. S'il ne prouve pas son ignorance, que le malfaiteur soit retenu jusqu'à pleine satisfaction.

4° Si, par hasard, comme il arrive souvent, au milieu d'une rixe entre quelques hommes, l'un frappe l'autre du poing ou de la paume de la main, ou lui dit quelque honteuse injure, qu'après avoir été convaincu par de légitimes témoignages, il répare son tort envers celui qu'il a offensé, selon la loi sous laquelle il vit, et qu'il fasse satisfaction au maire et aux jurés pour avoir violé la paix.

Si l'offensé refuse de recevoir la réparation, qu'il ne lui soit plus permis de poursuivre aucune vengeance contre le prévenu, soit dans le territoire de l'établissement de paix, soit en dehors; et s'il vient à le blesser, qu'il paie au blessé les frais de médecins pour guérir la blessure.

5° Si quelqu'un a, contre un autre, une haine mortelle, qu'il ne lui soit pas permis de le poursuivre quand il sortira de la cité, ni de lui tendre des embûches quand il y rentrera. Que si, à la sortie ou à la rentrée, il le tue ou lui coupe quelque membre, et qu'il soit assigné pour cause de poursuite ou d'embûches, qu'il se justifie par le jugement de Dieu. S'il l'a battu ou blessé hors du territoire de l'établissement de paix, de telle sorte que la poursuite ou les embûches ne puissent être prouvées par le légitime témoignage d'hommes dudit territoire, il lui sera permis de se justifier par serment. S'il est trouvé coupable, qu'il donne tête pour tête et membre pour membre, ou qu'il paie, pour sa tête, ou selon la qualité du membre, un rachat convenable, à l'arbitrage du maire et des jurés.

6° Si quelqu'un a à intenter contre quelque autre une plainte capitale, qu'il porte d'abord sa plainte devant le juge dans le district duquel sera trouvé le prévenu. S'il ne peut en avoir justice par le juge, qu'il porte au seigneur dudit prévenu, s'il habite dans la cité, ou à l'officier (*ministerialis*) dudit seigneur, si celui-ci habite hors de la cité, plainte contre son homme. S'il ne peut en avoir justice ni par le seigneur ni par son officier, qu'il aille trouver les jurés de la paix, et leur montre qu'il n'a pu avoir justice de cet homme, ni par son seigneur, ni par l'officier de celui-ci; que les jurés aillent trouver le seigneur, s'il est dans la cité, et sinon, son officier, et qu'ils lui demandent instamment de faire justice à celui qui se plaint de son homme; et si le seigneur, ou son officier, ne peuvent en faire justice ou le négligent, que les jurés cherchent un moyen pour que le plaignant ne perde pas son droit.

7°. Si quelque voleur est arrêté, qu'il soit conduit à celui dans la terre de qui il a été pris; et si le seigneur de la terre n'en fait pas justice, que les jurés la fassent.

8° Les anciens méfaits qui ont eu lieu avant la destruction de la ville, ou l'institution de cette paix, sont absolument pardonnés, sauf treize personnes dont voici les noms : Foulques, fils de Bomard; Raoul de Capricion; Hamon, homme de Lebert; Payen Seille; Robert; Remi Bunt; Maynard Dray; Raimbauld de Soissons; Payen Hosteloup; Anselle Quatre-Mains; Raoul Gastines ; Jean de Molreim; Anselle, gendre de Lebert. Excepté ceux-ci, si quelqu'un de la cité, chassé pour d'anciens méfaits, veut revenir, qu'il soit remis en possession de tout ce qui lui appartient, et qu'il prouvera avoir possédé et n'avoir ni vendu ni mis en gage.

9° Nous ordonnons aussi que les hommes de condition tributaire paient le cens, sans plus, à leurs seigneurs; et s'ils ne le paient pas au temps convenu, qu'ils soient soumis à l'amende suivant la loi sous laquelle ils vivent. Qu'ils n'accordent que volontairement quelque autre chose à la demande de leurs seigneurs; mais qu'il appartienne à leurs seigneurs de les mettre en cause pour leurs forfaitures et de tirer d'eux ce qui sera jugé.

10° Que les hommes de la paix, sauf les serviteurs des églises et des grands qui sont de la paix, prennent des femmes dans toute condition où ils pourront. Quant aux serviteurs des églises qui sont hors les limites de cette paix, ou des grands qui sont de la paix, il ne leur est pas permis de prendre des épouses sans le consentement de leurs seigneurs.

11° Si quelque personne vile et déshonnête insulte, par des injures grossières, un homme ou une femme honnête, qu'il soit permis à tout prud'homme de la paix, qui surviendrait, de la tancer et de réprimer, sans méfait, son importunité par un, deux ou trois soufflets. S'il est accusé de l'avoir frappé par vieille haine, qu'il lui soit accordé de se purger en prêtant serment qu'il ne l'a point fait par haine, mais au contraire pour l'observation de la paix et de la concorde.

12° Nous abolissons complètement la main morte.

13° Si quelqu'un de la paix, en mariant sa fille, ou sa petite-fille, ou sa parente, lui a donné de la terre ou de l'argent, et si elle meurt sans héritier, que tout ce qui restera de la terre ou de l'argent à elle donné retourne à ceux qui l'ont donné ou à leurs héritiers. De même si un mari meurt sans héritier, que tout son bien retourne à ses parens, sauf la dot qu'il avait donnée à sa femme; celle-ci gardera cette dot pendant sa vie, et après sa mort la dot même retournera aux parens de son mari. Si le mari ni la femme ne possèdent de biens immeubles, et si, gagnant par le négoce, ils ont fait fortune et n'ont point d'héritiers, à la mort de l'un toute la fortune restera à l'autre. Et si ensuite ils n'ont point de parens, ils donneront deux tiers de leur fortune en aumône pour le salut de leurs âmes, et l'autre tiers sera dépensé pour la construction des murs de la cité.

14° En outre, que nul étranger, parmi les tributaires des églises ou des chevaliers de la cité, ne soit reçu dans la présente paix sans le consentement de son seigneur. Que si, par ignorance, quelqu'un est reçu sans le consentement de son seigneur, que dans l'espace de quinze jours il lui soit permis d'aller sain et sauf sans forfaiture, où il lui plaira, avec tout son avoir.

15° Quiconque sera reçu dans cette paix devra, dans l'espace d'un an, se bâtir une maison, ou acheter des vignes, ou apporter dans la cité une quantité suffisante de son avoir mobilier, pour pouvoir satisfaire à la justice, s'il y avait par hasard quelque sujet de plainte contre lui.

16° Si quelqu'un nie avoir entendu le ban de la cité, qu'il le prouve par le témoignage des échevins, ou se purge, en élevant la main en serment.

17° Quant aux droits et coutumes que le châtelain prétend avoir dans la cité, s'il peut prouver légitimement, devant la cour de l'évêque, que ses prédécesseurs les ont eues anciennement, qu'il les obtienne de bon gré : s'il ne le peut, non.

18° Nous avons réformé ainsi qu'il suit les coutumes par rapport aux tailles : Que chaque homme qui doit les tailles paie, aux époques où il les doit, quatre deniers; mais qu'il ne paie en outre aucune autre taille; à moins cependant qu'il n'ait, hors des limites de cette paix, quelque autre terre devant taille, à laquelle il tienne assez pour payer la taille à raison de ladite possession.

19° Les hommes de la paix ne seront point contraints à aller au plaid hors de la cité. Que si nous avions quelque sujet de plainte contre quelques-uns d'eux, justice nous serait rendue par le jugement des jurés. Que si nous avions sujet de plainte contre tous, justice nous serait rendue par le jugement de la cour de l'évêque.

20° Que si quelque clerc commet un méfait dans les limites de la paix, s'il est chanoine, que la plainte soit portée au doyen, et qu'il rende justice. S'il n'est pas chanoine, justice doit être rendue par l'évêque, l'archidiacre, ou leurs officiers.

21° Si quelque grand du pays fait tort aux hommes de la paix, et, sommé, ne veut pas leur rendre justice, si ses hommes sont trouvés dans les limites de la paix, qu'eux et leurs biens soient saisis en réparation de cette injure, par le juge dans le territoire de qui ils auront été pris; afin qu'ainsi les hommes de la paix conservent leurs droits, et que le juge lui-même ne soit pas privé des siens.

22° Pour ces bienfaits donc, et d'autres encore que, par une bénignité royale, nous avons accordés à ces citoyens, les hommes de cette paix ont fait avec nous cette convention, savoir : Que sans compter notre cour royale, les expéditions et le service à cheval qu'ils nous doivent, ils nous fourniront trois fois dans l'année un gîte, si nous venons dans la cité, et que si nous n'y venons pas, ils nous paieront en place vingt livres.

23° Nous avons donc établi toute cette constitution, sauf notre droit, le droit épiscopal et ecclésiastique, et celui des grands qui ont leurs droits légitimes et distincts dans les confins de cette paix; et si les hommes de cette paix enfreignaient en quelque chose notre droit, celui de l'évêque, des églises et des grands de la cité, ils pourraient racheter sans forfaiture, par une amende, dans l'espace de quinze jours, leur infraction [1].

Vous le voyez, Messieurs; il s'agit ici de bien autre chose que de régler les relations de la nouvelle commune avec son seigneur et de créer sa constitution municipale. A vrai dire

---

[1] *Recueil des ordonnances*, t. XI, p. 185-187.

même, la charte ne crée point cette constitution, n'ordonne rien sur la formation des magistratures locales qui en sont le nerf et la garantie. Vous y rencontrez les noms de *maire* et de *juré*; vous y reconnaissez l'indépendance de leur juridiction; vous y démêlez le mouvement de la vie politique, les élections, le droit de paix et de guerre, mais sans qu'aucun article les institue formellement. Ce sont des faits admis, incontestés, qui se révèlent par leur action, mais qu'on enregistre pour ainsi dire en passant, plutôt qu'on ne les institue. Rien de bien précis non plus, rien de soigneusement réglé sur les relations de la commune de Laon, soit avec le roi, soit avec son évêque, soit avec les seigneurs à qui elle peut avoir affaire. Plusieurs articles ont trait à ces relations; mais elles ne sont point l'objet principal de la charte. Elle a une bien autre portée, et une tâche bien plus vaste, bien plus difficile, a préoccupé ses auteurs. On y entrevoit une société barbare, grossière, qui sort d'une anarchie à-peu-près complète, et reçoit non-seulement une charte de commune, mais un code pénal, un code civil, toute une législation sociale, pour ainsi dire. Evidemment il ne s'agit pas seulement de régler les rapports d'une commune avec son seigneur, il ne s'agit pas seulement d'instituer des magistratures municipales ; il s'agit de l'organisation sociale tout entière ; nous sommes en présence d'une petite société bouleversée, à qui des lois régulières, des lois écrites, sont devenues nécessaires, et qui, ne sachant comment se les donner elle-même, les reçoit d'un pouvoir supérieur, avec lequel était en guerre la veille, mais qui n'en exerce pas moins sur elle cette autorité, cet ascendant, condition impérieuse de toute législation efficace.

Lisez, relisez attentivement, Messieurs, la charte de Laon ; vous vous convaincrez de plus en plus que tel est son véritable caractère. C'est celui d'une foule de chartes analogues ; non-seulement, je le répète, elles règlent les relations des communes avec les seigneurs ; non-seulement elles instituent les communes ; mais elles organisent, dans l'intérieur de la cité, la société tout entière ; elles la tirent d'un état d'anarchie, d'ignorance, d'impuissance législative, pour lui donner, au nom d'un pouvoir supérieur, une forme régulière, pour écrire ses coutumes, pour régler ses droits, pour lui imposer, de son aveu, si je puis ainsi parler, des lois pénales, des lois civiles, des lois de police, tous ces moyens d'ordre et de durée.

dont cette société à demi barbare sent le besoin, et que, livrée à elle-même, elle ne saurait pas découvrir.

La charte de Laon, l'une des plus étendues et des plus complètes, est aussi l'une de celles où le fait que je vous signale se révèle le plus clairement; mais on le reconnaît dans beaucoup d'autres chartes, notamment dans celles de Saint-Quentin, Soissons, Roye, etc. La révolution survenue à cette époque dans l'état des communes est donc bien plus grande qu'on ne le suppose; elle a fait beaucoup plus que les affranchir; elle a commencé la législation sociale tout entière.

Je regrette, Messieurs, de ne pouvoir entrer sur ce grand sujet dans de plus longs détails; je voudrais étudier à fond avec vous cette nation bourgeoise naissante, ses institutions, ses lois, toute sa vie déjà si forte et encore si confuse. Mais le temps me presse, et les documens sont incomplets. Je crois du moins vous avoir donné une juste idée des origines du Tiers-État. Je borne là aujourd'hui mon ambition. J'essaierai, dans notre prochaine réunion, de vous indiquer quelle révolution profonde s'accomplit dans le passage du régime municipal ancien à celui que nous venons d'étudier, et quelles différences essentielles, radicales, distinguent la municipalité romaine de la commune du moyen âge. Quiconque n'a pas bien saisi ces différences et toute leur portée, ne saurait comprendre la civilisation moderne, les phases de son développement, et son véritable caractère.

DIX-HUITIÈME LEÇON.

Objet de la leçon. — De la différence entre le régime municipal romain et celui du moyen âge. — Danger de l'immobilité des noms. — 1° Origine diverse de la cité romaine et de la commune moderne; — 2° Diversité de leur constitution; — 3° Diversité de leur histoire. — Résultat: le principe aristocratique domine dans la cité romaine; le principe démocratique, dans la commune moderne. — Nouvelles preuves de ce fait.

Messieurs,

La nécessité de partir pour les élections (je vais voter dans le midi de la France) m'obligera à clore ce cours plus tôt que je n'avais compté. Nous nous réunirons encore samedi prochain, mais ce sera pour la dernière fois. Heureusement, nous terminerons samedi l'histoire proprement dite de la société civile pendant l'époque féodale. Nous aurons encore à examiner, il est vrai, les codes, les lois, les monumens législatifs de cette société, dont les principaux sont les *assises de Jérusalem*, les *établissemens* de saint Louis, la *coutume de Beauvaisis* de Beaumanoir, et le *Traité de l'ancienne jurisprudence des Français*, par Pierre de Fontaine; mais nous serons contraints de renvoyer cette étude à l'année prochaine. Nous aurons du moins étudié complètement cette année la féodalité, la royauté et les communes du x^c au xive siècle, c'est-à-dire les trois élémens fondamentaux de la société civile à cette époque.

Vous vous rappelez, Messieurs, quel est l'objet qui doit nous occuper aujourd'hui. J'ai mis d'abord sous vos yeux la formation du Tiers-État en France, ses différentes origines et ses premiers développemens. J'ai essayé ensuite de vous faire pénétrer dans l'intérieur des diverses communes, et de décrire leur constitution. Appliquons-nous aujourd'hui à déterminer quelle ressemblance et quelle différence ont existé entre les municipalités romaines et les communes du moyen âge. C'est le seul moyen de bien comprendre l'histoire de ces dernières.

J'ai déjà eu plusieurs fois occasion de vous faire remarquer le danger de ces mots qui demeurent immobiles à travers les siècles, et s'appliquent à des faits qui changent. Un fait se présente; on lui donne un nom emprunté à tel ou tel caractère du fait, au caractère le plus saillant, le plus général. Qu'au bout d'un certain temps, paraisse devant les hommes un fait analogue au premier, par ce caractère du moins : on ne s'inquiète pas de savoir si la ressemblance est d'ailleurs complète; on impose le même nom au nouveau fait, quoiqu'il diffère essentiellement peut-être; et voilà un mensonge consacré par un mot, qui deviendra la source d'erreurs infinies.

Les exemples abondent. Je prends le premier qui s'offre à mon esprit. Depuis des siècles, le mot *république* désigne une certaine forme de gouvernement où il n'y a point de pouvoir unique et héréditaire. C'est ainsi que non-seulement chez les modernes, mais chez les anciens, on a défini la république; et ce nom a été imposé à tous les États qui ont offert ce caractère. Comparez cependant, Messieurs, comparez la république romaine, par exemple, et la république des États-Unis. N'y a-t-il pas, entre ces deux États qui portent le même nom, infiniment plus de différences qu'entre la république des États-Unis et telle ou telle monarchie constitutionnelle? Évidemment, quoique, par un certain caractère, la république des États-Unis ressemble à la république romaine, elle en diffère si essentiellement sous d'autres rapports, qu'il est presque absurde de leur donner le même nom. Rien peut-être, Messieurs, n'a jeté dans l'histoire plus de confusion, plus de mensonge, que cette immobilité des noms au milieu de la variété des faits; et je ne saurais vous trop recommander de ne jamais perdre de vue cet écueil.

Nous le rencontrons en ce moment. Je vous ai plusieurs fois entretenus de l'influence du régime municipal romain sur la formation des villes modernes, des communes du moyen âge. J'ai essayé de vous montrer comment la cité romaine n'avait point péri avec l'Empire, comment elle s'était perpétuée et transvasée, pour ainsi dire, dans les communes modernes. Vous pourriez être tentés d'en conclure que les communes du moyen âge ont beaucoup ressemblé aux cités romaines ; vous vous tromperiez, Messieurs. En même temps qu'il est évident que le régime municipal romain n'a point péri, et qu'il a exercé sur la formation des villes modernes une grande influence, en même temps il faut reconnaître qu'il y a eu transformation de ce régime, et que la différence est immense entre les cités de l'Empire et nos communes. C'est cette différence que je voudrais vous bien expliquer aujourd'hui.

Et d'abord, il y a eu dans l'origine, dans la formation première des cités du monde romain et des villes du moyen âge, une diversité importante et féconde. Les villes du moyen âge, soit communes proprement dites, soit villes administrées par des officiers seigneuriaux, se sont formées, vous l'avez vu, par le travail et l'insurrection. D'une part, le travail assidu des bourgeois, et la richesse progressive venue à la suite du travail; de l'autre, l'insurrection contre les seigneurs, la révolte des faibles contre les forts, des inférieurs contre les supérieurs, voilà les deux sources où les communes de l'époque féodale ont pris naissance.

L'origine des villes de l'antiquité, des cités du monde romain, a été tout autre : la plupart se sont formées par la conquête ; des colonies militaires ou commerciales se sont établies au milieu d'un pays faiblement peuplé, mal cultivé; elles ont successivement envahi, à main armée, le territoire environnant. La guerre, la supériorité de force, de civilisation, tel a été le berceau de la plupart des cités du monde ancien, et particulièrement d'un grand nombre de cités de la Gaule, surtout dans le midi, comme Marseille, Arles, Agde, etc., qui sont, vous le savez, d'origine étrangère. Les bourgeois de ces cités, bien différens en ceci des bourgeois du moyen âge, ont été, dès leurs premiers pas, les forts, les vainqueurs. Ils ont en naissant dominé par la conquête, tandis que leurs successeurs se sont, à grand'peine, un peu affranchis par l'insurrection.

Autre différence originaire, et non moins importante. Le travail a sans nul doute joué un grand rôle dans la formation des cités anciennes comme des communes modernes; mais ici encore le même mot couvre des faits fort divers. Le travail des bourgeois de l'antiquité était d'une tout autre nature que celui des bourgeois du moyen âge. Les habitans d'une ville naissante, d'une colonie comme Marseille, au moment de sa fondation, se livraient à l'agriculture, à l'agriculture libre et propriétaire; ils cultivaient le territoire à mesure qu'ils l'envahissaient, comme les patriciens romains exploitaient le territoire des conquêtes de Rome. A l'agriculture s'alliait le commerce, mais un commerce étendu, varié, maritime en général, plein de liberté et de grandeur. Comparez ce travail, commercial ou agricole, avec celui des communes naissantes au moyen âge : quelle différence! Dans celles-ci tout est servile, précaire, étroit, misérable. Les bourgeois cultivent, mais sans vraie liberté, sans vraie propriété; ils les conquerront, non en un jour et par leurs armes, mais lentement et par leurs sueurs. S'agit-il d'industrie, de commerce? leur travail est pendant long-temps un travail purement manuel; leur commerce se renferme dans un horizon très-borné. Rien qui ressemble à ce travail libre, étendu, à ces relations lointaines et variées des colonies de l'antiquité. Celles-ci se sont formées les armes à la main et les voiles au vent; les communes du moyen âge sont sorties d'un sillon et d'une boutique. Certes, la différence d'origine est grande, et la vie entière a dû s'en ressentir.

Voulez-vous vous faire une idée assez juste de l'origine et des premiers développemens des cités anciennes? regardez à ce qui s'est passé, à ce qui se passe de nos jours en Amérique. Comment se sont fondées Boston, New-York, New-Haven, Baltimore, toutes ces grandes villes maritimes des États-Unis? Des hommes libres, fiers, hardis, ont quitté leur patrie, se sont transportés sur un sol étranger, au milieu de peuples très-inférieurs en civilisation, en force; ils ont conquis le territoire de ces peuples; ils l'ont exploité en vainqueurs, en maîtres. Bientôt ils ont fait un grand commerce au loin, avec leur ancienne patrie, avec le continent qu'ils avaient quitté; et leur richesse s'est développée rapidement, comme leur puissance.

C'est là l'histoire de Boston, de New-York; c'est aussi celle de Marseille, d'Agde, de toutes les grandes colonies grecques ou phéniciennes, ou même romaines, du midi de la Gaule. Il y a, vous le voyez, fort peu de rapports entre cette origine et celle des communes du moyen âge; la situation primitive des bourgeois dans les deux cas a été singulièrement diverse, et il a dû en résulter, dans le régime municipal et son développement, de profondes et durables différences.

Sortons du berceau des villes; prenons-les toutes formées; étudions leur état social intérieur, les relations qu'entretiennent leurs habitans, soit entre eux, soit avec leurs voisins; la différence entre la municipalité romaine et la commune du moyen âge ne nous apparaîtra ni moins grande ni moins féconde.

Trois faits me frappent surtout dans l'état social intérieur des cités du monde romain et des villes féodales.

Dans les cités d'origine grecque ou romaine, dans la plupart des anciennes cités des Gaules, les magistratures, les fonctions religieuses et civiles étaient réunies. Les mêmes hommes, les chefs de famille les possédaient également. C'était, vous le savez, un des grands caractères de la civilisation romaine, que les patriciens, les chefs de famille, étaient en même temps, dans l'intérieur de la maison, prêtres et magistrats. Il n'y avait pas là une corporation spécialement vouée, comme le clergé chrétien, à la magistrature religieuse. Les deux pouvoirs étaient dans les mêmes mains, et se rattachaient également à la famille, à la vie domestique.

De plus, dans les anciennes cités, la puissance paternelle, la puissance du chef, dans l'intérieur de sa famille, était immense. Elle subit, selon les temps, d'importantes modifications; elle n'était pas la même dans les cités d'origine grecque et dans les cités d'origine romaine ; mais, en tenant compte de ces différences, elle n'en était pas moins un des caractères dominans de cet état social.

Enfin, il y avait là esclavage, esclavage domestique ; les familles considérables, les chefs des cités, vivaient entourés d'esclaves, servis exclusivement par des esclaves.

Aucune de ces trois circonstances ne se rencontre dans les communes du moyen âge. La séparation des fonctions religieuses et des fonctions civiles y est complète. Une corporation fortement isolée, le clergé, gouverne seule, possède en quelque sorte la religion. En même temps, la puissance paternelle, quoique grande, y est cependant très-inférieure à ce qu'elle était dans le monde romain. Elle est grande quant aux biens, à la fortune, mais fort restreinte quant aux personnes. Le fils, une fois majeur, est complètement libre et indépendant de son père. Enfin, il n'y a pas d'esclavage domestique. C'est par des ouvriers, par des hommes libres, que la population supérieure des villes, que les bourgeois les plus riches sont entourés et servis.

Voulez-vous voir, par un exemple pris dans le monde moderne, quelle différence prodigieuse peut résulter, dans les mœurs d'un peuple, de cette dernière circonstance? jetez les yeux sur la confédération des États-Unis d'Amérique. C'est un fait connu de quiconque les a visités ou seulement étudiés, qu'il y a entre les mœurs des États du midi, de la Caroline, de la Géorgie, par exemple, et les mœurs des États du nord, comme le Massachussets ou le Connecticut, une diversité profonde qui tient à ce que les États du midi ont des esclaves, tandis que ceux du nord n'en ont pas. Ce seul fait d'une race supérieure, qui possède, à titre de propriété, une race inférieure, et en dispose, ce seul fait, dis-je, donne aux idées, aux sentimens, à la façon de vivre de la population des villes, un tout autre caractère. Les constitutions, les lois écrites des États et des villes du midi, dans la confédération américaine, sont en général plus démocratiques que celles des villes des États du nord. Et cependant telle est l'influence de l'esclavage, que les idées, les mœurs sont, au fond, beaucoup plus aristocratiques dans le midi que dans le nord.

Quittons maintenant, Messieurs, l'intérieur des villes; éloignons-nous de leurs murs, examinons la situation de leurs habitans au milieu du pays, leurs relations avec la masse de la population. Nous retrouvons ici, entre les cités du monde romain et les communes du moyen âge, une différence immense et que je vous ai déjà signalée. Les villes, avant l'invasion des barbares, étaient, vous le savez, le centre de la population supérieure : les maîtres du monde romain, tous les hommes considérables, habitaient dans les villes ou auprès des villes; les campagnes n'étaient occupées que par une population inférieure, esclaves ou colons tenus dans une demi-servitude. Au sein des villes résidait le pouvoir politique. Le spectacle contraire nous est offert par l'époque féodale. C'est dans les campagnes qu'habitent les seigneurs, les maîtres du territoire et du pouvoir. Les villes sont en quelque sorte abandonnées à une population inférieure qui lutte avec grand'peine pour s'abriter, et se défendre, et s'affranchir enfin un peu derrière leurs murs.

Ainsi, sous quelque point de vue que nous considérions les villes et leurs habitans dans le monde romain et au moyen âge, soit que nous portions nos regards sur leur origine, ou sur leur état social intérieur, ou sur leurs rapports avec la masse de la population qui occupe le territoire, les différences sont nombreuses, frappantes, incontestables.

Comment les résumer? quel en est le caractère le plus élevé, le plus saillant? Vous l'avez déjà pressenti, vous le nommeriez vous-mêmes. L'esprit aristocratique a dû dominer dans les cités romaines; l'esprit démocratique, dans les villes du moyen âge. C'est là le résultat, ou pour mieux dire l'expression des faits que je viens de mettre sous vos yeux. Par leur origine, par leur état social intérieur, par leurs relations au dehors, les cités romaines ont dû être éminemment aristocratiques. Leurs habitans étaient en possession permanente de la situation supérieure, du pouvoir politique. Le sentiment de cette élévation, la fierté, la gravité et tous les mérites qui s'y rattachent, tel est le beau côté de l'esprit aristocratique. La passion du privilége, le besoin d'interdire tout progrès aux classes placées au-dessous, c'est là son vice. Il est évident que l'un et l'autre penchant, le bien et le mal de l'esprit aristocratique, étaient favorisés, provoqués par toutes les principales circonstances de l'existence des cités romaines. L'esprit démocratique, au contraire, devait dominer dans les villes du moyen âge. Quel en est le trait caractéristique? l'indépendance, la passion de l'individualité et du mouvement ascendant; voilà le beau côté. Le mauvais côté, c'est l'envie, la haine des supériorités, le goût aveugle du changement, la disposition à recourir à la force brutale. Qui ne voit que, par l'origine des villes du moyen âge, par leur état social intérieur, par leurs relations au dehors, ce bon et ce mauvais côté, ces mérites et ces vices de l'esprit démocratique devaient être le caractère dominant de leurs mœurs?

Allons plus avant; abordons les institutions municipales proprement dites, l'organisation administrative de la cité, ses magistratures, ses élections; comparons, sous ce nouveau rapport, la cité romaine et la commune du moyen âge ; nous arriverons aux mêmes résultats.

Je vous ai entretenus, l'an dernier, de l'état du régime municipal romain au moment de l'invasion des barbares. Vous savez donc ce que c'était que la *curie*, les *curiales*, les *décurions*, et comment la municipalité romaine était organisée à la fin de l'Empire. Je le rappellerai cependant en peu de mots.

Il y avait, dans chaque *municipe*, un sénat qu'on appelait *ordo* ou *curia*. Ce sénat constituait la cité proprement dite ; à lui appartenait le pouvoir; c'était lui qui administrait la ville, sauf dans un petit nombre de cas extraordinaires où la masse des habitans était appelée à prendre part aux affaires municipales.

Cet *ordo*, cette curie se composait d'un certain nombre de familles connues d'avance, inscrites sur un registre qu'on appelait *album*, *album ordinis*, *album curiæ*. Leur nombre n'était pas considérable. On a lieu de croire, d'après quelques exemples, qu'il roulait ordinairement entre cent et deux cents. Vous voyez que le pouvoir municipal était concentré dans un assez petit nombre de familles. Non-seulement il y était concentré, mais c'était héréditairement que ces familles en étaient investies. Quand une fois on faisait partie du sénat, de l'*ordo*, on n'en sortait plus ; on était tenu de toutes les charges municipales, et en même temps on avait droit à tous les honneurs, à tous les pouvoirs municipaux.

Ce sénat se dépeuplait, ces familles s'éteignaient ; et comme les charges des cités subsistaient toujours, et même allaient croissant, il fallait combler les vides. Comment se recrutait la curie ? Elle se recrutait elle-même. Les nouveaux curiales n'étaient point élus par la masse de la population : c'était la curie elle-même qui les choisissait et les faisait entrer dans son sein. Les magistrats de la cité, élus par la curie, désignaient telle ou telle famille, assez riche, assez considérable pour être incorporée dans la curie. Alors la curie l'appelait ; et cette famille, adjointe dès-lors à l'*ordo*, était inscrite l'année suivante sur l'*album ordinis*.

Tels sont les principaux traits de l'organisation de la cité romaine. C'est à coup sûr une organisation fort aristocratique. Quoi de plus aristocratique que la concentration du pouvoir dans un petit nombre de familles, l'hérédité du pouvoir au sein de ces familles, et le recrutement de cette corporation opéré par elle-même, par son propre choix ?

A la fin de l'Empire, ce pouvoir municipal était une charge, et on le fuyait au lieu de le rechercher, car toutes ces aristocraties de villes étaient en proie, comme l'Empire lui-même, à une extrême décadence, et ne servaient plus que d'instrument au despotisme impérial. Mais l'organisation demeura toujours la même, et toujours profondément aristocratique.

Transportons-nous maintenant au xiii° siècle, dans les villes du moyen âge ; nous nous trouverons en présence d'autres principes, d'autres institutions, d'une société toute différente. Ce n'est pas que nous ne puissions rencontrer, dans quelques communes modernes, des faits analogues à l'organisation de la cité romaine, une espèce d'*ordo*, de sénat héréditairement investi du droit de gouverner la cité. Mais ce n'est point là le caractère dominant de l'organisation communale du moyen âge. Ordinairement une population nombreuse et mobile, toutes les classes un peu aisées, tous les métiers d'une certaine importance, tous les bourgeois en possession d'une certaine fortune sont appelés à partager, indirectement du moins, l'exercice du pouvoir municipal. Les magistrats sont élus en général, non par un sénat déjà très-concentré lui-même, mais par la masse des habitans. Il y a, dans le nombre et les rapports des magistratures, dans le mode d'élection, des variétés infinies et des combinaisons très-artificielles. Mais ces variétés mêmes prouvent que l'organisation n'était pas simple et aristocratique comme celle des cités romaines. On reconnaît, dans les différens mode d'élection des communes du moyen âge, d'une part le concours d'un grand nombre d'habitans, de l'autre, un laborieux effort pour échapper aux dangers de cette multitude, pour ralentir, épurer son action, et introduire, dans le choix des magistrats, plus de sagesse et d'impartialité qu'elle n'y en porte naturellement. Voici un exemple curieux de ce genre de combinaisons. Dans la commune de Sommières en Languedoc, département du Gard, aux xive et xve siècles, l'élection des magistrats municipaux était soumise à toutes les épreuves suivantes. La ville était divisée en quatre quartiers, suivant les corps de métiers. Elle avait quatre magistrats supérieurs et seize conseillers municipaux : leurs fonctions duraient un an ; au bout d'un an, ces quatre magistrats supérieurs et leurs seize conseillers se réunissaient, et ils choisissaient eux-mêmes, dans les quatre quartiers de la ville, douze notables, dans chaque quartier trois. Ainsi, quatre magistrats supérieurs, seize conseillers et douze notables, en tout trente-deux. Ces douze notables ainsi choisis par les magistrats de l'année précédente, on faisait entrer douze enfans dans la salle : il y avait dans une urne douze boules de cire; on faisait tirer une boule de cire par chacun des douze enfans ; puis on faisait ouvrir ces boules de cire, dans quatre desquelles était renfermée la lettre E, ce qui voulait dire *electus*, élu. L'enfant qui avait tiré la boule où cette lettre était contenue désignait de l'autre main un notable qui se trouvait ainsi élu l'un des magistrats supérieurs de la commune.

Quoi de plus artificiel qu'un tel système? Il a pour objet de faire concourir les modes de choix les plus divers, la désignation par les anciens magistrats eux-mêmes, l'élection par la population, et le sort. On s'est évidemment proposé d'atténuer l'empire des passions populaires, de lutter contre les périls d'une élection accomplie par une multitude nombreuse et mobile.

On rencontre, dans le régime municipal du moyen âge, beaucoup de précautions et d'artifices de ce genre. Ces précautions, ces artifices, révèlent clairement quel principe y domine. On s'efforce d'épurer, de contenir, de corriger l'élection ; mais c'est toujours à l'élection qu'on s'adresse. Le choix du supérieur par les inférieurs, du magistrat par la population, tel est le caractère dominant de l'organisation des communes modernes. Le choix entre les inférieurs par les supérieurs, le recrutement de l'aristocratie par l'aristocratie elle-même, tel est le principe fondamental de la cité romaine.

Vous le voyez, Messieurs, quelque route que nous prenions, nous arrivons au même point ; malgré l'influence du régime municipal romain sur le régime municipal du moyen âge, malgré le lien non interrompu qui les unit, la différence est radicale. L'esprit aristocratique domine dans l'un, l'esprit démocratique dans l'autre. Il y a liaison et révolution à la fois.

Encore quelques faits épars qui achèveront de confirmer et d'éclaircir ce résultat auquel nous arrivons de tous côtés.

Quelles sont en France les villes qui, dans les XIIIe et XIVe siècles, présentent l'aspect le plus aristocratique ? Ce sont les villes du midi, c'est-à-dire les communes d'origine romaine où les principes du régime municipal romain avaient conservé le plus d'empire. La ligne de démarcation, par exemple, entre les bourgeois et les possesseurs de fiefs, était beaucoup moins profonde dans le midi que dans le nord. Les bourgeois de Montpellier, de Toulouse, de Beaucaire, et de beaucoup d'autres cités, avaient le droit d'être créés chevaliers, tout aussi bien que les seigneurs féodaux, droit que ne possédaient pas les bourgeois des communes du nord, où la lutte des deux classes était beaucoup plus violente, où par conséquent l'esprit démocratique était beaucoup plus ardent.

Sortons un moment de France; que voyons-nous en Italie? la constitution de beaucoup de villes y paraît assez analogue à celle de l'ancienne cité romaine. Pourquoi? D'abord parce que le régime municipal romain s'y conserva davantage, et y exerça plus d'influence; ensuite parce que la féodalité ayant été très-faible en Italie, on n'y vit point cette longue et terrible lutte entre les seigneurs et les bourgeois, qui tient tant de place dans notre histoire.

Dans les communes françaises, et particulièrement dans celles du nord et du centre, ce n'est point au dedans même de la cité que s'est établi le combat entre l'aristocratie et la démocratie; là, l'élément démocratique a prévalu. C'est contre une aristocratie extérieure, contre l'aristocratie féodale, que la démocratie bourgeoise a fait effort. Dans l'intérieur des républiques italiennes, au contraire, il y a eu lutte entre une aristocratie et une démocratie municipale, parce qu'il n'y avait pas de lutte extérieure qui absorbât toutes les forces des cités.

Je n'ai pas besoin, je crois, d'insister davantage. Les faits parlent assez haut. La distinction est claire, profonde, entre le régime municipal romain et celui du moyen âge. Sans doute la municipalité romaine a beaucoup fourni à la commune moderne; beaucoup de villes ont passé par une transition presque insensible de la curie ancienne à notre bourgeoisie; mais quoique la municipalité romaine n'ait point péri, quoiqu'on ne puisse pas dire qu'à une certaine époque elle a cessé d'exister pour être plus tard remplacée par d'autres institutions, quoiqu'il n'y ait point eu, en un mot, solution de continuité, cependant il y a eu révolution véritable; et, tout en se perpétuant, les institutions municipales du monde romain se sont transformées pour enfanter une organisation municipale fondée sur d'autres principes, animée d'un autre esprit, et qui a joué dans la société générale, dans l'État, un rôle tout différent de celui que jouait la curie sous l'Empire.

C'est là, Messieurs, le grand fait jusqu'ici

méconnu ou mal compris, que je tenais à mettre en lumière. Dans notre prochaine réunion, j'essaierai de faire rapidement passer sous vos yeux les révolutions que le régime municipal moderne a subies dans l'époque féodale, depuis le moment où on voit les communes apparaître et se constituer, jusqu'au moment où finit le règne de la féodalité, c'est-à-dire depuis la fin du xe jusqu'au commencement du xve siècle

DIX-NEUVIÈME LEÇON.

Histoire du Tiers-État du xie au xive siècle.— Vicissitudes de sa situation.— Décadence rapide des communes proprement dites. — Par quelles causes. — 1° Par la centralisation des pouvoirs féodaux. — 2° Par le patronage des rois et des grands suzerains. — 3° Par les désordres intérieurs des villes. — Décadence de la commune de Laon. — Le Tiers-État ne déchoit pas en même temps que les communes; il se développe au contraire et se fortifie. — Histoire des villes administrées par les officiers du roi. — Influence des juges et des administrateurs royaux sur la formation et les progrès du Tiers-État. — Que faut-il penser des libertés communales et de leurs résultats?— Comparaison de la France et de la Hollande. — Conclusion du cours.

Messieurs,

Vous avez assisté à la formation et aux premiers développemens du Tiers-État. J'ai essayé de vous faire connaître sa situation, soit au milieu de la société en général, soit dans l'intérieur des villes, pendant l'époque féodale.

Mais cette époque a duré trois siècles, les XIe, XIIe et XIIIe. Dans ce long intervalle, la situation du Tiers-État n'est pas demeurée immobile et identique. Une condition sociale encore si précaire, une classe encore si faible et si rudement ballottée entre des forces supérieures, a dû même subir de grandes agitations, de fréquentes vicissitudes. Nous les étudierons aujourd'hui.

C'est ici surtout que la distinction dont je vous ai entretenus, entre le Tiers-État et les communes, devient importante. Lorsqu'en arrivant à la fin de l'époque féodale et au commencement du XIVe siècle, on examine où en était cette population mitoyenne qu'on a appelée la bourgeoisie, on s'aperçoit avec surprise que les communes proprement dites sont en décadence, et que cependant le Tiers-État, considéré comme classe sociale, est en progrès; que la bourgeoisie est plus nombreuse, plus puissante, quoique les communes aient perdu beaucoup de leurs libertés et de leur pouvoir.

A priori, Messieurs, et en considérant l'état général de la société à cette époque, ce fait s'explique fort naturellement. Vous savez ce qu'étaient les communes proprement dites : des villes ayant une juridiction propre, faisant la guerre, battant monnaie, se gouvernant à peu près elles-mêmes; en un mot, de petites républiques presque indépendantes. L'expression, bien qu'excessive, donne une idée assez exacte du fait. Recherchons un moment ce que pouvaient, ce que devaient devenir ces communes au milieu de la société du xiie au xive siècle, nous verrons qu'elles devaient presque nécessairement et rapidement déchoir.

Les communes étaient de petites sociétés, de petits États locaux, formés en vertu de ce mouvement qui éclata vers le milieu du ixe siècle, et qui tendit à détruire toute organisation sociale un peu étendue, tout pouvoir central, pour ne laisser subsister que des associations très-bornées, des pouvoirs purement locaux. De même que la société des possesseurs de fiefs ne put se constituer d'une manière générale, et se réduisit à une multitude de petits souverains, maîtres chacun dans ses domaines et à peine liés entre eux par une hiérarchie faible et désordonnée, de même il arriva pour les villes : leur existence fut toute locale, isolée, renfermée dans l'intérieur de leurs murs ou dans un territoire peu étendu. Elles avaient échappé, par l'insurrection, aux petits souverains locaux dont elles dépendaient auparavant; elles avaient conquis de la sorte une véritable vie politique, mais sans étendre leurs relations, sans se rattacher à aucun centre commun, à aucune organisation générale.

Si les choses étaient toujours restées dans le même état, si les communes n'avaient jamais eu affaire qu'aux suzerains qui vivaient à côté d'elles, et sur lesquels elles avaient conquis leur indépendance, il est possible qu'elles eussent conservé toute cette indépendance, qu'elles eussent fait même de nouveaux progrès. Elles avaient, contre un maître voisin, fait preuve de force et pris des garanties de liberté. Si elles n'avaient jamais eu affaire qu'à lui, elles auraient probablement soutenu la lutte toujours avec plus d'avantage, et vu grandir à la fois leur force et leur liberté.

Ce fut ce qui arriva en Italie. Les cités, les républiques italiennes, après avoir une fois vaincu les seigneurs voisins, ne tardèrent pas à les absorber. Ils se virent obligés de venir habiter dans leurs murs; et la noblesse féodale, en grande partie du moins, se métamorphosa ainsi en bourgeoisie républicaine. Mais d'où vint cette bonne fortune des villes d'Italie? De ce qu'elles n'eurent jamais affaire à un pouvoir central et très-supérieur; la lutte demeura presque toujours entre elles et les seigneurs particuliers, locaux, sur lesquels elles avaient conquis leur indépendance. Les choses, en France, se passèrent tout autrement. Vous savez, car nous avons reconnu ce fait quand nous nous sommes occupés de la société féodale elle-même, vous savez, dis-je, que la plupart des possesseurs de fiefs, de ces petits souverains locaux, perdirent peu à peu, sinon leurs domaines et leur liberté, du moins leur souveraineté, et qu'il se forma, sous les noms de *duché, vicomté, comté,* des suzerainetés beaucoup plus fortes, plus étendues, de véritables petites royautés, qui absorbèrent les principaux droits des possesseurs de fiefs dispersés sur leur territoire, et, par la seule inégalité des forces, les réduisirent à une condition fort subordonnée.

La plupart des communes se trouvèrent donc bientôt en face, non plus du simple seigneur qui habitait à côté d'elles et qu'elles avaient une fois vaincu, mais d'un suzerain bien plus puissant, bien plus redoutable, qui avait envahi et exerçait, pour son propre compte, les droits d'une multitude de seigneurs. La commune d'Amiens, par exemple, avait arraché au comte d'Amiens une charte et des garanties efficaces. Mais quand le comté d'Amiens fut réuni à la couronne de France, la commune, pour maintenir ses priviléges, eut à lutter contre le roi de France, et non plus contre le comte d'Amiens. A coup sûr la lutte était plus rude et la chance beaucoup moins favorable. Le même fait eut lieu sur une multitude de points, et la situation des communes en fut gravement compromise.

Il n'y avait, pour elles, qu'une manière de reprendre pied et de lutter, avec quelque espoir de succès, contre leurs nouveaux et bien plus puissans adversaires. Toutes les communes dépendantes du même suzerain auraient dû se confédérer et former une ligue pour la défense de leur liberté, comme firent les villes lombardes contre Frédéric Barberousse et les empereurs. Mais la confédération est, de tous les systèmes d'association et de gouvernement, le plus compliqué, le plus difficile, celui qui exige le plus de développement dans l'intelligence des hommes, le plus grand empire des intérêts généraux sur les intérêts particuliers, des idées générales sur les préjugés locaux, de la raison publique sur les passions individuelles. Aussi est-il excessivement faible et précaire, à moins que la civilisation générale ne soit très-forte et très-avancée. Les communes de France, celles qui dépendaient, soit du roi, soit des grands suzerains, ne tentèrent même pas une organisation fédérative ; elles ne se présentèrent presque jamais dans la lutte contre leurs redoutables adversaires qu'isolées et chacune pour son compte. On rencontre bien çà et là quelques tentatives d'alliance, mais momentanées, peu étendues, très-promptement rompues. Il y en a un éclatant et déplorable exemple : c'est la guerre des Albigeois dans le midi de la France. Vous savez que les villes du midi avaient rapidement acquis beaucoup de prospérité et d'indépendance. C'était surtout dans leurs murs que les opinions religieuses des Albigeois, et toutes les idées qui s'y rattachaient, avaient fait de grands progrès; elles y possédaient, on peut le dire, la plus grande partie de la population. Quand les croisés du nord de la France se précipitèrent sur les Albigeois, il semblait naturel que ces villes si florissantes, si fortes, se réunissent et formassent entre elles une grande confédération pour résister efficacement à ces étrangers, à ces nouveaux barbares qui venaient les dévaster et les envahir. Tous les intérêts appelaient une confédération de ce genre, intérêt de sûreté, intérêt de liberté, intérêt de religion, intérêt de nationalité. La lutte qui s'engagea alors était celle de la civilisation renaissante contre la barbarie conquérante, du régime municipal qui prévalait dans le midi contre le régime féodal qui dominait dans le nord. C'était la lutte de la bourgeoisie contre l'aristocratie féodale. Eh bien ! il fut impossible à ces cités du midi, Avignon, Beaucaire, Montpellier, Carcassonne, Béziers, Toulouse, etc., de s'entendre et de se confédérer. La bourgeoisie ne se présenta au combat que successivement, ville à ville; aussi, malgré son dévoûment et son courage, fut-elle promptement et radicalement vaincue.

Rien ne prouve mieux, à coup sûr, combien une confédération communale, l'alliance de ces petites républiques indépendantes était difficile à obtenir; car jamais elle ne fut plus nécessaire, plus naturelle; et pourtant elle fut à peine tentée. A plus forte raison devait-il en arriver ainsi dans le centre et le nord de la France, où les villes étaient non-seulement moins puissantes, moins nombreuses, mais aussi moins éclairées, moins capables de se conduire par des vues générales, de subordonner les intérêts particuliers aux intérêts généraux et permanens. Engagées donc dans la lutte contre des adversaires qui avaient centralisé les forces du régime féodal, tandis qu'elles restaient avec leurs forces locales, éparses, individuelles; seules en présence non plus du seigneur voisin sur lequel elles avaient conquis leurs priviléges, mais du suzerain éloigné et beaucoup plus puissant qui disposait de toute la force des seigneurs de son territoire, les communes se trouvaient nécessairement fort inférieures et ne pouvaient manquer de succomber.

Ce fut là, si je ne me trompe, la première cause de leur décadence. En voici une seconde.

Dans les épreuves de leur formation, dans le cours de leur lutte contre le seigneur dont elles voulaient secouer la tyrannie, beaucoup de communes avaient eu souvent besoin d'un protecteur, d'un patron qui prît en main leur cause et les couvrît de sa garantie. Elles s'étaient, en général, adressées au suzerain de leur seigneur. C'était, vous le savez, le principe féodal, principe mal réglé, mal obéi, mais cependant puissant sur les esprits, qu'on pouvait toujours demander au suzerain justice de son vassal. Lors donc qu'une commune avait à se plaindre du seigneur sur lequel elle avait conquis ses priviléges, c'était auprès du suzerain qu'elle allait chercher redressement et protection. Ce principe amena la plupart des communes à réclamer l'intervention, soit du roi, soit des autres grands suzerains, qui mirent ainsi naturellement la main dans leurs affaires, et acquirent sur elles une sorte de droit de patronage, dont l'indépendance communale ne pouvait manquer, tôt ou tard, de se ressentir. On a beaucoup dit, surtout dans ces derniers temps, que l'intervention de la royauté dans la formation et les premiers développemens des communes avait été beaucoup moins active, beaucoup moins efficace qu'on ne l'a souvent supposé. On a raison en ce sens que la royauté n'a point créé les communes dans une vue d'utilité générale, ou pour lutter systématiquement contre le régime féodal. Il est très-vrai que la plupart des communes se sont formées d'elles-mêmes, par voie d'insurrection à main armée, souvent contre le gré du roi aussi bien que de leur seigneur direct. Mais il est vrai aussi qu'après avoir conquis leurs priviléges, et dans la longue lutte qu'elles eurent à soutenir pour les conserver, les communes sentirent le besoin d'un allié puissant, d'un patron supérieur, et qu'elles s'adressèrent alors, du moins un grand nombre d'entre elles, à la royauté qui, de très-bonne heure, exerça ainsi sur leur destinée une notable influence. Les exemples de son intervention sont si nombreux que ce n'est pas la peine de les citer. En voici un cependant que je veux mettre sous vos yeux, parce qu'il montre combien tous, bourgeois et seigneurs, étaient enclins à réclamer, à accepter cette intervention, sans grande nécessité apparente, uniquement par le besoin de l'ordre et pour trouver un arbitre qui mît fin à leurs différends. C'est une charte de l'abbaye de Saint-Riquier en Picardie, conçue en ces termes :

Moi Anser, abbé de Saint-Riquier, et le couvent, voulons faire savoir à tous que Louis, vénérable roi des Français, est venu à Saint-Riquier, et pour notre intérêt y a établi une commune entre nos hommes, et en a déterminé les statuts ; ensuite les bourgeois, se confiant en leur multitude, se sont efforcés de nous enlever nos droits, savoir : la taille pour l'armée du roi, la nourriture de cette même armée ; les droits de mesurage et de relief : de plus, ils ont soumis injustement à toutes leurs coutumes, les hommes de leur cour, libres avant ladite commune de l'entretien des fossés, de la garde, de la taille. Mais nous, gravement irrités, nous avons sollicité par nos prières notre seigneur le roi des Français de revenir près de nous, de rétablir nos affaires dans leur ancienne liberté, et de délivrer l'Église de ces exactions et coutumes injustes. Le roi donc, compâtissant à notre oppression, est venu vers nous, et a calmé, comme il le devait, les troubles élevés au milieu de nous, de sorte que la taille, soit grande, soit petite, pour l'armée du roi, doit être acquittée quand il y aura lieu, et la nourriture soit grande, soit petite, fournie en commun par les bourgeois et les paysans ; et les bourgeois eux-mêmes nous ont accordé volontairement d'avoir en propre les droits de mesurage et de relief comme nous les avions avant ladite commune, ainsi que les autres droits : en outre, et du consentement des bouregois, nous avons excepté desdites coutumes de taille, entretien des fossés et garde, cinquante-deux de nos vavasseurs qui desservent leur fief à main armée; et nous avons fait sortir de la commune nos serviteurs vivant du pain de Saint-Riquier, et tous les paysans demeurant hors le corps de la ville.

Si quelque paysan libre veut entrer dans la commune, qu'il rende à son seigneur ce qui est de son droit, et quitte sa terre; et ainsi il entrera dans la commune.

Les hommes de Saint-Riquier, tributaires, n'entreront jamais dans la commune sans le consentement de l'abbé.

Item, il a été convenu, en la présence du seigneur roi, que Guillaume, comte de Ponthieu, sera éternellement hors de la commune; et que nul prince ayant château n'entrera dans la commune sans le consentement du roi et le nôtre, ni ne sera établi maire sur les bourgeois sans le consentement du roi et le nôtre; et s'il l'est, il ne restera dans la mairie qu'autant que cela nous conviendra.

En outre Robert de Millebourg et ses frères sont privés à tout jamais de la prévôté, de la charge de vicomte et de toute puissance.

Ensuite il est réglé qu'aucun bourgeois n'entrera dans notre église pour nous faire quelque offense, mais seulement pour prier, et ne s'arrogera plus à l'avenir de sonner nos cloches sans notre consentement.

Toutes ces choses étant déterminées, les bourgeois ont promis par foi et serment de les exécuter, et nous en ont donné des otages, ainsi que Charles, comte de Flandre, et Etienne, porte-mets du roi, ici présens, l'ont réglé de vive voix.

Moi donc Louis, par la miséricorde de Dieu; roi des Français, j'ai réglé et confirmé : fait à Saint-Riquier, l'an du Seigneur 1126 [1].

Vous voyez ainsi, Messieurs, l'intervention du roi, dans les affaires des communes, amenée par les circonstances les plus indifférentes, provoquée tantôt par les bourgeois, tantôt par le seigneur, et bien plus fréquente, bien plus efficace par conséquent que quelques personnes ne le supposent aujourd'hui. Et ce que je dis des rois s'applique également à tous les grands suzerains que les mêmes causes amenèrent à exercer, sur les communes situées dans les domaines de leurs vassaux, le même droit d'intervention et de patronage. Or, vous le comprenez sans peine, plus le protecteur est puissant, plus la protection devient redoutable. Et comme la puissance, soit des rois, soit des grands suzerains, allait toujours croissant, ce droit d'intervention et de patronage sur les communes alla de jour en jour se déposer en des mains plus

---

[1] *Recueil aes ordonnances*, tom. XI, p. 184.

élevées, plus fortes; et ainsi, par le seul cours des choses, à part toute insurrection, toute lutte à main armée, les communes se trouvèrent avoir affaire, d'une part à des adversaires, de l'autre à des protecteurs bien plus puissans et redoutables. Dans l'un et l'autre cas, leur indépendance ne pouvait manquer de déchoir.

Une troisième circonstance devait y porter également de graves atteintes.

Vous auriez grand tort, Messieurs, si vous vous représentiez le régime intérieur d'une commune, une fois bien conquise et constituée, comme un régime de paix et de liberté; rien n'en était plus loin. La commune défendait au besoin ses droits contre son seigneur avec dévoûment et énergie; mais dans l'intérieur de ses murs, les dissensions étaient extrêmes, la vie continuellement orageuse, pleine de violence, d'iniquité et de péril. Les bourgeois étaient grossiers, emportés, barbares, pour le moins aussi barbares que les seigneurs auxquels ils avaient arraché leurs droits. Parmi ces échevins, ces maires, ces jurats, ces magistrats de divers degrés et de divers noms, institués dans l'intérieur des communes, beaucoup prenaient bientôt l'envie d'y dominer arbitrairement, violemment, et ne se refusaient aucun moyen de succès. La population inférieure était dans une disposition habituelle de jalousie et de sédition brutale contre les riches, les chefs d'atelier, les maîtres de la fortune et du travail. Ceux d'entre vous qui ont un peu étudié l'histoire des républiques italiennes savent quels désordres, quelles violences y éclataient continuellement, et combien la véritable sécurité, la véritable liberté leur furent toujours étrangères. Elles ont eu beaucoup de gloire; elles ont énergiquement lutté contre leurs adversaires extérieurs; l'esprit humain s'y est déployé avec une richesse et un éclat merveilleux; mais l'état social proprement dit en a été déplorable; la vie humaine y manquait étrangement de bonheur, de repos, de liberté. C'était un régime infiniment plus turbulent, plus précaire, plus inique que celui des républiques de l'ancienne Grèce, qui cependant n'ont été à coup sûr des modèles ni de bonne organisation politique, ni de bien-être social.

Eh bien, Messieurs, s'il en était ainsi dans les républiques d'Italie, où le développement des esprits et l'intelligence des affaires étaient beaucoup plus avancés qu'ailleurs, jugez de ce que devait être l'état intérieur des communes de France. J'engage ceux d'entre vous qui voudraient le connaître d'un peu plus près à lire, soit dans les documens originaux, soit seulement dans les *Lettres* de M. Thierry, l'histoire de la commune de Laon; ils verront à quelles interminables vicissitudes, à quelles horribles scènes d'anarchie, de tyrannie, de licence, de cruauté, de pillage, une commune libre était en proie. La liberté de ces temps n'avait guère partout qu'une lugubre et déplorable histoire.

Ces violences, cette anarchie, ces maux et ces périls toujours renaissans, ce mauvais gouvernement, ce triste état intérieur des communes, appelaient sans cesse l'intervention étrangère; ainsi le veut la force des choses. On avait conquis une charte communale pour se délivrer des exactions et des violences des seigneurs, mais non pour se livrer à celles des maires et des échevins. Quand après s'être soustraits aux exactions venues d'en haut, les bourgeois de la commune tombaient en proie au pillage et aux massacres d'en bas, ils cherchaient un nouveau protecteur, une nouvelle intervention qui les sauvât de ce nouveau mal. De là, ces recours fréquens des communes au roi, à quelque grand suzerain, à celui dont l'autorité pouvait réprimer les maires, les échevins, les mauvais magistrats, ou faire rentrer dans l'ordre la populace; et de là, en revanche, la perte progressive, ou du moins l'extrême affaiblissement des libertés communales. La France en était à cet âge de la civilisation où la sécurité ne s'achète guère qu'au prix de la liberté. C'est un phénomène des temps modernes, et très-modernes, que d'avoir réussi à concilier la sécurité et la liberté, le facile développement des volontés individuelles avec le maintien régulier de l'ordre public. Cette bienheureuse solution du problème social, encore si imparfaite et si chancelante au milieu de nous, était absolument inconnue du moyen âge. La liberté y était si orageuse, si redoutable, que les hommes la prenaient bientôt, sinon en dégoût, du moins en terreur, et cherchaient à tout prix un ordre politique qui leur donnât quelque sécurité, but essentiel et condition absolue de l'état social. Quelle fut la principale cause de la rapide décadence des républiques italiennes? Je rappelle souvent leur histoire, parce que c'est le meilleur moyen d'éclairer celle des communes françaises. Par des circonstances qu'il serait trop long d'expliquer ici, c'est en Italie seulement que le principe communal s'est élevé à la hauteur et à la clarté d'un régime politique; c'est donc là qu'on en peut reconnaître la vraie nature, et saisir toutes les conséquences.

Qu'arriva-t-il donc en Italie? La liberté politique y succomba sous ses propres excès, faute de pouvoir procurer la sécurité sociale. Ces turbulentes républiques tombèrent rapidement sous le joug d'une aristocratie fort concentrée et de ses chefs. C'est là l'histoire de Venise, de Florence, de Gênes, de presque toutes les cités italiennes.

La même cause coûta aux communes françaises leur orageuse liberté et les fit tomber sous la domination exclusive, soit de la royauté, soit des grands suzerains qu'elles avaient pour protecteurs.

Telle a dû être, Messieurs, telle a été en France, à ne consulter que les faits généraux, la marche des destinées communales. Les faits particuliers confirment pleinement ces résultats. A la fin du XIIIe et au commencement du XIVe siècle, on voit disparaître une foule de communes; c'est-à-dire que les libertés communales périssent; les communes cessent de s'appartenir, de se gouverner elles-mêmes. Ouvrez le recueil des ordonnances des rois; vous verrez tomber à cette époque, je ne sais combien de chartes qui avaient fondé l'indépendance communale ; et toujours par l'une des causes que je viens de mettre sous vos yeux, par la force d'un adversaire trop inégal, ou par l'ascendant d'un protecteur trop redoutable, ou par une longue série de ces désordres intérieurs qui découragent la bourgeoisie de sa propre liberté, et lui font acheter à tout prix un peu d'ordre et de repos.

Je pourrais multiplier à l'infini les exemples ; je n'en veux que deux ou trois, mais frappans et variés.

Je vous ai montré comment et après quelles rudes épreuves la commune de Laon avait conquis ses libertés. J'ai commenté avec quelques détails la charte qu'elle reçut au commencement du XIIe siècle, et que consentit l'évêque son seigneur. Vers la fin du même siècle, en 1190, Roger de Rosoy, évêque de Laon, cède à Philippe-Auguste la seigneurie de La Fère-sur-Oise, et en obtient à ce prix l'abolition de la commune de Laon. La commune avait pu lutter contre son évêque, mais comment lutter contre Philippe-Auguste ? La charte est abolie. L'année suivante, en 1191, les bourgeois se sont avisés de traiter aussi avec Philippe-Auguste ; ils lui ont offert sans doute plus que n'avait fait l'évêque ; Philippe-Auguste rétablit la commune et garde la seigneurie de La Fère-sur-Oise, que l'évêque lui avait donnée. Cent ans se passent à peu près dans cet état; la ville de Laon jouit de ses libertés. En 1294, sous le règne de Philippe-le-Bel, l'évêque de Laon recommence à solliciter du roi l'abolition de la commune, et apparemment par des argumens analogues à ceux qu'avait employés, cent ans auparavant, Roger de Rosoy. Philippe fait faire une enquête sur les lieux; il y avait eu dans la commune beaucoup de désordres, de meurtres, de profanations; la population de Laon était, à ce qu'il paraît, l'une des plus barbares parmi les populations bourgeoises de cette époque. Philippe-le-Bel, en 1294, abolit la commune de Laon. Très-peu de temps après, sans qu'on en sache la date précise, apparemment sur les sollicitations des bourgeois, il la rétablit avec cette restriction : *Quamdiu nobis placeat*, « sous notre bon plaisir. » L'évêque de Laon s'était engagé dans la querelle de Boniface VIII avec Philippe-le-Bel, et avait pris parti pour le pape; ce qui explique la brusque faveur du roi pour les bourgeois. Au moment où ils se croyaient en paisible possession de leur commune, Boniface VIII, du fond du Vatican, et pour venger l'évêque, l'abolit par une bulle formelle. Mais Philippe fit brûler la bulle, et la commune continua de subsister. Après la mort de Philippe-le-Bel, la lutte continue; l'évêque et les bourgeois de Laon se disputent et s'enlèvent tour à tour la faveur royale. Philippe-le-Long maintient la commune, toujours sous son bon plaisir. En 1322, l'évêque l'emporte, et Charles-le-Bel abolit la commune. Mais dans le cours de cette même année, les bourgeois obtiennent la suspension de l'arrêt. Il est enfin exécuté. Mais en 1328, Philippe de Valois déclare qu'il a le droit de rétablir la commune de Laon, et qu'il le fera si cela lui plaît. L'évêque Albert de Roye donne à Philippe une forte somme, et le roi, en 1331, abolit la commune qui se tient enfin pour vaincue.

Voilà, Messieurs, par quelles vicissitudes la commune de Laon a passé du xiie au xive siècle, et sous quelle force elle a succombé. Il est évident que la royauté seule a fait sa ruine. Elle avait lutté, elle aurait probablement toujours lutté avec succès contre son évêque; elle était hors d'état de résister au roi.

Voici un autre genre de mort de commune. Celle de Laon périt à son corps défendant, et après avoir fait tout ce qui était en son pouvoir pour continuer de vivre. Mais plus d'une commune, mécontente de son état, demanda elle-même à être supprimée. Voici une charte du comte d'Evreux, Philippe-le-Bon, donnée en 1320, sur la requête des habitans de Meulan :

Nous Philippe, comte d'Évreux, faisons à savoir à tous présens et avenir, que comme les bonnes genz habitanz et demourans en la ville de Meullent et des Muriaux, nous eussent requis et monstré en complaignant, que comme ils eussent et aient eu longtemps a passé, commune et communauté en nostre ville de Meullent et des Muriaux; et pour cause de ladicte commune et communauté soustenir et les droiz et les privileges d'icelle, il feussent et aient esté griefment grevez et dommaigez de plusieurs tailles, levées et contribucions diverses, que le maire et les échevins de ladicte commune ou communauté qui sont et qui ont esté par le temps passé, font et ont faictes par plusieurs fois pour les causes dictes, que il nous pleust à prenre ladicte commune ou communauté, avec toutes les rentes et revenues qui sont et estaient deues à ladicte ville de Meullent et des Muriaux pour cause de la commune et communauté dessus dicte, et que nous les voulsissions delivrer de toutes debtes et obligacions que il doivent et pourroient devoir pour cause de ladicte commune, et avec ce que nous les gardissions de tous couz et dommaiges envers touz et contre touz, que les diz habitans auroient et pourroient avoir pour la cause dessus dicte; et pour ce que nous desirons à garder nos subjez de couz et de dommaiges à nostre pouvoir, eue grant deliberacion sur la requeste que les diz habitans nous faisoient et ont faicte et, par nostre grant conseil entre nous d'une part et les diz habitans d'autre part, feismes et accordasmes, et prosmeismes faire tenir et garder de point en point toutes les choses en la fourme et manière qui s'en suit.

Premièrement : Les diz habitans de la ville de Meullent et des Muriaux renuncent et ont renuncié à leur dicte commune ou communauté, et la delaissent en notre main perpétuellement et à toujours mais, et en la main de noz successeurs ou de ceulx qui auront cause de nous par quelque cause que ce soit, avec toutes les rentes et revenues qui y sont et pourroient être deuës à ladicte ville de Meullent et des Muriaux pour cause de la commune ou communauté dessus dicte [1]...

Voilà donc une commune qui, pour échapper aux désordres de son propre régime intérieur, à la tyrannie de ses propres magistrats, abandonne ses libertés et se remet à la disposition du roi.

Encore une charte de même nature donnée à la commune de Soissons, le 4 novembre 1325, par le roi Charles-le-Bel :

Charles, etc., faisons savoir à tous présens et à venir que comme nous ayant receu, de la commune de Soissons, supplications des bourgeois et habitans d'illec pour certaines causes tendantes aux fins qu'ils fussent cy après gouvernés à perpétuité en prévosté, en nostre nom, par

---

[1] *Recueil des ordonnances,* t. VI, p. 137.

un prevost que nous y établirons désormais, sans qu'ils aient maire ne jurés en la commune, si que ledict prévost sera tenu les gouverner aux usages et coutumes, avec les libertés et franchises qu'ils avoient au tems qu'ils étoient gouvernés en commune..... Nous, à la supplication desdits habitans, la commune, avec les juridictions, droictures et émolumens..... avons receu et recevons dès maintenant, par la teneur de ces présentes lettres, et gouvernerons en notre nom dorénavant par un prévost que nous y députerons; et voulons que le prevost qui de par nous sera député en ladicte ville pour la gouverner en notre nom, et celui qui pour le temps à venir y sera, gouvernera en prevosté les habitans aux lois et coutumes, avec les libertés, franchises qu'ils avoient au tems qu'ils étoient gouvernés en commune, excepté que dorénavant majeur ne jurés n'y seront mis ni establis, etc. [1].

Je pourrais citer beaucoup d'autres exemples de ce genre.

Aussi, vers la fin du XIII° siècle, non-seulement on voit un grand nombre de communes abolies les unes par la force, les autres de leur propre gré; mais alors commencent les réglemens généraux de l'autorité royale sur les communes. C'est sous saint Louis et Philippe-le-Bel que vous verrez paraître, dans les recueils publics, ces grandes ordonnances qui règlent l'administration de toutes les communes

---

[1] *Recueil des ordonnances*, t. XI, p. 500.

dans les domaines royaux. Jusque là les rois avaient traité avec chaque ville en particulier. Comme la plupart étaient indépendantes, ou du moins investies de priviléges divers et respectés, ni le roi, ni aucun grand suzerain ne songeait à prescrire des règles générales pour le régime communal, à administrer d'une manière uniforme et simple toutes les communes de ses domaines. Sous saint Louis et Philippe-le-Bel commencent les réglemens généraux, les ordonnances administratives sur cette matière; preuve de la chute des priviléges spéciaux et de l'indépendance communale.

C'est donc bien évidemment à cette époque, Messieurs, vers la fin du XIIIe et au commencement du XIVe siècle, qu'éclate la décadence des communes proprement dites, de ces petites républiques locales qui s'administraient elles-mêmes, sous le patronage d'un seigneur. Si dans les communes eût résidé le Tiers-État tout entier, si le sort de la bourgeoisie de France eût dépendu des libertés communales, nous la verrions, à cette même époque, faible et en décadence. Mais il en était tout autrement. Le Tiers-État, je le répète, prit naissance et s'alimenta à des sources fort diverses. Pendant que l'une tarissait, les autres demeuraient abondantes et fécondes.

Indépendamment des communes proprement dites, il y avait, vous vous le rappelez, beaucoup de villes qui, sans jouir d'une véritable existence communale, sans se gouverner elles-mêmes, avaient cependant des priviléges, des franchises, et sous l'administration des officiers du roi, croissaient en population et en richesse.

Ces villes, Messieurs, ne participèrent point, vers la fin du xiiie siècle, à la décadence des communes proprement dites. La liberté politique y manquait; le besoin et l'habitude de faire soi-même toutes ses affaires, l'esprit d'indépendance et de résistance, non-seulement n'y prévalurent point, mais y furent de plus en plus comprimés. On y vit naître cet esprit qui a joué un si grand rôle dans notre histoire; cet esprit peu ambitieux, peu entreprenant, timide même, et n'abordant guère la pensée d'une résistance définitive et violente, mais honnête, ami de l'ordre, de la règle, persévérant, attaché à ses droits, et assez habile à les faire tôt ou tard reconnaître et respecter. C'est surtout dans les villes administrées au nom du roi et par ses prévôts, que s'est développé cet esprit qui a été long-temps le caractère dominant de la bourgeoisie française. Il ne faut pas croire que, faute de véritable indépendance communale, toute sécurité intérieure manquât à ces villes. Deux causes contribuaient puissamment à empêcher qu'elles ne fussent aussi mal administrées qu'on serait tenté de le présumer. La royauté craignait toujours que ses officiers locaux ne se rendissent indépendans; elle se souvenait de ce qu'étaient devenus, au ixe siècle, les offices de la couronne, les duchés, les comtés, et de la peine qu'elle avait eue à ressaisir les débris épars de l'ancienne souveraineté impériale. Aussi tenait-elle soigneusement la main sur ses prévôts, ses sergens, ses officiers de tout genre, pour que leur puissance ne s'accrût pas au point de lui devenir redoutable. Les administrateurs pour le roi dans les villes étaient donc assez bien surveillés et contenus.

A cette époque, d'ailleurs, commençait à se former le parlement et tout notre système judiciaire. Les questions relatives à l'administration des villes, les contestations entre les prévôts et les bourgeois étaient portées devant le parlement de Paris, et jugées là avec plus d'indépendance et d'équité qu'elles ne l'auraient été par tout autre pouvoir. Une certaine impartialité est inhérente au pouvoir judiciaire; l'habitude de prononcer selon des textes écrits, d'appliquer des lois à des faits, donne un respect naturel et presque instinctif pour les droits acquis, anciens. Aussi les villes obtenaient-elles souvent en parlement justice contre les officiers du roi, et maintien de leurs franchises. Voici, par exemple, un jugement rendu par le parlement, sous Charles-le-Bel, par suite d'un débat entre le prévôt de la ville de Niort et la ville elle-même, son maire et ses échevins, qui, sans indépendance politique, administraient sous le prévôt les affaires communales :

Charles, fils de roy de France, comte de la Marche et de Bigorre, etc., etc.

Sachent tous que, sur le débat d'entre le maire et la commune de la ville de Niort d'une part, et le prévost de ladite ville, et le procureur de monseigneur le comté de la Marche d'autre : sur ce que ledit maire disoit à soy appartenir et avoir la connoissance et obéissance de ses jurez de tous cas criminaux et de toutes actions et causes civiles, soient privilégiées ou non, et luy avoir la saisine et possession de ce par longtemps;

Item. Sur ce qu'il disoit lui estre exempt de la jurisdiction dudit prevost de tout en tout, et qu'il n'avoit sur lui ne juridiction, ne correction, ne connoissance;

Item. Demandoit à avoir ledit maire la connoissance et l'obeissance de ses jurez, et disoit que les prevosts quand ils estoient semons devant lui, il les devoit rendre feust comme personnes privilegiées ou autres, et lesdits prevost et procureur disoient au contraire, que ledit prevost ne leur estoit tenu à rendre la connoissance contre personnes privilégiées;

Item. Demandoit ledit maire avoir la connoissance et l'obeissance de la famille et des serviteurs de lui et des jurez de la commune, combien qu'ils ne fussent pas jurez de ladite commune, estans toutes nourries à leur pain et à leur vin, disans eux avoir eu la saisine de ce par longtemps, lesdits prevost et procureur de monseigneur le comte disans et affermans le contraire. Et sur ce plusieurs articles ayant esté baillez d'une partie et d'autre, et enqueste faite sur ce deuement pour l'une partie et pour l'autre....;

Item, fut dit et par arrest, que ledit prevost n'aura et ne doit avoir jurisdiction ne correction quelque elle soit sur ledit maire : ainçoit se justiciera ledit maire par le senechal dudit lieu.

Item, fut dit et par arrest que ledit prevost ne rendra pas audit maire la cour ne l'obéissance des serviteurs dudit maire ne de ses jurez estant à leur pain et à leur vin.

Et pour ce que ledit maire n'avoit pas apporté les priléges de sa commune, ne furent mey veu, dit fut et par arrest, que le sénéchal verroit leurs priviléges, si montrer lui vouloient; et si ès priviléges estoient contenu que de leurs familles estant à leur pain et leur vin, ils deussent avoir la connoissance, ledit sénéchal le rapporteroit au parlement prochain venant, et sur ce feroit les juges tenant le parlement droit en ayant; et si par priviléges ne le pouvoient montrer, ce qui est fait tiendra [1].

Le jugement est rendu, vous le voyez, contre le prévôt, et indique d'ailleurs une sincère intention d'impartialité. Une foule d'actes de ce genre prouvent que, devant le parlement, les villes dépendantes du roi, et administrées par ses officiers, trouvaient assez de justice et de respect pour leurs priviléges.

D'ailleurs, vous le savez, Messieurs, indépendamment de ces villes gouvernées au nom du roi et par ses officiers, indépendamment des communes proprement dites, le Tiers-État puisait aussi dans une autre source qui a puissamment concouru à sa formation. Ces juges, ces baillis, ces prévôts, ces sénéchaux, tous ces officiers du roi ou des grands suzerains, tous ces agens du pouvoir central dans l'ordre civil, devinrent bientôt une classe nombreuse et puissante. Or la plupart d'entre eux étaient des bourgeois; et leur nombre, leur pouvoir tournaient au profit de la bourgeoisie, lui donnaient de jour en jour plus d'importance et d'extension.

[1] *Recueil des ordonnances*, t. XI, p. 499.

C'est peut-être là, de toutes les origines du Tiers-État, celle qui a le plus contribué à lui faire conquérir la prépondérance sociale. Au moment où la bourgeoisie française perdait dans les communes une partie de ses libertés, à ce même moment, par la main des parlemens, des prévôts, des juges et des administrateurs de tout genre, elle envahissait une large part du pouvoir. Ce sont des bourgeois surtout qui ont détruit, en France, les communes proprement dites; c'est par les bourgeois entrés au service du roi et administrant ou jugeant pour lui, que l'indépendance et les chartes communales ont été le plus souvent attaquées et abolies. Mais, en même temps, ils agrandissaient, ils élevaient la bourgeoisie; ils lui faisaient acquérir de jour en jour plus de richesse, de crédit, d'importance et de pouvoir dans l'État.

N'hésitons pas à l'affirmer, Messieurs : malgré la décadence des communes, malgré la perte de leur indépendance vers la fin du xiiie et au commencement du xive siècle, le Tiers-État, dans son acception la plus vraie comme la plus étendue, était à cette époque en grand et continuel progrès. Fut-ce un très-grand malheur que la perte des anciennes libertés communales? Je le crois; je crois que, si elles avaient pu subsister et s'adapter au cours des choses, les institutions, l'esprit politique de la France y auraient gagné. Cependant il y a un pays où, malgré les nombreuses et importantes modifications amenées par le temps, les anciennes communes se sont perpétuées et ont continué d'être les élémens fondamentaux de la société; c'est la Hollande et la Belgique. En Hollande surtout, le régime municipal, issu du régime communal du moyen âge, fait le fond des institutions politiques. Eh bien! Messieurs, voici comment un homme très-éclairé, un Hollandais qui connaît bien son pays et son histoire, voici comment M. Meyer parle des communes du moyen âge, et de leur influence sur la société moderne :

Chaque commune, dit-il, devint un petit état séparé, gouverné par un petit nombre de bourgeois qui cherchaient à étendre leur autorité sur les autres, lesquels à leur tour se dédommageaient sur les malheureux habitans qui n'avaient pas le droit de bourgeoisie ou qui étaient sujets de la commune : et on vit le spectacle opposé de celui qu'on s'attendrait à voir dans un gouvernement bien constitué : les vassaux et les bourgeois de la commune ne formaient pas ensemble la cité, qu'ils défendaient en commun et à laquelle ils devaient leur existence; au contraire, ils paraissaient ne souffrir qu'impatiemment le joug de cette cité ; ils ne manquaient aucune occasion de se soustraire à leurs obligations ; la féodalité dans les pays non affranchis, l'oligarchie dans les communes faisaient des ravages à peu près pareils, et étouffaient tout amour d'ordre, tout esprit national. Aussi ces associations furent insuffisantes pour assurer la tranquillité intérieure, et la confiance mutuelle de ceux qui y prenaient part ; les petites passions éveillées par l'égoïsme le plus illimité, le défaut d'objet commun à tous, la jalousie si naturelle entre ceux qui ne sont pas animés de l'amour du bien public, le manque de liaison morale entre les bourgeois de la même commune et les membres du même corps, occasionèrent de nouvelles difficultés ; des sous-associations en furent la suite, et les corps de métier dans les communes, les colléges dans les universités devinrent de nouvelles sociétés qui avaient leur but séparé et qui se dérobaient, autant qu'elles le pouvaient, aux charges communales pour les faire porter par leurs voisins. Cette guerre sourde et lente que faisaient les vassaux avec les corporations, les corporations entre elles, les sous-associations dans chaque commune, les confréries de chaque corps de métier, produisit l'esprit de coterie, les petites aristocraties, d'autant plus vexatoires qu'elles ont moins d'objets pour exercer leur activité, le malaise général qui rend le séjour des petites villes si désagréable pour celui qui a quelques idées libérales, et qu'on retrouve partout dans les communes du moyen âge. C'est cette division, cette opposition de petits intérêts, ces vexations continuelles, quoique peu importantes, que se permet et dont se nourrit pour ainsi dire l'oligarchie, qui énerve le caractère national, qui détrempe les âmes et qui rend les hommes bien moins propres à la liberté, bien plus incapables d'en sentir les bienfaits, bien plus indignes d'en jouir, que le despotisme asiatique le plus absolu [1].....

Certainement chaque communauté, grande ou petite, a le droit de veiller à ses propres intérêts, à l'emploi de ses fonds, à son administration interne, surtout lorsqu'un pouvoir plus élevé peut empêcher que des intérêts partiels et locaux ne nuisent au bien-être public : certainement la centralisation générale de tous les objets d'administration a de graves inconvéniens, et mène au despotisme absolu ; mais les administrations communales telles qu'elles se sont formées dans le moyen âge, vassales du souverain et seul lien qui existât entre le peuple et son roi, parties non intégrantes du même tout, mais dissemblables et opposées entre elles, indépendantes dans tout ce qui ne tient pas à quelques devoirs généraux, exerçant dans leur sein tous les droits du souverain, ne sont guère moins inconvenantes et fomentent une tyrannie mille fois plus odieuse que le despotisme, celle de l'aristocratie [2].

Ces dernières paroles sont, j'en conviens, une vraie boutade de colère, un accès d'humeur d'un homme qui, frappé de tous les vices du régime communal et de ses fâcheux effets pour sa patrie, ne veut y reconnaître aucun mérite, aucun bien. Mais, malgré l'exagération, il y a

[1] Meyer, *Esprit des instit. judic.*, t. III, p. 62-65.
[2] *Ibid.*, p. 69-70.

là un grand fond de vérité. Il est très-vrai que tous les vices que décrit M. Meyer étaient inhérens au régime communal du moyen âge, et que la plupart des villes se trouvaient ainsi inféodées à une petite oligarchie qui les retenait sous un joug tyrannique et y comprimait le véritable, le grand développement, le développement général de la pensée et de l'activité humaine, ce développement libre, varié, indéfini, auquel nous devons la civilisation moderne.

Aussi suis-je convaincu qu'à tout prendre la centralisation qui caractérise notre histoire a valu à notre France beaucoup plus de prospérité et de grandeur, des destinées plus heureuses et plus glorieuses qu'elle n'en eût obtenu si les institutions locales, les indépendances locales, les idées locales y fussent demeurées souveraines, ou seulement prépondérantes. Sans doute, nous avons perdu quelque chose à la chute des communes du moyen âge, mais pas autant, à mon avis, qu'on voudrait nous le persuader.

J'arrive au terme, Messieurs; j'ai mis sous vos yeux, selon le plan que je m'étais tracé, le tableau complet de la société civile pendant l'époque féodale; vous avez vu comment la société féodale proprement dite, l'association des possesseurs de fiefs s'était formée, quelle était sa constitution intérieure, et dans quel état elle se trouvait d'abord au commencement du xie siècle, ensuite au commencement du xive. Vous avez vu quel avait été, dans le même laps de temps, le développement de la royauté; comment elle avait peu à peu grandi, s'était séparée de tous les autres pouvoirs, et avait fini par arriver, dans la personne de Philippe-le-Bel, à la porte du pouvoir absolu. Vous venez de voir les vicissitudes des communes, ou pour mieux dire du Tiers-État, pendant la même époque. L'association féodale, la royauté, le Tiers-État, ce sont là les trois grands élémens de la civilisation française. Il me resterait, pour vous faire pleinement connaître l'histoire de la société civile du xie au xive siècle, à étudier avec vous les grands monumens législatifs que cette époque nous a transmis, c'est-à-dire les *Assises de Jérusalem*, les *Établissemens de saint Louis*, la *Coutume de Beauvaisis*, de Beaumanoir, et le *Traité de l'ancienne Jurisprudence des Français*, de Pierre de Fontaine, monumens de la société féodale, et de ses relations d'une part avec la royauté, de l'autre avec les bourgeois. J'espérais achever avec vous cette étude avant la fin de l'année; mais les événemens m'obligent à terminer ce cours plus tôt que je n'avais compté. Nous nous reverrons, Messieurs; et nous chercherons encore ensemble à bien connaître et à bien comprendre le passé de notre chère patrie. (*Applaudissemens vifs et prolongés.*)

PREUVES

ET

DÉVELOPPEMENS HISTORIQUES.

AVERTISSEMENT.

J'aurais voulu joindre, à cet essai sur les origines et les premiers développemens du Tiers-État en France, le texte complet des documens et l'histoire spéciale des diverses villes ou communes dont j'ai fait mention. Cet ensemble d'actes et de faits précis eût servi d'éclaircissement et de preuve aux résultats généraux que j'ai exposés. Mais un tel travail eût été d'une étendue démesurée. Je me réduis donc à publier ici : 1º un tableau général des ordonnances, lettres et autres actes des rois de France sur les villes et communes, de Henri Ier à Philippe de Valois; 2º quelques chartes auxquelles j'ai fait allusion dans mes leçons ; 3º quelques récits de ce qui se passa, du XIe au XIVe siècle, dans quelques villes d'origine et de constitution différente. Ce petit *specimen*, si je puis ainsi parler, des diverses destinées communales, durant l'époque féodale, ne sera peut-être pas sans utilité ni sans intérêt.

I.

TABLEAU

DES

ORDONNANCES, LETTRES ET AUTRES ACTES DES ROIS

SUR LES VILLES ET COMMUNES ;

DE HENRI Ier A PHILIPPE DE VALOIS.

HENRI Ier. — 1031-1060.

(1 acte.)

1057 Orléans......... Liberté d'entrée pendant les vendanges. — Les officiers du roi ne lèveront plus de droit d'entrée sur le vin.

LOUIS VI. — 1108-1137.

(9.)

1115 Beauvais........ Abolition d'abus introduits dans l'administration de la ville, en matière de juridiction et de taxes, par le châtelain Eudes.

18.

1119 *Angere regis*.... Exemption de tailles.— Restric-
(Dans l'Orléanais.) tion au service militaire.
1122 Beauvais....... Autorisation de reconstruire les maisons, ponts, etc., sans demander de permission spéciale, ni payer aucun droit.
1123 Étampes....... Liberté de commercer dans les marchés. — Diverses exemptions.
1126 S.-Riquier.... : Intervention du roi dans la querelle de l'abbé et de la commune.
1128 Laon......... Concession d'une charte à la commune.
1134 Paris........ Libertés accordées aux bourgeois de Paris contre leurs débiteurs, justiciables du roi.
Id. Fontenay...... Exemption de taille, corvées, ost et chevauchée, etc.
1137 Frenay-l'Évêque.. Exemption de tous droits et charges envers le roi. — Les habitans ne devront plus rien qu'à l'évêque de Chartres.

LOUIS VII. — 1137-1180.

(25.)

1137 Étampes....... Promesses sur la monnaie et la vente des vins.
Id. Orléans....... Garanties accordées aux bourgeois contre le prévôt et ses sergens.

1144	Beauvais.	Confirmation d'une charte de Louis VI.
1145	Bourges.	Redressement de griefs. — Exemption de charges.
1147	Orléans.	Le roi abandonne aux bourgeois le droit de main-morte.
1150	Mantes	Confirmation d'une charte de Louis VI.
1151	Beauvais.	Déclaration que la juridiction appartient à l'évêque, non aux bourgeois.
1153	Seans en Gâtinais.	Confirmation des coutumes de la ville.
1155	Étampes.	Le roi retire à ses officiers dans la ville le privilége d'acheter la viande aux deux tiers du prix.
Id.	Lorris en Gâtinais.	Confirmation détaillée des coutumes de la ville.
1158	Les Mureaux, près Paris.	Rétablissement d'anciens priviléges.
1163	Villeneuve-le-Roi.	Concession des coutumes de Lorris.
1165	Paris.	Interdiction d'enlever les matelas, coussins, etc., dans les maisons où le roi loge en passant.
1168	Orléans	Abolition de plusieurs abus.
1169	Villeneuve, près Étampes.	Priviléges concédés à ceux qui viendront s'y établir.

1171 Tournus. . . . . . . Le roi règle les rapports de l'abbé et des habitans.

1174 Les Alluets, près Paris. . . . . Exemption de taxes, corvées, etc.

1175 Dun-le-Roi. . . . Concession de divers priviléges et exemptions.

Id. Sonchalo. . . . . . . Concession des coutumes de Lorris.
(Chaillon-sur-Loire.)

1177 Bruières. . . . . . . Concession de divers priviléges et exemptions.

Id. Villeneuve, près Compiègne. . . . *Idem.*

1178 Orléans. . . . . . . Abolition d'abus et mauvaises coutumes.

Id. Id. Abolition d'autres abus.

1179 Étampes. . . . . . . Concession de divers priviléges. — Redressement d'abus.

1180 Orléans . . . . . . Affranchissement des serfs du roi à Orléans et dans les environs.

PHILIPPE-AUGUSTE. — 1180-1223.

(78.)

1180 Corbie. . . . . . . Confirmation de la commune fondée par Louis VI.

Id. Tonnerre. . . . . . Confirmation de la charte accordée par le comte de Nevers.

1181 Soissons. . . . . . . Confirmation de la charte accordée par Louis VI.

1181 Châteauneuf. . . .	Confirmation et extension d'une charte de Louis VII.
Id. Bourges et Dun-le-Roi.	Confirmation d'anciens et concession de nouveaux priviléges.
Id. Noyon.	Confirmation de la commune et de ses coutumes.
1182 Beauvais.	Constitution de la commune.
Id. Chaumont.	*Idem.*
1183 Orléans et bourgs voisins	Concession de divers priviléges à ceux qui viendront s'y établir.
Id. Roye.	Concession d'une charte de commune.
Id. Dijon.	Confirmation de la charte accordée par le duc de Bourgogne.
1184 Cerny. . . . . . Chamouilles. . . Baune. . . . . . Chevy. . . . . . Cortone. . . . . Verneuil. . . . . Bourg. . . . . . Comin	Concession des droits de commune.
Id. Crespy.	Concession des coutumes de la commune de Bruières.
1185 Vaisly. . . . . . Condé. . . . . . Chavones. . . . Celles. . . . . . Pargny. . . . . Filain.	Confirmation et extension de priviléges.

1185 Laon. . . . . Confirmation d'un traité entre l'évêque et les habitans sur les tailles qu'ils lui devaient à raison de leurs vignes.

1186 La Chapelle-la-Reine, en Gâtinais . . Confirmation des coutumes reconnues par Louis VII.

Id. Compiègne. . . . . Confirmation d'une charte de Louis VII.

Id *Id.* : : . . . . Confirmation des anciens et concession de nouveaux priviléges.

Id. Sens . . . . Interdiction aux bourgeois d'admettre dans leur commune les hommes des domaines de l'archevêque.

Id. Bruières et bourgs voisins . . . . . . Confirmation des anciennes coutumes.

Id. Belle-Fontaine. . . Exemption des tailles et maltôtes moyennant certaines redevances envers le seigneur direct et le roi.

Id. Bois-Commun, en Gâtinais . . . . . Confirmation de la charte de Louis VII, qui concède les coutumes de Lorris.

Id. Angy. . . . . Concession de priviléges en fait de service militaire.

1187 Lorris. . . . . . . Confirmation des coutumes reconnues par Louis VI et Louis VII.
Id. Tournai. . . . . . Confirmation des coutumes.
Id. Voisines. . . . . . Concession des coutumes de Lorris.
Id. Dijon. . . . . Nouvelle confirmation de la charte de Dijon.
1188 S.-André, près Mâcon. . . . . Le roi prend les habitans sous sa protection et leur accorde les coutumes de Lorris.
Id. Montreuil . . . . . Fondation de la commune.
Id. Pontoise.. . . . . . *Idem.*
1189 Laon . . . . Réformation et confirmation de la commune de Laon.
Id. Escurolles. . . . . Le roi prend la ville sous sa protection.
Id. Sens . . . : . . . . Constitution de la commune.
Id. St.-Riquier . . . . Confirmation de la commune.
Id. Arca-Bachi. . . . Concession de divers priviléges.
1190 Amiens . . . . . . Constitution de la commune.
Id. Dimont . . . . . . Concession des coutumes de Lorris.
1192 Anet. . . . . Concession de diverses exemptions.
1195 St.-Quentin . . . . Confirmation des anciennes coutumes.
1196 Bapaume . . . . . Concession de la juridiction et du choix des magistrats municipaux.

1196 Baune
Chevy
Cortone
Verneuil
Bourg
Comin .... Réduction des droits que ces bourgs s'étaient engagés à payer pour la confirmation de leurs priviléges en 1184.

Id. Bourgs dépendans de l'église de St.-Jean-de-Laon .. Concession des droits de commune.

Id. Villeneuve-S.-Melon......... Concession d'exemptions et priviléges.

Id. Dizy......... Idem.

1197 Les Alluets .... Idem.

1199 Etampes ...... Abolition de la commune.

1200 Villeneuve en Beauvaisis....... Concession de la charte de Senlis.

Id. Auxerre ...... Confirmation des exemptions accordées par le comte d'Auxerre.

Id. Id. .... Idem.

Id. Tournai....... Concession des coutumes de Senlis quant aux rapports des bourgeois avec les ecclésiastiques.

1201 Cléry .... Concession des coutumes de Lorris.

1202 St.-Germain-des-Bois......... Confirmation des anciennes coutumes.

1204	Niort	Concession de la charte de Rouen.
Id.	Pont-Audemer . .	Confirmation de la commune.
Id.	Verneuil.	Confirmation d'anciens priviléges.
Id.	Poitiers	Idem.
Id.	Nonancourt. . . .	Concession des priviléges de Verneuil.
Id.	Saint-Jean-d'Angely.	Concession de la charte de Rouen et d'autres priviléges.
Id.	Id.	Idem.
Id.	Falaise . . . . : .	Le roi exempte les bourgeois de tout droit de péage dans ses domaines, Mantes excepté.
1205	Ferrières	Concession d'une charte de commune.
1207	Rouen.	Concession de divers priviléges.
Id.	Péronne.	Confirmation des anciennes coutumes.
1209	Paris.	Idem.
1210	. . . .	Mandement aux maires, échevins et jurés, sur la conduite à tenir envers les ecclésiastiques qui sont dans le cas d'être arrêtés et emprisonnés.
Id.	Bourges.	Intervention du roi pour établir une taxe pour faire le pavé de la ville et les chemins environnans.
Id.	Bray.	Concession d'une charte de commune.

1211 Tournai. . . . . . Confirmation des coutumes.
1212 Athyes. . . . . . . Concession d'une charte de commune.
1213 Douai . . . . Confirmation des coutumes.
1213 Chaulny. . . . . . Concession de la charte de S.-Quentin.
1215 Baron . . . . Concession de divers priviléges.
Id. Crespy en Valois . Concession d'une charte de commune.
1216 Bourgs dépendans de l'abbaye d'Aurigny, au diocèse de Laon . . . . . Concession des droits de commune.
1217 Yllies . . . . Confirmation des coutumes.
1221 La Ferté-Milon. . Concession de diverses exemptions.
Id. Doullens. . . . . . Confirmation des priviléges accordés par le comte de Ponthieu.

Sans date.

Poissy. . . . . .
Triel . . . . . . } Concession des droits de commune.
St.-Léger . . . .

LOUIS VIII. — 1223-1226.

(10.)

1223 Douai . . . . Confirmation des anciennes coutumes.

1223 Crespy en Valois . Confirmation de la charte accordée par Philippe-Auguste.

Id. Rouen. . . . . Confirmation des priviléges accordés par Philippe-Auguste.

Id. Breteuil. . . . . . . Concession de diverses exemptions.

Id. Verneuil. . . . . : Idem.

1224 La Rochelle. . . . Confirmation des anciens priviléges.

Id. Bourges . . . . . . Idem.

Id. Id. . . . . . . Idem.

Id. Bourges et Dun-le-Roi. . . . . Idem.

Id. Dun-le-Roi. . . . Confirmation des concessions de Philippe-Auguste.

LOUIS IX. —1226-1270.

(20.)

1226 Rouen. . . . . . . Confirmation des concessions de Philippe - Auguste et de Louis VIII.

Id. St. - Antonin en Rouergue . . . . Le roi prend la ville sous sa protection et confirme ses coutumes.

1227 La Rochelle. . . . Confirmation de la charte de Louis VIII.

Id. Id. . . . . Concession de diverses exemptions.

1229 Bourges et Dun-le-Roi	Confirmation des concessions de Philippe-Auguste et de Louis VIII.
1230 Niort	Confirmation de la commune.
1233 Bourges	Confirmation de diverses concessions.
1246 Aigues-Mortes	Constitution de la commune.
1254 Beaucaire	Redressement de divers abus.
Id. Nîmes	Concession de divers priviléges.
Id. *Area-Bachi.*	Renouvellement de la charte de 1189, emportée et déchirée par des voleurs.
1256	Ordonnance sur l'élection des maires et l'administration financière des bonnes villes du royaume.
Id.	Ordonnance à peu près semblable pour les bonnes villes du Normandie.
1260	Ordonnance qui attribue aux maires des villes la connaissance des délits commis par les juifs baptisés domiciliés dans leur ressort.
Id. Compiègne	Abolition de divers abus.
1263 Verneuil	Abolition de mauvaises coutumes.
Id. Pont-Audemer	*Idem.*

1265 Châteauneuf-sur-
       Cher. . . . . . . Confirmation des anciennes coutumes.
1269 Verneuil. . . . . . Renouvellement de diverses exemptions.
Sans date.
       . . . . Ordonnance pour régler l'élection des personnes chargées de lever la taille dans les villes du roi.

PHILIPPE-LE-HARDI. — 1270-1285.

(15.)

1271 Lyon . . . . Le roi prend les habitans sous sa protection.
 Id. Niort . . . . Confirmation de la charte de commune.
1272 Rouen. . . . . . . *Idem.*
1273 Une ville de Languedoc, dite *de Aspreriis*. . . . . Confirmation d'une charte de Raymond VI, comte de Toulouse.
1274 Bourges. . . . . . Confirmation des coutumes et priviléges.
1277 Limoges. . . . . . Le roi ordonne que la copie du traité entre les bourgeois et le vicomte de Limoges, insérée dans sa *lettre*, aura la même valeur que l'original perdu.

1279 Aigues-Mortes... Confirmation des libertés et priviléges.

1278 Rouen....... Lettres explicatives de la juridiction accordée au maire et à la commune de Rouen par la charte de Philippe-Auguste.

1281 Les Alluets.... Confirmation des priviléges.

Id. Orléans....... Confirmation des concessions de Philippe-Auguste.

Id. Yssoire....... *Idem.*

1282 Saint-Omer.... Confirmation d'une ancienne charte des comtes d'Artois.

1283 Toulouse...... Ordonnance sur l'élection des capitouls de Toulouse, et leur juridiction.

1284 Douai....... Confirmation des coutumes.

Id. Lille........ Autorisation de fortifier la ville.

PHILIPPE-LE-BEL. — 1285-1314.

(46.)

1285 St.-Junien..... Confirmation d'un accord fait entre les habitans et leur évêque, du temps de saint Louis, et approuvé par lui.

Id. Niort........ Confirmation des anciennes chartes.

1286 Breteuil...... Concession de l'élection des magistrats locaux.

1287 . . . . Ordonnance générale sur la manière d'acquérir la bourgeoisie, et sur les charges qu'elle impose.

1290 Yssoire. . . . . Confirmation d'anciens priviléges.

Id. Tournai. . . . . . . Confirmation de l'accord fait entre le comte de Flandre et les jurés sur la juridiction de leur ville.

Id. Charost. . . . . . . Confirmation des priviléges accordés par le seigneur.

1291 Grenade dans l'Armagnac. . . . . Concession de libertés.

1292 St.-André en Languedoc . . . . . *Idem.*

1293 Breteuil . . . . . . Confirmation de priviléges.

Id. Lille. . . . . Défense aux sénéchaux et baillis d'arrêter les bourgeois ou de saisir leurs biens pour désobéissance au comte de Flandre.

Id. Bourges. . . . . . Confirmation de priviléges.

1294 Lille. . . . . Ordre aux juges royaux d'empêcher que les bourgeois soient mis en cause devant des juges ecclésiastiques pour affaires temporelles.

1296 *Id.* . . . . Exemption de taxes.

1296 Douai . . . . Exemption de taxes.

Id. Gand . . . . Rétablissement de l'autorité des trente-neuf magistrats de Gand.

Id. Lille. . . . . Le roi s'engage à protéger les habitans contre leur comte.

Id. Id. . . . . Le roi prend la ville sous sa sauve-garde.

Id. Douai . . . . *Idem.*

Id. Id. . . . . Confirmation de priviléges.

Id. Bruges, Gand,
Ypres, Douai,
Lille. . . . . . . Défense aux habitans de porter les armes hors du royaume sans l'exprès commandement du roi.

Id. Douai . . . . Confirmation de priviléges.

Id. Laon. . . . . Rétablissement de la commune de Laon.

Id. Douai. . . . . . . Confirmation de priviléges.

Id. Tournai. . . . . . . Confirmation de quelques anciennes coutumes.

1297 Orchies . . . . . . Confirmation des chartes concédées par les comtes de Flandre.

Id. Toulouse . . . . . Confirmation des priviléges des bourgeois en fait d'acquisition des biens nobles.

1300 Toul. . . . . Le roi prend la ville sous sa sauve-garde.

1302	St.-Omer	Confirmation des chartes concédées par les comtes d'Artois.
1303	Toulouse	Lettres sur la juridiction des consuls.
Id.	Id.	Concession de divers priviléges.
Id.	Id.	Lettres sur la juridiction des officiers de la ville.
Id.	Beziers	Exemption de certains droits.
Id.	Toulouse	Réglement sur la sénéchaussée.
Id.	Beziers, Carcassonne.	Le roi ordonne aux sénéchaux et viguiers de jurer les Etablissemens de St.-Louis.
1304	Orchies	Confirmation de priviléges.
1308	Charroux	Concession de libertés à ceux qui viendront s'y établir.
1309	Bucy, Treny, Margival, Croy et autres lieux.	Confirmation des priviléges accordés par les comtes et les évêques de Soissons.
Id.	L'Isle en Périgord.	Le roi fixe les coutumes et priviléges sur lesquels les habitans et leur seigneur étaient en débat.
Id.	Rouen.	Le roi remet aux bourgeois quelques droits qu'il s'était réservés en leur rendant leurs priviléges.
Id.	Id.	Confirmation de la charte de Philippe-le-Hardi sur la juridiction du maire et des bourgeois.

1309 Rouen. . . . . . . Confirmation de priviléges.

Id. Gonesse . . . . . . Exemption de certaines charges.

1311 Clermont - Montferrand. . . . . . Le roi annulle la cession par lui faite de cette ville au duc de Bourgogne, vu que les consuls, les bourgeois et les habitans ne peuvent ni ne doivent être distraits de la couronne.

Id. Douai. . . . . . . Confirmation de priviléges et transactions.

1313 Montolieu. . . . . Confirmation de priviléges.

1314 Douai. . . . . . . Déclaration que les actes de juridiction exercés à Douai par les officiers royaux, pendant la guerre de Flandre, ne porteront aucune atteinte à ses priviléges.

LOUIS X, DIT LE HUTIN. — 1314-1316.

(6.)

1315 *De Aspreriis.* . . . Confirmation de la charte de Raimond VI.

Id. Orchies . . . . . . Confirmation de priviléges.

Id. Montreuil-sur-Mer. Le roi la prend sous sa protection.

Id. Verdun . . . . . . *Idem.*

Id. Douai. . . . . . . Confirmation de priviléges.

1315 Douai. . . . . . . Le roi déclare que, s'il n'a pas prêté en personne le serment que prêtaient les comtes de Flandre à la ville, lors' de leur avénement, ses libertés et privilèges n'en souffriront point.

PHILIPPE V, DIT LE LONG. — 1316-1322.

(11.)

1316 Laon. . . . . Confirmation de la commune de Laon.

Id. Gonesse . . . . . . Exemption de certaines charges.

Id. Clermont — Montferrand. . . . . Confirmation de l'ordonnance de Philippe-le-Bel (1311).

1317 Orchies . . . . . . Confirmation de priviléges.

1318 Figeac. . . . . . . Établissement de la commune.

Id. St.-Omer . . . . . Plusieurs confirmations de priviléges.

Id. Tournai. . . . . . Classement de la commune dans le bailliage de Vermandois.

1319 St.-Paul de Cadajoux. . . . . . . Établissement de la commune.

1320 St.-Omer.. . . . . Confirmation de priviléges.

Id. Montargis et bourgs voisins.. . . . . . *Idem.*

Id. Tournai. . . . . . *Idem.*

CHARLES IV, DIT LE BEL. — 1322-1328.

(17.)

1321	Clermont - Montferrand	Confirmation de l'ordonnance de Philippe-le-Bel (1311).
1322	Saint - Rome, en Rouergue	Établissement de la commune.
Id.	Gonesse	Exemption de certaines charges.
1323	Orchies	Confirmation de priviléges.
Id.	St.-Omer	Idem.
1324	Toulouse	Permission aux habitans d'acquérir des biens nobles sous certaines conditions.
Id.	Fleuranges	Concession de priviléges faite par Charles de Valois, lieutenant du roi en Languedoc.
1325	Riom	Confirmation de priviléges.
Id.	Niort	Charles confirme comme roi les lettres qu'il avait données comme comte de la Marche, sur les priviléges de Niort.
Id.	Soissons	Il accorde à la ville d'être gouvernée par un prévôt du roi, en conservant ses libertés et franchises communales, sauf la juridiction.
Id.	Villes de Norman-	

die, dites *batci-*
ces [1]. . . . . Le roi les exempte de la taille envers leurs seigneurs.

1326 Servian . . . . . . Sur la réclamation des habitans, le roi déclare que la ville ne sera plus séparée de la couronne.

Id. Vendres. . . . . . *Idem.*

Id. Soissons. . . . . . Classement de la ville dans le bailliage de Vermandois.

1327 Galargues . . . . . Confirmation de priviléges.

Id. Lautrec. . . . . . *Idem.*

Id. Compiègne . . . . Autorisation de sonner le beffroi en cas de meurtre ou d'incendie, quoique la ville ne soit plus gouvernée en commune.

[1] C'étaient des villes qui n'avaient pas droit de commune, et où il n'y avait ni maire, ni échevins.

II.

ORLÉANS.

Quoique j'aie déjà indiqué [1] la nature et les effets des chartes accordées à la ville d'Orléans, de 1057 à 1281, je crois devoir en donner ici le texte complet. On y verra de quels importans priviléges pouvait jouir une ville qui n'avait pas été formellement érigée en commune et ne possédait point de juridiction indépendante. Ces chartes révèlent aussi toute la confusion de l'état social à cette époque, et combien l'action d'un pouvoir supérieur était nécessaire pour y faire pénétrer quelques règles générales et permanentes.

I.

HENRI Ier. — 1057.

Au nom du Christ, moi Henri, par la grâce de Dieu, roi des Français, je veux qu'il soit connu à tous les fidèles de la sainte église de Dieu, tant présens que futurs, qu'Isembard, évêque d'Orléans, avec le clergé et le peuple à lui commis,

---

[1] Leçon XVIIe, pages 160-165, 173.

est venu vers notre Sérénité, portant plainte à raison d'une coutume injuste qui sembloit être dans cette ville, au sujet de la garde des portes, lesquelles étoient gardées et fermées aux citoyens, au tems de la vendange, et aussi à raison d'une inique exaction de vin que faisoient là nos officiers; nous suppliant instamment et humblement que, pour l'amour de Dieu et pour le salut de notre âme et de l'âme de nos pères, il nous plût remettre à perpétuité, à la sainte Église de Dieu, à lui, au clergé et au peuple, cette coutume injuste et impie. Cédant avec faveur à ladite demande, j'ai remis à perpétuité, à Dieu, audit évêque, au clergé et au peuple, la susdite coutume et exaction; en telle sorte qu'il n'y ait plus là, à l'avenir, aucuns gardes, et que les portes ne soient point fermées, comme c'étoit l'usage, pendant tout ce tems là, et qu'on n'exige de personne et n'enlève à personne son vin; mais que tous aient libre entrée et sortie, et qu'à chacun soit conservé ce qui lui appartient, selon le droit civil et l'équité. Et afin que cette concession demeure ferme et stable à toujours, nous voulons qu'il soit fait le présent témoignage de notre autorité, et nous l'avons confirmé de notre sceau et de notre anneau. Ont apposé leur sceau Isembard, évêque d'Orléans, Henri roi, Gervais, archevêque de Reims, Hugues Bardoulf, Hugues, bouteiller, Henri de Ferrières, Mallbert, prévôt, Hervé, voyer, Herbert, sous-voyer, Gislebert, échanson, Jordan, sommelier. Baudouin, chancelier, a souscrit. Donné publiquement à Orléans, le sixième jour avant les nones d'octobre, l'an de l'Incarnation du Seigneur 1057, et du roi Henri le vingt-septième [1].

---

[1] *Recueil des ordonnances*, etc. t. 1, p. 1.

II.

LOUIS VII. — 1137.

Ou non de Dieu, je Loys, par la grâce de Dieu rois des Franceis et dux d'Aquitanie, fesons à savoir à ceux qui sunt à venir, comme à ceux qui ores sunt, que nous à nos borjois d'Orliens, pour l'engriègemant ¹ de la cité oster, ycetes coutumes qui sunt cy-après escriptes, leur donasmes et leur otroiasmes :

1º La monaie d'Orliens, qui en la mort de nostre père durait et courait, en trestoute notre vie ne muera, ne ne ferons que elle soit muée ne changiée.

2º Ou tiers an par ² la raançon de celle monaye, de chacun muy de vin et de blé de yver deux denières, et de chacun mui de marcesche ³, d'avoine ou d'autre blé de mars, un denier, aussint comme l'on fesait ou tans nostre père, prandrons.

3º Auctorité establismes nous que li prevost, ne nostre sergent, aucun des borjois par devant nous ne semondra, si ce n'est par nostre commandement ou par nostre sénéschal.

4º Quiconque des borjois par nostre semonce vendra à nostre cour, ou por forfet, ou por aucune cause que nous l'aurons fet semondre, se il ne vient fere nostre gré, où ne porra, nous ne le retiendrons mie, se il n'est pris ou prasent forfet ⁴, mais aura licence de s'en raler, et par un

---

¹ *Engriegement*, perte, dommage.
² Pour.
³ Menus grains semés en mars.
⁴ En flagrant délit.

jour demorer en sa meson; et après, lui et ses choses seront en nostre volonté.

5º Encore commandasmes nous à tenir que notre prevost, par aucun sergent de sa meson et de sa table, qui sont apelez bedeaus ou accuseurs, contre aucun des borjois ne puisse faire nules dareson [1].

6º En aprez establismes que se aucun des borjois, son sergent de sa meson ou de sa table, qui il loerra, ferra ou le battera [2], que il n'en face amande à nostre prevost.

7º Encores nostre père à la Pâque prochaine, devant sa mort, avait otroié que il, ne ses sergens, nulles mains mortes ne requerraient, qui devant sept ans arrières trespasséz avendraient; et nous iceque nostre père avait otroié en remission de la soue âme, otroiasmes.

8º Encore par ce que nostre sergent gravaient et raembaient [3] les borjois, pour ce que il les leur metayent sus que à la mort nostre père que ils avaient acoustumé jurée, et il borjois juraient que ils n'avoient pas ce fet; et nous iceplet lessâmes tout ester. Einsint que nous, ne nos sergens, por cette chose, rien d'aus ne requerrons.

Et por que ce ne puisse estre affacié [4], ou par aucune manière, à ceux qui vendront après nous, depetié [5] et deconfermé, nous confermasmes cet ecrit de l'autorité de nostre nom et de nostre seel.

Ce fut fet à Paris devant tous, en l'an de l'Incarnation

---

[1] Déraison, injustice, tort.

[2] Si quelque bourgeois vient à frapper ou battre quelqu'un de ses serviteurs, gens de louage.

[3] Rançonnaient.

[4] Effacé.

[5] Dépecé, mis en pièces, annulé.

de notre Seigneur 1137 ans, de nostre règne le quint an.

Et si y estoient en nostre palais, Raou nostre chambellan, Guillaume le bouteiller, et Hue le connestable, et fut baillié par la main Augrin, le chancellier [1].

III.

LOUIS VII. — 1147.

Loys, roy des Franceis et dus d'Aquitaine. Nous egardasmes que la royal hautece espiritel est plus grandre que n'est la seculière, et que l'en se doit mout atremper [2] vers ses sougies [3]. Nous, pour la pitié de celuy qui ot pitié de son pleuple, oge [4] pitié de mes hommes d'Orliens, ou ge avoie le plus et le mains la main-morte. Ge vous ay otroiée la main por la remède de l'âme de nostre père et de la nostre, et de nos ancesseurs, que nous celle coustume que nous aveons en la cité d'Orliens et dehors et par tout l'avesque [5], donasmes à tous nos homes de tout en tout; et octroiasmes par la présente page de notre séel, en toutes menières, que cette coustume que par nous ne par nos successeurs desorèsenavant ne sera demandée. Et que ce fut ferme et estable à tousjours, et que ce ne fut dépécié, nous commandasmes de notre nom et le fismes garnir de l'authorité de notre séel. Ce fut fet à Orliens en l'an de nostre Seigneur M. C. XLVII, ou douziesmes ans de nostre règne. Et si estait en nostre palés Raou nostre cham-

[1] *Recueil des ordonnances*, etc. t. XI, p. 188.
[2] Pour *atemprer*, adoucir, tempérer.
[3] Sujets.
[4] Ai-je.
[5] L'évêché.

bellant, Guillaume le boteiller, Macie le chamberier, Macie le connestable. Et furent en la donate [1], l'Evesque Menessier d'Orliens, Pierre de la cour de Rogier, Abbez Saint Yverte, et par la main Cadurc le chancelier [2].

IV.

LOUIS VII. — 1178 [3].

Au nom de la sainte Trinité, Louis par la grâce de Dieu roi des Français. Remarquant à Orléans certaines coutumes à abolir, et désirant pourvoir aux intérêts de nos bourgeois et au salut de notre âme, nous abolissons lesdites coutumes. Or voici les coutumes à abolir :

1° Tout homme étranger, suivant ou requérant à Orléans le payement de sa créance, ne paiera pour cela aucune taxe.

2° D'un homme étranger apportant sa marchandise à Orléans pour la vendre, ni pour l'exposition, ni seulement pour le prix indiqué de sa marchandise, on n'exigera aucune taxe.

3° Pour le titre d'une dette de cinq sous, s'il est nié, que l'on n'ordonne pas le combat entre deux hommes.

4° Si quelqu'un au premier jour n'a pas le garant désigné par lui, il ne doit pas pour cela perdre son procès,

---

[1] Furent présens à la donation.
[2] *Recueil des ordonnances*, t. XI, p. 196.
[3] C'est une question de savoir si cette charte appartient à l'année 1168 ou à l'année 1178; et on la trouve sous ces deux dates dans le *Recueil des ordonnances*. Mais l'original de la charte porte le chiffre 1178, et c'est celui qui paraît le plus probable.

mais il lui sera permis de le produire, au jour convenable.

5° Aucun homme ayant société avec un autre homme pour le paiement du droit d'audiences, n'acquittera toute la taxe, mais seulement la part qui lui échet.

6° Que les taverniers et crieurs de vins n'achètent pas du vin à Orléans, pour l'y revendre dans une taverne.

7° Nul homme faisant société avec un clerc ou un chevalier, pour une affaire appartenant à la société, ne paiera toute la taxe, mais seulement la part qui lui échet, pourvu que le clerc ou le chevalier ait prouvé que ledit homme fait société avec lui.

8° Que les conducteurs de ceux qui achètent des vins soient renvoyés.

9° Les regratiers n'achèteront pas des vivres dans la banlieue, pour les vendre à Orléans.

10° Le prévôt et les forestiers ne saisiront pas les charrettes dans la banlieue.

11° Les charrettes exposées à la porte Dunoise, pour y vendre des vivres, ne seront pas remplies une seconde fois; mais quand les vivres seront vendus, elles seront retirées, et céderont la place aux survenans.

12° Nul n'achètera de pain à Orléans pour l'y revendre.

13° Le garde de la mine de sel ne prendra que deux deniers pour le loyer de la mine.

14° Des hommes de Meún et de Saint-Martin sur Loiret, nul n'exigera de redevance pour la rançon de leur baillie.

15° Du droit de brenage sera retranché ce qui y a été ajouté de notre temps, et il en sera comme il était au temps de notre père.

15° La série des coutumes que nous avons abolies étant ainsi énumérée, nous avons décrété, et nous confirmons ce décret par le présent écrit, et par l'autorité de notre sceau, et par notre nom royal, ci-dessous apposé; nous défendons à jamais que personne ose rétablir sur ceux d'Orléans aucune des coutumes ci-dessus relatées. Fait à Paris, l'an MCLXVIII de notre Seigneur. Assistaient en notre palais le comte Thibaut, notre sénéchal; Gui le bouteiller; Renaud le chambrier; Raoul le connétable. Donné par les mains de Hugues second, chancelier [1].

V.

LOUIS VII. — 1178.

Au nom de la sainte et indivisible Trinité, Louis par la grâce de Dieu, roi des Français. Informé de certaines coutumes à abolir dans Orléans, et voulant pourvoir au bien de nos bourgeois et au salut de notre âme, nous les avons miséricordieusement abolies. Celles-ci sont les coutumes abolies :

1° Que nul n'exige de droit de péage à Rebrechien [2] ni à Loury [3], sinon le même qui est exigé à Orléans;

2° Que nul ne soit contraint de louer nos étaux au marché;

3° Que les droits d'avenage et de mestive [4] perçus à Mareau-au-Bois et à Gommiers [5] soient abolis;

---

[1] *Recueil des ordonnances,* t. 1, p. 15; t. XI, p. 209.
[2] Village sur la Loire, à trois lieues d'Orléans.
[3] Village à cinq lieues d'Orléans.
[4] Redevance en avoine et en blé mêlé.
[5] Villages des environs d'Orléans.

4° Que nulle charrette ne soit prise pour amener les vins de Chanteau ¹;

5° Que nul vendant son vin à Orléans ne soit contraint de donner de l'argent pour le droit du roi par bouteille, mais qu'il donne du vin en bouteilles, s'il aime mieux.

6° A la tête du pont, le gardien du châtelet ne pourra prendre le droit de foin sur les charrettes, à moins que le foin n'appartienne à ceux qui l'ont fauché.

7° Nul marchand ayant déchargé ses marchandises à Orléans sans permission du prévôt, ne pourra être, à raison de ce, traduit en justice tant qu'il séjournera dans Orléans.

8° Les marchands étrangers venus à Orléans pour la foire de mars ne seront contraints de tenir la foire;

9° Que nul, à Germigny ² et à Chanteau, ne paie les droits de moutonnage et de fretennage ³, si ce n'est ceux qui cultivent nos terres;

10° Que chaque charretée, dans le bailliage de Saint-Martin sur Loiret, ne paie plus que quatre hémines de seigle.

Et afin que les choses ci-dessus ne puissent être rétractées à l'avenir, nous avons fait confirmer la présente charte par l'autorité de notre sceau et l'apposition du nom royal. Fait à Étampes, l'an de l'Incarnation du Seigneur 1178ᵉ. Présens dans notre palais ceux dont suivent les noms et les sceaux : comte Thibaut notre sénéchal; Guy bouteiller; Renaud chambrier; Raoul connétable 4.

---

¹ Village à deux lieues d'Orléans.
² Village au bord de la forêt d'Orléans.
³ Droits sur la vente des moutons et le nourrissage des cochons.
4 *Recueil des ordonnances*, t. XI, p. 209-211.

VI.

LOUIS VII. — 1180.

Au nom de la sainte et indivisible Trinité, amen. Louis, par la grâce de Dieu, roi des Français, sachant quelle a toujours été la miséricorde de Dieu envers nous et notre royaume, et combien sont innombrables ses bienfaits, nous la reconnaissons et l'adorons humblement, sinon autant que nous le devons, du moins avec toute la dévotion qui est en notre pouvoir. A ce donc incité par la piété et la clémence royale, pour le salut de notre âme, et de celle de nos prédécesseurs, et de celle de notre fils Philippe roi, nous affranchissons et déchargeons à perpétuité de tout lien de servitude, tous nos serfs et serves, dits gens de corps, qui habitent à Orléans ou dans les faubourgs, bourgs et hameaux jusqu'à la cinquième lieue, quelle que soit la terre qu'ils habitent, savoir Meûn, Germigny, Cham et autres dépendans de la prévôté d'Orléans; ainsi que ceux de Chesy, Saint-Jean-de-Bray, Saint-Martin sur Loiret et outre Loire, Saint-Mesmin et autres hameaux, et ceux de Neuville, Rebrechien, et le Coudray [1]; tant eux que leurs fils et leurs filles; et nous voulons qu'ils demeurent libres comme s'ils étaient nés libres; c'est-à-dire que ceux qui se trouveront dans les districts et lieux ci-dessus désignés avant Noël prochain et après le couronnement de notre fils Philippe, jouiront de cette liberté; mais si d'autres de nos serfs affluaient d'ailleurs vers lesdits lieux, pour cause d'affranchissement, nous les en décla-

---

[1] Tous ces villages sont aux environs d'Orléans.

rons exceptés. Et afin que lesdites choses demeurent à perpétuité, nous avons fait confirmer la présente charte par l'autorité de notre sceau et l'apposition du nom royal. Fait en public à Paris, l'an de l'Incarnation du Seigneur 1180°. Présens dans notre palais ceux dont les noms suivent : comte Thibault notre sénéchal; Gui, bouteiller; Renault, chambrier; Raoul, connétable. Donné par la main de Hugues second, chancelier [1].

VII.

PHILIPPE-AUGUSTE. — 1183.

Au nom de la sainte et indivisible Trinité, amen. Philippe par la grâce de Dieu, roi des Français. Il appartient à la clémence du roi d'épargner ses sujets avec un cœur miséricordieux, et de secourir généreusement ceux qui sont accablés sous un pesant fardeau. Nous faisons savoir à tous présens et à venir que, dans la pensée de Dieu et pour le salut de notre âme et de l'âme de notre père, Louis d'heureuse mémoire, et de nos prédécesseurs, nous voulons et ordonnons que tous les hommes qui demeurent et demeureront à Orléans et dans le bailliage de Saint-Martin, et dans le bailliage de Saint-Jean, au Coudray, à Rebrechien et à Germigny, soient dorénavant libres et exempts de toute taxe et taille; leur accordant en outre que nous ne les ferons pas aller au plaid dans un lieu plus éloigné qu'Étampes, Yèvre le Chatel ou Lorris; et nous

---

[1] *Recueil des ordonnances*, t. XI, p. 214. Cette charte fut confirmée, dans la même année et probablement au même moment, par une charte semblable de Philippe-Auguste (*Ibid.* p. 215).

ne saisirons ni eux ni leurs biens, ni leurs femmes, ni leurs fils, ni leurs filles, et ne leur ferons aucune violence, tant qu'ils voudront accepter et accepteront le jugement de notre cour; nul d'entre eux ne nous paiera, pour aucun méfait, une amende de plus de soixante sous, excepté pour vol, rapt, homicide, meurtre ou trahison; ou bien dans le cas où il aurait enlevé à quelqu'un le pied, ou la main, ou le nez, ou l'œil, ou l'oreille, ou quelqu'autre membre. Et si quelqu'un d'eux est assigné, il ne sera pas tenu de répondre à notre assignation avant huit jours. Or nous leur faisons toutes ces concessions à la condition que tous ceux à qui nous accordons cette grâce, et que nous pouvions ou pourrions tailler, dorénavant chaque année, sur chaque setier de vin ou de blé qu'ils auront, tant de blés d'hiver que de menus grains de mars, quels qu'ils soient, nous paieront deux deniers. Mais nous faisons savoir que la taxe de deux ans sur le blé et le vin ainsi recueillie, laquelle taxe est nommée vulgairement taille du pain et du vin, sera pour l'acquittement de toute taxe et taille, et pour les coutumes ci-dessus citées que nous leur avons remises; et la taxe de toute troisième année sera pour le maintien de la monnaie; et en cette troisième année les hommes autres que ceux à qui nous accordons les franchises ci-dessus relatées, à savoir ceux qui ne nous devaient pas de taille, excepté la taille du pain et du vin pour la monnaie, nous paieront cette taille du pain et du vin pour le maintien de la monnaie, de la même manière qu'ils l'ont toujours fait; à savoir, sur chaque setier de vin et de blé d'hiver, deux deniers; sur chaque setier de menus grains de mars, un denier. Or tous les ans nous enverrons à Orléans un des gens qui nous servent en notre maison, et qui, avec nos autres sergens dans la ville et dix bons bourgeois, que les bourgeois de la ville éliront en commun, recueillera tous les ans cette taille du pain et du vin. Et ceux-ci chaque année jureront qu'ils lèveront cette taille de bonne foi, et qu'ils n'en allégeront personne par affection, ou ne le surchargeront par haine. Et afin que toutes ces concessions demeurent perpétuellement et soient à jamais maintenues inviolablement tant par nous que par les rois de France nos successeurs, nous confirmons le présent écrit de l'autorité de notre sceau et de l'apposition du nom royal. Fait à Fontainebleau, l'an de l'Incarnation de notre Seigneur 1183° et de notre règne le quatrième. Assistant dans notre palais ceux dont les noms et sceaux sont ci-dessous apposés : comte Thibaut notre sénéchal; Gui le bouteiller; Mathieu, chambellan; Raoul, connétable [1].

[1] *Recueil des ordonnances*, t. XI, p. 206. Cette charte fut confirmée, en 1281, par une charte semblable de Philippe-le-Hardi (*Ibid.* p. 357).

III.

ÉTAMPES.

ORLÉANS vient de faire voir quels pouvaient être les priviléges et les développemens progressifs d'une ville qui n'était point érigée en commune proprement dite. ÉTAMPES va montrer combien peu de place tenait quelquefois une charte de commune dans l'existence d'une ville, et comment elle pouvait la perdre sans perdre, tant s'en faut, tous ses avantages et toutes ses libertés.

Je ne conclurai point d'avance; je ne résumerai point les faits avant de les avoir présentés. Je veux rapporter les divers actes dont, à divers titres, Étampes a été l'objet, de la part des rois de France, du xie au xiiie siècle. On verra ce qu'était vraiment alors une ville; en quoi consistaient, comment se formaient les priviléges de ses habitans, et combien est fausse l'image historique que nous en offrent presque toujours ceux qui en parlent.

En 1082 le roi Philippe Ier veut se montrer favorable aux chanoines de Notre-Dame d'Étampes, comme l'avaient fait ses aïeux les rois Robert et Henri Ier, et il leur accorde cette charte :

Au nom de la sainte et indivisible Trinité, Philippe, par la grâce de Dieu, roi des Français. Il est juste et très-digne de la sévérité royale de gouverner avec modération les affaires séculières, et bien plus encore de porter constamment sur les affaires ecclésiastiques des regards de religion et de piété, afin que rien ne demeure mal ordonné dans notre république; comme aussi d'observer fermement, et d'affermir en l'observant, ce qui a été concédé soit par nos prédécesseurs, soit par nous-mêmes. Faisons donc savoir aux fidèles de la sainte Église, présens et à venir, que les chanoines de Sainte-Marie d'Étampes sont venus vers N. M., nous suppliant de leur accorder et confirmer à perpétuité les droits et usages à eux accordés et abandonnés par nos prédécesseurs le roi Robert notre ayeul, et le roi Henri, notre père......... Lesquels droits possédés par ladite église sont ainsi qu'il suit :

Que lesdits chanoines donnent, à ceux d'entre eux qu'ils éliront, les offices de ladite église, tels que les offices de prévôt, chevecier et chantre; et qu'ils aient et possèdent tout ce qui appartient à ladite église; sauf à la fête de sainte Marie, au milieu du mois d'août, où leur abbé aura, de none à none, des droits ainsi réglés : Les chanoines auront les pains et les essuye-mains; mais quant aux autres menues offrandes, la cire, les deniers, l'or et l'argent, s'il en est offert, l'abbé les recevra et les aura. En outre celui qui, de la part de l'abbé, gardera l'autel pendant la fête, vivra du pain de l'autel; et le chevecier institué par les chanoines recevra, sur l'offrande commune, le vin et autres denrées nécessaires pour vivre ledit jour :....... *Que sur les terres des chanoines qui appartiennent à l'église, nos officiers n'exercent point de juridiction ni exaction quelconque, et qu'ils ne prennent violemment nul droit de logement dans leurs maisons........* Ayant reçu, à leur demande et prière, et en signe de charité, vingt livres desdits chanoines, nous avons fait écrire ce mémorial de notre concession et l'avons fait confirmer par l'autorité de notre sceau et l'apposition de notre nom. Témoins de la présente constitution, etc., etc. (*Suivent les noms de quatorze officiers du roi ou témoins laïques, et de vingt-neuf ecclésiastiques ou chanoines.*) Donné publiquement, dans notre palais, à Étampes-la-Neuve, l'an de l'incarnation du Verbe 1082e; du règne de Philippe, roi des Français, le 23e. — GRIFFIED, évêque de Paris, a relu et soussigné [1].

Indépendamment de ce qui touche les chanoines eux-mêmes, voilà les habitans des terrains qui leur appartiennent, dans Étampes même ou dans son territoire, affranchis de toute juridiction, de toute exaction des officiers royaux, et entre autres de cette obligation de logement, source de tant d'abus.

Peu après, le même roi Philippe fait vœu,

---

[1] *Recueil des ordonnances*, t. XI, p. 174.

on ne sait pas bien pourquoi, d'aller le casque en tête, la visière baissée, l'épée au côté, la cotte d'armes sur le dos, visiter le Saint-Sépulcre à Jérusalem, de laisser ses armes dans le temple, et de l'enrichir de ses dons; mais les évêques et les grands vassaux, consultés, s'opposent, dit-on, à cette absence du roi, comme dangereuse pour son royaume. Probablement Philippe lui-même n'était pas pressé d'accomplir son vœu. Un de ses fidèles d'Étampes, un homme de sa maison, Eudes, maire du hameau de Challou-Saint-Mard (Saint-Médard), offrit de faire le voyage pour le roi, armé de toutes pièces, comme Philippe l'avait promis. Il employa deux années à ce pesant pélerinage, et revint après avoir déposé ses armes dans le temple du Saint-Sépulcre, où elles demeurèrent assez longtemps en vue, avec un tableau d'airain où le vœu et le voyage étaient racontés. Avant le départ d'Eudes, le roi prit sous sa garde ses six enfans, un fils nommé Ansold et cinq filles; et à son retour, en mars 1085, il leur donna, en récompense, tous les droits et priviléges contenus dans la charte suivante :

Faisons savoir qu'Eudes, maire de Challou, par l'inspiration divine et du consentement de Philippe, roi de France, dont il était serviteur, est parti pour le Sépulcre du Seigneur, et a laissé dans la main et sous la garde dudit roi, son fils Ansold et ses cinq filles. Et ledit roi a reçu et conservé ces enfans en sa main et sous sa garde. Et il a concédé à Ansold et à ses cinq sœurs susdites, filles d'Eudes, pour l'amour de Dieu, et par seule charité, et par respect pour le Saint-Sépulcre, que tout héritier mâle, issu de lui ou d'elles, qui viendra à épouser une femme soumise au roi par le joug de la servitude, il l'affranchira par ledit mariage et la dégagera du lien de la servitude. Et si des serfs du roi épousent des femmes de la descendance des héritiers d'Eudes, elles seront, ainsi que leurs descendans, de la maison et domesticité du roi. Le roi donne à garder en fief, aux héritiers d'Eudes et à leurs héritiers, sa terre de Challou avec ses hommes; de telle sorte qu'à raison de ce, ils ne soient tenus de paraître en justice devant aucun des serviteurs du roi, mais devant le roi lui-même, et qu'ils ne payent aucun droit dans toute la terre du roi. Le roi ordonne en outre, à ses serviteurs d'Etampes, de garder la chambre de Challou [1], vu que les gens de Challou doivent faire la garde à Etampes, et que, leur chambre y étant établie, ils y feront meilleure garde. Et afin que lesdites franchises et conventions demeurent fermes et stables à toujours, le roi en a fait faire le présent mémorial qu'il a fait sceller de son sceau et de son nom, et confirmer, de sa propre main, par la croix sainte. Présens dans le palais ceux dont les noms et les sceaux suivent : Hugues, sénéchal

---

[1] On appelait *camera* le lieu où se conservaient les titres et actes concernant les droits du roi et de la couronne. (Fleureau, *Antiquités d'Étampes*, p. 83.)

de l'hôtel; Gaston de Poissy, connétable; Pains, d'Orléans, chambellan; Guy, frère de Galeran, chambrier. Fait à Étampes, au mois de mars, dans le palais, l'an de l'incarnation 1085e; du règne du roi le 25e. Ont assisté à la présente franchise, pour en témoigner la vérité, Anselin, fils d'Arembert; Albert de Bruncoin, Guesner, prêtre de Challou; Gérard, doyen; Pierre, fils d'Erard.......... et Haymon, son fils [1].

Voilà donc une famille d'Étampes et ses descendans investis des plus importantes franchises, en possession d'affranchir par mariage, de n'être jugés que par le roi lui-même ou ses officiers les plus proches, de ne payer aucun subside, taille, péage, etc. Et moins de deux cents ans après, saint Louis, en déclarant les descendans d'Eudes de Challou Saint-Mard exempts du guet de la ville de Paris, dit qu'ils sont au nombre de plus de trois mille. Et on en comptait encore deux cent cinquante-trois en 1598, lorsque le président Brisson fit attaquer leur privilége, dans un accès d'humeur contre les habitans d'Étampes qui, l'étant allés visiter dans sa maison de Gravelle, ne lui avaient pas rendu tous les honneurs qu'il prétendait. Et ce privilége

---

[1] *Les Antiquités de la ville et du duché d'Étampes*, par Fleureau, p. 78.

dura cinq cent dix-sept ans, car il ne fut aboli qu'en 1602, par arrêt du parlement de Paris [1].

Il y avait près d'Étampes, à Morigny, une grande et riche abbaye de l'ordre de Saint-Benoît, formée par un démembrement de l'abbaye de Fleix ou Saint-Germer, près de Beauvais. En 1120, Louis VI accorda, aux moines de Morigny, divers priviléges, parmi lesquels se trouve celui-ci :

Les tenanciers [2] qui, dans la ville d'Étampes, ont été ou seront donnés aux moines du saint monastère de Morigny, nous paieront les mêmes droits qu'ils avaient coutume de nous payer lorsqu'ils étaient en des mains laïques, à moins que remise ne leur en soit faite par nous ou nos successeurs.

Nous accordons à tous les tenanciers des moines, en quelque lieu qu'ils résident, que notre prévôt, non plus qu'aucun homme de quelque autre seigneurie, n'exerce sur eux aucune juridiction, à moins que les moines ne manquent d'en faire justice, ou qu'ils ne soient pris en flagrant délit, ou qu'ils n'aient rompu le ban ou la banlieue [3].

Louis VI résidait souvent à Étampes. Les ha-

---

[1] Fleureau, *Antiquités de la ville et du duché d'Étampes*, p. 77-91.

[2] *Hospites*, c'est-à-dire les habitans de maisons tenues en censive.

[3] *Recueil des ordonnances*, t. XI, p. 179.

bitans du *marché Neuf,* dit plus tard *marché Saint-Gilles,* étaient tenus, quand le roi venait dans cette ville, de le fournir, lui et sa cour, de linge, de vaisselle et d'ustensiles de cuisine. Cette charge semblait si onéreuse que peu de gens s'établissaient dans ce quartier et qu'il demeurait presque désert. En 1123, Louis voulut y attirer des habitans, et publia dans ce dessein la charte suivante :

Au nom de la sainte et indivisible Trinité, Louis, par la grâce de Dieu, roi des Français, je veux faire savoir à tous mes fidèles présens et à venir, qu'à ceux qui habitent ou habiteront dans notre marché Neuf à Etampes, nous accordons ce privilége pour dix ans, à partir de la fête de saint Remi, qui aura été dans la 17e année de notre règne [1].

1° Nous leur accordons, dans les limites dudit marché, de rester libres et exempts de tout prélèvement, taille, service de pied et chevauchée.

2° Nous leur concédons aussi de ne pas payer d'amende pour une assignation ou une accusation mal fondée.

3° Pour les mêmes, nous réduisons en outre et à toujours, les amendes de soixante sous à cinq sous et quatre deniers; et le droit et amende de sept sous et demi à seize deniers.

---

[1] Deux ans environ après la date de cette ordonnance. Louis-le-Gros était monté sur le trône en 1108.

4° Nul désormais ne paiera le droit de minage que le jeudi.

5° Tout homme appelé à prêter serment dans une affaire quelconque, s'il refuse de jurer, n'aura point à se racheter du serment.

6° Tous ceux qui amèneront dans notre marché susdit, ou dans les maisons des tenanciers établis dans ce même marché, du vin ou des vivres, ou toute autre chose, seront libres et tranquilles avec toutes leurs denrées, également durant leur venue, leur séjour et leur retour, de telle sorte que, pour leur méfait ou celui de leurs maîtres, nul ne pourra les saisir ou les inquiéter, à moins qu'ils ne soient pris en flagrant délit.

Nous leur accordons ces priviléges à toujours, sauf l'exemption des prélèvemens, service de pied, chevauchée et tailles, dont ils ne jouiront que dans les limites ci-dessus fixées. Et pour que ladite concession ne puisse tomber en désuétude, nous l'avons fait mettre par écrit; et afin qu'elle ne soit pas infirmée par nos descendans, nous l'avons confirmée par l'autorité de notre sceau et l'apposition de notre nom. Fait à Étampes publiquement, l'an de l'incarnation du Verbe 1123e, et de notre règne le 16e. Assistant en notre palais ceux dont les noms et les sceaux sont ci-dessous apposés : Etienne, sénéchal; Gilbert, bouteiller; Hugues, connétable; Albert, chambellan, et Etienne, chancelier [1].

Les habitans du marché Saint-Gilles formèrent dès-lors, au milieu d'Étampes, une corpo-

---

[1] *Recueil des ordonnances*, tom. XI, p. 183.

ration distincte qui eut sa charte et ses franchises particulières.

En 1137, Louis VII accorda « à tous les hommes d'Étampes, tant chevaliers que bourgeois, » une charte portant :

Au nom de la sainte et indivisible Trinité, amen. Moi Louis, roi des Français et duc des Aquitains, voulons faire connaître à tous nos fidèles présens et à venir, que nous avons accordé à tous les hommes d'Étampes, tant chevaliers que bourgeois, sur leur humble pétition et le conseil de nos fidèles, les choses qui suivent :

1° De toute notre vie, nous ne changerons, ni n'altérerons, d'aloi ni de poids, et ne laisserons altérer par personne la monnaie présente d'Étampes, qui y circule depuis le décès de notre père, tant que les chevaliers et les bourgeois d'Étampes, tous les trois ans, à partir de la Toussaint, nous donneront pour le rachat de ladite monnaie, cent livres de cette même monnaie. Et si eux-mêmes s'aperçoivent que cette monnaie est falsifiée ou altérée de quelque autre façon, nous, sur leur avertissement, nous veillerons à ce qu'elle soit éprouvée et essayée. Et si elle a été falsifiée ou altérée, nous ferons justice du falsificateur ou altérateur, selon le conseil des chevaliers et bourgeois d'Étampes. Or, Luc de Malus, chevalier d'Étampes, par notre ordre et en notre lieu et place, a juré par serment que nous leur tiendrons et observerons ces conditions de la manière ci-dessus énoncée.

2° Nous accordons aussi aux chevaliers et bourgeois d'Étampes, que nul de tous les gens d'Étampes n'aura le droit d'interdire pendant un temps la vente du vin, et que le vin de personne, excepté le nôtre propre, ne sera vendu à Étampes par ban.

3° En outre pour le salut de notre âme, et de l'âme de nos prédécesseurs, nous accordons à jamais aux chevaliers et bourgeois d'Étampes, que le setier de vin que les prévôts d'Étampes, et un setier que les serviteurs et le vicaire des prévôts, après eux, prenaient dans chaque taverne des bourgeois, ne sera plus pris désormais en aucune façon par aucun prévôt ou son serviteur; et nous défendons aux bourgeois eux-mêmes de le leur donner en aucune façon.

4° Nous défendons aussi aux crieurs du vin de refuser, sous aucun prétexte, aux chevaliers, ou aux clercs, ou aux bourgeois d'Étampes, la mesure pour le vin, lorsqu'ils la demanderont; et d'exiger d'eux quelque chose de plus que ce qu'on exigeait autrefois avec justice.

Et afin que ceci soit ferme et stable à toujours, nous avons ordonné qu'il fût écrit et confirmé par l'autorité de notre sceau et l'apposition de notre nom. Fait à Paris, dans notre palais, publiquement, l'an de l'incarnation du Verbe 1137°, et de notre règne le 4°. Assistant dans notre palais ceux dont les noms et les sceaux sont ci-dessous apposés : Raoul, comte de Vermandois, sénéchal; Hugues, connétable; Guillaume, bouteiller. Donné par la main d'Augrin, chancelier [1].

Il ne s'agit plus ici d'une paroisse, ou d'une famille, ou d'un quartier. Les priviléges sont accordés à la ville entière; tous ses habitans,

[1] *Recueil des ordonnances,* t. XI, p. 188.

chevaliers ou bourgeois, établis au marché Saint-Gilles, ou sur les terrains des chanoines de Notre-Dame, en jouiront également.

Mais c'est là le cas le plus rare. Les priviléges accordés à des établissemens spéciaux reviennent bien plus fréquemment. En 1141 et 1147 Louis VII rend, au profit des églises de Notre-Dame et de Saint-Martin d'Étampes, et de l'hôpital des lépreux de la même ville, les deux chartes suivantes :

Au nom de la sainte et indivisible Trinité. Moi Louis, par la grâce de Dieu, roi des Français et duc des Aquitains, voulons faire savoir à tous présens et à venir, que, sur le témoignage des chanoines d'Étampes-la-Vieille, nous avons reconnu pour vrai et certain que Salomon, médecin, ayant reçu du très-noble et très-illustre roi Philippe une terre à Étampes, et l'ayant possédée en propre, l'a donnée et concédée, par une donation pieuse et à charge de prières pour son âme, et avec les mêmes droits et coutumes auxquels il l'avait tenue pendant sa vie librement et tranquillement du roi Philippe ci-dessus nommé, aux deux églises fondées dans ledit lieu d'Étampes ; à savoir, à l'église de Sainte-Marie et à l'église de Saint-Martin, à la connaissance et avec l'approbation dudit roi. C'est pourquoi nous, qui devons à la fois favoriser les églises et tenir immuablement, confirmer et étendre les concessions de nos prédécesseurs, sur le vœu des tenanciers de ladite terre, et sur l'humble pétition desdits chanoines, nous avons aussi accordé et confirmé par notre autorité cette donation, ou pour mieux dire cette aumône, et en outre avons fait écrire dans la présente charte les coutumes de ladite terre, afin qu'on ne lui impose aucune exaction par la suite. Or voici ces coutumes.

1º L'amende de soixante sous est de cinq sous; celle de sept sous et demi est de douze deniers. Pour du sang répandu, une oie vivante; pour avoir tiré l'épée, une poule de deux deniers.

2º Dans l'armée du roi, à l'arrière-ban, les hommes de cette terre doivent envoyer quatre sergens d'armes.

3º Quant au droit de place sur ladite terre, les ministres desdites églises doivent l'exiger le jeudi de chaque semaine; ou s'ils y ont manqué, ils doivent l'exiger le jeudi de la semaine suivante, ou tout autre jour, mais sans aucune poursuite en amende.

4º A la fête de saint Remi, les sergens desdits chanoines doivent percevoir le cens sur chaque maison de ladite terre.

5º C'est une coutume de ladite terre que, si quelqu'un veut avoir plaid avec les tenanciers de ladite terre, dans ses limites, il sera obligé de se soumettre, dans son plaid, à la justice desdits chanoines.

6º Ladite terre est exempte de toute taxe et taille des chanoines [1].

7º Tout ce que dessus Godefroi Sylvestre a confirmé, en notre présence, à Étampes et par serment.

Afin que ceci ne tombe en oubli, nous l'avons fait écrire

---

[1] C'est-à-dire que, lorsque le roi mettait quelque taxe sur les chanoines d'Étampes, ceux-ci ne pouvaient s'en décharger, en tout ou en partie, sur les tenanciers de ce terrain.

et confirmer par l'autorité de notre sceau et l'apposition de notre nom. Fait publiquement à Paris, l'an de l'incarnation du Verbe 1141ᵉ, de notre règne le cinquième. Assistant dans notre palais ceux dont les noms et les sceaux sont ci-dessous apposés : Raoul, comte de Vermandois; notre sénéchal; Guillaume, bouteiller; Mathieu, chambellan; Mathieu, connétable. Donné par la main de Cadurce, chancelier [1].

Moi Louis, par la grâce de Dieu, roi des Français et duc des Aquitains, faisons savoir à tous présens et à venir que nous avons accordé et accordons, aux frères de Saint-Lazare d'Étampes, une foire de huit jours, à tenir chaque année, à la fête de saint Michel, auprès de l'église dudit Saint-Lazare; avec cette franchise que nous n'y retenons pour nous absolument aucun droit, et que nos officiers n'y pourront absolument rien prendre ni arrêter personne, si ce n'est tout larron que nous ne mettons point hors de notre puissance, afin d'en faire due justice. Nous prenons sous notre sauve-garde ceux qui iront à cette foire; et afin que ce soit chose ferme et stable à toujours, etc. [2].

En 1155, le même roi fait cesser un abus qu'avaient introduit, à leur profit, les officiers qui administraient à Étampes en son nom :

Au nom de la sainte et indivisible Trinité, amen. Moi, par la grâce de Dieu, roi des Français. Nos sergens à

---

[1] *Recueil des ordonnances*, t. XI, p. 195.
[2] *Ibidem.*

Étampes, prévôt, vicaire et autres, avaient, sur les bouchers de ladite ville, cette coutume que, lorsqu'ils achetaient d'eux quelque chose, le prix était abaissé du tiers et qu'ils avaient une valeur de douze deniers pour huit, et de deux sous pour seize deniers. Faisons savoir à tous présens et à venir que, pour le salut de notre âme et le bon état de ladite ville, nous abolissons à toujours cette coutume, et ordonnons que nos sergens quelconques traitent avec les bouchers selon la loi commune à tous, de telle sorte que ni prévôt, ni vicaire, ni autres sergens n'aient, en achetant, aucune supériorité ni avantage sur les autres bourgeois. Et afin que ceci demeure ferme et stable à toujours........ nous l'avons fait munir de notre sceau et de notre nom. Fait en public à Paris, l'an de l'incarnation du Seigneur 1155ᵉ. Présens dans le palais ceux dont les noms et les sceaux suivent : comte Thibaut notre sénéchal ; Guy, bouteiller ; Mathieu, chambrier ; Mathieu, connétable. Donné par la main de Hugues, chancelier[1].

En 1179, il rend, sur la police et l'administration d'Étampes, un réglement général conçu en ces termes :

Au nom de la sainte et indivisible Trinité, amen. Moi Louis, roi des Français, afin de pourvoir au salut de notre âme, nous avons cru devoir abolir de mauvaises coutumes qui, dans la durée de notre règne, ont été introduites à

---

[1] *Recueil des ordonnances*, t. XI, p. 200.

Étampes, à notre insu, par la négligence de nos sergens. Transmettant donc notre statut à la mémoire de tous présens et à venir, nous ordonnons :

1° Que quiconque voudra puisse librement acheter la terre dite *Octave* [1], sauf nos droits accoutumés; et que pour cela l'acheteur ne devienne pas notre serf;

2° Que nul n'achète de poissons à Étampes, ni dans la banlieue, pour les revendre à Étampes, excepté les harengs salés et les maquereaux salés;

3° Que nul n'achète de vin à Étampes pour le revendre dans la même ville, excepté à l'époque de la vendange;

4° Que nul n'y achète du pain pour l'y revendre;

5° Que nul homme habitant hors des limites du marché ne soit arrêté à raison du droit de place, tant qu'il sera dans lesdites limites;

6° Qu'il soit permis à tout homme tenant notre droit de voirie à ferme, de faire une porte ou une boutique dans sa maison, sans la permission du prévôt;

7° Que personne ne puisse exiger quelque prix pour le prêt de la mine, sauf notre droit de minage;

8° Qu'il ne soit permis en aucune façon au prévôt d'Étampes d'exiger d'un citoyen la remise de gages pour un duel qui n'aura pas été décidé par jugement.

9° Les hommes d'Étampes pourront faire garder leurs vignes à leur volonté et pour le bon ordre, sauf la récom-

---

[1] Il y avait, dans le territoire d'Étampes, des terres qui portaient le nom d'*octaves*, et dont les possesseurs, selon les anciennes coutumes, étaient serfs du roi. Peut-être ce nom d'*octave* avait-il été donné à ces terres parce que le seigneur y prenait la huitième gerbe.

pense des gardes; et les seigneurs, à qui le cens des vignes est dû, n'exigeront rien pour cela.

10° Aucun marchand regratier, vendant à la boutique, ne donnera de don gratuit au prévôt;

11° Nul ne devra de don gratuit au prévôt, sauf tout marchand ayant coutume de vendre et d'acheter dans le marché.

12° Nul ne devra une peau au prévôt, à moins qu'il ne soit pelletier par état.

13° Nos sergens, autres que le prévôt, dans le marché ou au dehors, ne pourront exiger de don gratuit de personne.

14° Pour l'étalonnage des mesures, le prévôt ne recevra qu'un setier de vin rouge d'Étampes, et chacun de nos sergens, qui aura assisté à l'étalonnage des mesures, un denier.

15° Les acheteurs de vivres ne donneront, pour les exporter, nul don gratuit, mais paieront seulement le barrage.

16° Le prévôt ne pourra exiger des marchands ni harengs, ni autres poissons de mer ou d'eau douce, mais les achetera comme les autres.

17° Pour un duel nous n'exigerons pas plus de six livres du vaincu, ni le prévôt plus de soixante sous; et le champion vainqueur ne recevra pas plus de trente-deux sous, à moins que le duel n'ait été entrepris pour infraction de banlieue, ou meurtre, ou larcin, ou rapt, ou asservissement.

18° Le droit de pressurage ne sera reçu que de vases d'un demi-setier;

19° Chaque mégissier ne donnera que douze deniers chaque année pour le don gratuit.

20° Les ciriers ne donneront par an, pour le don gratuit, qu'une dénerée de cire, le jeudi avant la fête de la Purification de sainte Marie [1].

21° Chaque marchand d'arcs donnera par an un arc pour sa redevance.

22° Nul ne paiera de droit de place pour avoir vendu du fruit qui ne vaut pas plus de quatre deniers.

23° On ne saisira les biens de nul homme qui refuse de payer une dette, jusqu'à ce qu'on ait calculé combien il doit.

24° Pour chaque loge qu'on dressera, le viguier n'aura qu'un setier de vin rouge d'Etampes.

25° Le jour du marché, ni le prévôt des Juifs, ni aucun autre, n'arrêtera pour dette un homme venant au marché, ou revenant du marché, ou séjournant dans le marché, non plus que ses marchandises.

26° Le marchand de lin ou de chanvre ne donnera pas d'argent pour le droit de place, mais seulement une poignée raisonnable.

27° Pour une dette reconnue et cautionnée, le prévôt

---

[1] Dans Fleureau (*Antiquités d'Étampes*, p. 114) ce mot *denariata* est traduit par *dix livres de cire*. Mais dans le *Recueil des ordonnances des rois de France*, on remarque qu'il ne signifie en général qu'une *dénerée* ou la valeur d'un denier, ce qui semblerait confirmé par le mot *tantùm* qui indique cet impôt comme fort modique. Ce serait donc la valeur d'un denier en cire.

ne fera point de saisie, si ce n'est après le nombre de jours prescrit par la loi.

28° Une veuve, pour relever boutique, ne donnera pas plus de vingt-cinq sous.

29° Qu'on n'admette point de champion mercenaire.

Afin que tout ceci soit ferme et stable à toujours, nous avons fait confirmer la présente charte par l'autorité de notre sceau et l'apposition de notre nom royal. Fait à Paris, l'an de l'incarnation 1179°. Assistant dans notre palais ceux dont les noms et sceaux sont ci-dessous apposés : le comte Thibaut notre sénéchal; Gui, bouteiller; Renault, chambellan; Raoul, connétable. Donné, la chancellerie étant vacante.

Jusqu'ici, il n'est point question de la commune d'Étampes ; non-seulement nous n'avons rencontré aucune charte qui l'institue, mais aucune de celles que nous venons de citer n'y fait la moindre allusion. Une commune existait cependant à Étampes, et probablement une commune très-agitée, très-entreprenante, car en 1199 Philippe-Auguste l'abolit en disant :

Au nom de la sainte et indivisible Trinité, amen. Philippe, par la grâce de Dieu, roi des Français. Sachent tous présens et à venir qu'à raison des outrages, oppressions et vexations qu'a fait souffrir la commune d'Étampes, soit

---

[1] *Recueil des ordonnances*, t. XI, p. 211-213.

aux églises et à leurs possessions, soit aux chevaliers et à leurs possessions, nous avons aboli ladite commune, et concédé, tant aux églises qu'aux chevaliers, que désormais il n'y aurait plus de commune à Étampes. Les églises et les chevaliers recouvreront les franchises et droits qu'ils avaient avant la commune; si ce n'est que tous leurs hommes et leurs tenanciers iront à nos expéditions et chevauchées, comme nos autres hommes. Et quant aux hommes et tenanciers, soit des églises, soit des chevaliers, qui habitent dans le château et les faubourgs d'Étampes, et qui étaient de la commune, nous les taillerons aussi souvent et comme il nous plaira. Et, s'il arrivait que quelqu'un desdits hommes et tenanciers, sur qui la taille aurait été établie, ne nous la payât point, nous pourrions le saisir, tant sa personne que tous ses meubles, n'importe de qui il fût l'homme ou le tenancier, soit de l'église, soit d'un chevalier. Afin que le présent écrit soit ferme à toujours, nous l'avons fait confirmer par l'autorité de notre sceau et l'apposition de notre nom. Fait à Paris, l'an du Seigneur 1199ᵉ, de notre règne le 21ᵉ. Présens dans notre palais ceux dont les noms et les sceaux suivent: Point de sénéchal; Guy, bouteiller; Mathieu, chambellan; Dreux, connétable. Donné pendant la vacance de la chancellerie [1].

Si nous n'avions que cette dernière charte, si toutes celles que nous avons citées auparavant n'existaient pas, ne serions-nous pas tentés de croire qu'en perdant leur commune, les

---

[1] *Recueil des ordonnances*, t. XI, p. 277.

habitans d'Étampes perdirent tous leurs droits, toutes leurs franchises? Évidemment cependant il n'en fut rien. La charte de commune abolie, toutes les autres subsistaient. Les habitans des terrains de l'église Notre-Dame ou du marché Saint-Gilles, les descendans d'Eudes de Challou Saint-Mard, les tenanciers de l'abbaye de Morigny conservaient tous leurs priviléges. Et non-seulement ces priviléges demeuraient, mais d'autres encore venaient sans cesse s'y ajouter, également indépendans des destinées de la commune, également limités à tel ou tel quartier de la ville, à telle ou telle classe d'habitans. En 1204, Philippe-Auguste accorde aux tisserands d'Étampes une charte ainsi conçue:

Au nom de la sainte et indivisible Trinité, amen. Philippe, par la grâce de Dieu, roi des Francais, faisons savoir à tous présens et à venir:

Que, par amour de Dieu, nous avons affranchi tous les tisserands qui demeurent et demeureront à Étampes, et qui tissent de leur propres mains, soit en lin, soit en laine, de tous les droits qui nous appartiennent, savoir, de la collecte, de la taille et de toute autre demande et levée d'entrée de métier; sauf le droit de tonlieu qu'ils nous paieront toujours; sauf aussi nos amendes pour effusion de sang prouvée par témoins valables, et le service en nos armées et chevauchées.

Pour cette franchise que nous leur concédons, ils nous donneront chaque année vingt livres, dix livres le lendemain de la fête de saint Remi, et dix livres le lendemain du carême.

Tous les tisserands commenceront et quitteront leur travail à l'heure due.

Ils éliront à leur gré et constitueront, aussi souvent qu'ils le voudront, quatre de leurs prud'hommes, par lesquels ils se défendront en justice, et réformeront ce qui sera à réformer.

Ces quatre prud'hommes feront serment de fidélité au roi et au prévôt, et jureront de maintenir leur droit, et livreront les vingt livres susdites.

Ils veilleront à ce que la draperie soit bonne et loyalement faite; et s'il est manqué à cela, il y aura amende à notre profit.

Nous leur avons aussi accordé que nous ne mettrons jamais le présent revenu hors de notre main.

Et pour que ce soit chose ferme et stable à toujours, nous avons fait confirmer le présent écrit par l'apposition de notre nom et de notre sceau. Fait à Paris, l'an du Verbe incarné 1204ᵉ, de notre règne le 24ᵉ. Présens dans le palais ceux dont les noms et les sceaux suivent : Point de sénéchal; Guy, bouteiller; Mathieu, chambrier; Dreux, connétable. Donné pendant la vacance de la chancellerie, par la main de frère Garin [1].

En 1224 enfin, Louis VIII confirme en ces termes la charte d'affranchissement concédée,

---

[1] *Recueil des ordonnances*, t. XI, p. 286.

par le doyen et le chapitre de l'église Sainte-Croix d'Orléans, aux hommes que cette église possédait à Étampes ou dans son territoire :

Au nom de la sainte et indivisible Trinité, amen. Louis, par la grâce de Dieu, roi des Français, faisons savoir à tous présens et à venir que nous avons eu sous les yeux la charte de nos bien-aimés le doyen et le chapitre de Sainte-Croix d'Orléans, ainsi conçue :

Libert, doyen, et tout le chapitre d'Orléans, à tous et à toujours :

Faisons savoir à tous présens et avenir que tous nos hommes de corps, tant hommes que femmes, qui habitent sur notre terre d'Étampes, et tous ceux qui tiennent et possèdent quelque portion de ladite terre, en quelque lieu qu'ils habitent, se sont liés envers nous, par un serment individuellement prêté et reçu de chacun d'eux, promettant que, si nous les déchargions de l'opprobre de la servitude, et si nous leur accordions, à eux et à leurs enfans, nés ou à naître, le bienfait de la liberté, ils accepteraient avec reconnaissance, acquitteraient fermement, et ne contrediraient jamais les redevances quelconques que nous voudrions leur imposer, à eux, à leurs descendans et à notre terre. Nous donc, touchés des nombreux avantages de tous genres qui peuvent provenir, tant pour nos hommes et leurs descendans que pour nous-mêmes et notre église, de ladite concession de liberté, nous avons jugé devoir la leur accorder; et affranchissant les susdits, tant eux que leurs femmes et leurs enfans, nés ou à naître, de toute servitude, nous avons déclaré qu'ils seraient libres, à perpétuité, sauf les redevances et charges ci-dessous relatées.

Et d'abord, pour extirper complètement, de notre dite terre d'Étampes, l'opprobre de la servitude, nous avons décrété que nul homme ou femme, de condition servile, n'y pourrait posséder à l'avenir maison, vigne ou champ; afin que ladite terre, jusqu'ici humble et accablée de l'opprobre de la servitude, brille à l'avenir de l'éclat de la liberté.

Nul des affranchis et de leurs descendans, demeurant dans notre terre, ne pourra entrer, sans notre gré, dans la commune d'Étampes [1].

Quiconque habite sur notre terre sera tenu de moudre à notre moulin, et ne pourra aller moudre ailleurs.

Nul ne pourra transmettre ou transférer notre terre à une autre personne qu'à la charge d'acquitter toutes les redevances auxquelles il est lui-même tenu envers nous.

Nous voulons, et c'est ici la charge que nous imposons surtout à raison du bienfait de la liberté concédée, que sur douze gerbes recueillies dans notre terre, et même sur onze, si le champ n'en rapporte pas plus de onze, il y en ait une pour nous, laquelle sera comptée et choisie par nous, et

---

[1] Cet article suppose que la commune d'Étampes, abolie en 1199 par Philippe-Auguste, avait été rétablie. Le fait est très-possible en soi, et ce texte positif le rend très-probable. Mais nous n'avons pas la charte de rétablissement de la commune d'Étampes, pas plus que celle de sa création. Peut-être avait-elle continué d'exister, malgré la charte d'abolition de 1199, et par tolérance tacite. Alors, plus souvent encore qu'aujourd'hui, les mesures ordonnées pouvaient rester sans exécution.

transportée dans notre grange par le cultivateur du champ ; et elle sera dite la gerbe de liberté.

Quant à la dîme du champ, nous n'y changeons rien en ceci ; et elle subsistera comme auparavant.

Nous aurons de même partout la dîme des bleds non liés. Par tout ce qui est spécialement exprimé dans cette charte, nous ne voulons qu'il soit apporté d'ailleurs aucun préjudice à notre droit.

Quant à toutes nos autres redevances, coutumes, corvées, usages, et tous nos droits en général, nous ne changeons absolument rien, et nous entendons qu'ils demeurent entiers et fermes à toujours ; sauf les droits de capitation que nous remettons et quittons absolument à nos dits hommes.

Nous avons jugé devoir insérer dans le présent écrit les noms de nos hommes que nous avons affranchis comme il est dit ci-dessus ; et d'abord Eudes de Marolles, etc., etc. [1].

En sûreté, foi et témoignage de ladite franchise, nous avons fait écrire et sceller de notre sceau les présentes lettres. Fait l'an du Seigneur 1224e, au mois de février.

Nous, accordant le présent affranchissement comme ci-dessus, nous affranchissons et dégageons pareillement de toute servitude lesdits hommes. Et afin que ce soit une liberté ferme et perpétuelle, nous avons confirmé la présente charte par l'autorité de notre sceau et de notre nom. Fait à Melun, l'an du Verbe incarné 1224, de notre règne le deuxième. Présens dans notre palais ceux dont les noms et les sceaux suivent : Point de sénéchal ; Robert,

---

[1] Suivent les noms de quatre ou cinq cents personnes, avec la désignation des lieux d'habitation.

bouteiller; Barthelemy, chambrier; Mathieu, connétable[1]. De notre propre main, sceau en cire verte.

Je puis me dispenser de commentaires. Les faits parlent; les actes s'expliquent d'eux-mêmes. Il est évident que ces mots : *une ville, une commune, une charte de commune*, nous trompent en nous faisant attribuer, aux institutions et aux destinées municipales de cette époque, une unité, un ensemble qui leur manquaient absolument. Au dedans comme au dehors des murs d'une ville, dans la cité comme dans l'État, tout était spécial, local, partiel. Les divers établissemens, les divers quartiers, les diverses classes d'habitans possédaient, à des titres de nature et de date diverse, des franchises, des priviléges, tantôt divers, tantôt semblables, mais toujours indépendans les uns des autres, et dont les uns pouvaient périr sans que les autres fussent atteints. Le sort de la commune ne décidait pas toujours de celui de la ville. La charte de commune pouvait même n'être pas la source la plus féconde des libertés et des prospérités municipales. Concevons le moyen âge dans sa bizarre et vivace variété; ne

---

[1] *Recueil des ordonnances*, t. XI, p. 322.

lui attribuons jamais nos idées générales, nos organisations simples et systématiques. L'ordre politique s'y est progressivement formé au sein et sous l'empire de l'ordre civil; le pouvoir y est né de la propriété et a revêtu les formes infiniment variées et souples des contrats privés. Quiconque se placera hors de ce point de vue ne comprendra point le moyen âge, ni sa féodalité, ni sa royauté, ni ses communes, et ne pourra s'expliquer ni les vices et les mérites, ni la force et la faiblesse de ses institutions.

IV.

BEAUVAIS.

Peu de communes ont eu en France des destinées aussi longues, aussi agitées, aussi variées que celle de BEAUVAIS. Il en est peu dont il nous reste des documens aussi nombreux et précis. Je n'hésite donc point à en retracer avec quelque complaisance l'histoire intérieure, ne repoussant aucun détail, essayant d'expliquer les faits obscurs ou mal liés, et reproduisant partout les pièces originales. Ce sont là, à mon avis, les meilleures preuves qui se puissent apporter à l'appui des vues générales; et des monographies étudiées avec soin me paraissent le moyen le plus sûr de faire faire à l'histoire de véritables progrès.

En 1099, les bourgeois de Beauvais étaient en procès avec le chapitre de cette ville à l'occasion d'un moulin donné jadis aux chanoines par l'évêque de Beauvais, et mis hors de service par des usines ou autres établissemens industriels construits sur le cours d'eau dont il dépendait. L'une et l'autre partie réclamait en sa faveur le jugement de l'évêque, seigneur de la ville et protecteur né des droits de chacun. Le siége épiscopal était alors occupé par Ansel, homme pieux, de mœurs douces, je dirais même libérales si ce mot n'avait reçu de nos jours une extension qui le rend peu propre à caractériser les sentimens de bienveillance, d'humanité et de justice que pouvait porter un évêque du xie siècle à cette classe opprimée et malheureuse que l'on commençait à nommer la bourgeoisie. Ansel donc ne prit point, en cette affaire, parti pour le chapitre, et protégea au contraire les prétentions des bourgeois. Peut-être était-il poussé par un autre motif plus mondain, plus politique : les évêques de Beauvais n'avaient pas encore appris à redouter l'usage que feraient, de quelques franchises, les humbles citoyens de leur ville seigneuriale, mais ils avaient eu déjà beaucoup à souffrir de l'esprit usurpateur des chanoines de leur église. Ansel lui-même venait, contre son gré, sans doute, de leur accorder le droit important d'excommunier *proprio motu*, et de mettre, quand ils le jugeraient bon, l'interdit sur le diocèse. On verra tout-à-l'heure quel usage, ou plutôt quel abus firent les chanoines, contre les successeurs d'Ansel, du privilége qu'ils lui avaient arraché. Probablement le prélat en prévoyait déjà quelque chose et saisissait volontiers une bonne occasion de s'attacher de nouveaux amis dans le sein même de la cité, en abaissant la puissance de ses rivaux.

Quoi qu'il en soit, le chapitre prit fort mal cette conduite de l'évêque et s'en plaignit amèrement à Yves, évêque de Chartres, dont l'ascendant en matière ecclésiastique était généralement reconnu, et qui paraît avoir eu des motifs particuliers pour se mêler des intérêts de l'église de Beauvais, qu'il nomme sa mère, celle qui l'a engendré et nourri : *Ecclesia Belvacensis mater mea, quæ me genuit et lactuit*. Nous ne possédons pas la lettre des chanoines, mais voici la réponse d'Yves :

Yves, par la grâce de Dieu, humble serviteur de l'église de Chartres, à Hugues, doyen de l'église de Beauvais, et aux autres frères de la même église, salut dans le Seigneur :

Dans l'affaire du moulin donné à votre église par l'évêque qui l'avait construit, dont vous avez joui tranquillement pendant l'espace de trente ans, et qui de plus vous a été assuré par l'autorité de vos priviléges, mais qui maintenant ne peut accomplir son office de moudre à cause de l'obstacle des ponts et des ordures des teinturiers, vous nous paraissez avoir une cause juste et appuyée de bonnes raisons; surtout contre votre évêque, qui non-seulement doit s'opposer aux choses illicites du temps présent, mais réformer les choses illicites du temps passé..... Et ce n'est point assez que l'évêque dise que nul obstacle n'a été mis au moulin par ses ordres, si lui-même ne s'oppose, de toute la puissance de son office, à ceux qui mettent ces obstacles. Ainsi écrit le pape Jean VIII à l'empereur Louis : *Celui qui, pouvant empêcher un mal, néglige d'y porter obstacle, est coupable de l'avoir commis........*

Quant au refus fondé sur la possession annale selon la coutume de la cité, ou sur la promesse par laquelle l'évêque s'est engagé à observer les coutumes de cette cité, ou sur la turbulente association de commune qui s'y est faite, tout cela n'a aucune valeur contre les lois ecclésiastiques; car les pactes, les constitutions ou même les sermens contraires aux canons, sont, comme vous le savez bien, nuls de plein droit. Ainsi le pape Zozime dit aux gens de Narbonne : *Accorder ou changer quelque chose contrairement aux statuts des saints Pères est hors de l'autorité de ce siége même.* Si quelque chose donc vous semble jugé contre les canons, appelez-en à l'autorité des juges que vous regardez comme d'autorité supérieure, soit votre métropolitain, soit le légat romain. Après cet appel vous demanderez, dans l'espace de cinq jours, à celui dont vous aurez appelé, des lettres pour celui à qui vous appellerez, afin que ce dernier assigne à chaque partie un jour où votre affaire puisse être terminée par une sentence judiciaire. Adieu [1].

L'affaire ne parut point terminée par cette lettre, et soit arbitrage, soit toute autre raison, on s'en remit à une décision étrangère; voici le texte de l'arrêt rendu par un certain Adam dont on ignore absolument la condition :

> Ce sont les paroles du jugement rendu par Adam en présence d'Ansel, évêque de Beauvais, les assistans y donnant leur consentement. Les chanoines se sont plaints que le moulin était obstrué par trois choses, savoir : des pieux, des planches et de la terre. Les bourgeois ont répondu qu'ils avaient joui de cette coutume sous quatre évêques avant ledit évêque (Ansel), et que lui-même la leur avait accordée. Alors nous avons jugé que l'évêque à qui appartient l'usage de l'eau, et nul ne le lui dispute, doit faire débarrasser le cours d'eau des obstacles susdits, de manière à ce que rien ne gêne le moulin ; et que d'ailleurs les hommes aient là toutes les choses à eux nécessaires qui ne nuiront pas au cours d'eau; et que l'évêque veille à ce qu'ils se comportent bien [2].

Plusieurs faits importans se révèlent dans ce procès insignifiant. D'abord l'ancienneté, à Beau-

---

[1] En 1099 : *Recueil des Historiens de France*, t. xv, p. 105.

[2] *Mémoires de Beauvais*, etc., par Loisel, p. 266.

vais, de certains droits, de certaines coutumes :
« Sous quatre évêques avant l'évêque Ansel,
» nous avons joui de ces coutumes, disent les
» bourgeois, et lui-même les a aussi accordées. »
« Que l'évêque, écrit Yves de Chartres, ne nous
» objecte pas le droit qui, selon la coutume de
» Beauvais, résulte de la possession annale, et
» le serment qu'il a prêté d'observer les coutu-
» mes de cette cité. » Voilà donc, avant 1099,
des usages anciens, des coutumes passées en
droit, confirmées par le serment de l'évêque,
seigneur suzerain de la ville, et si bien établies
en fait que ceux-là même qu'elles gênent n'o-
sent les nier et se contentent de les taxer de
contradiction avec les canons; reproche banal,
chaque jour appliqué, dans ce temps, aux choses les plus équitables et les plus régulières, dès
qu'elles offusquaient l'ambition ou l'orgueil de
quelque dignitaire ecclésiastique.

Sans vouloir donc, avec Loysel, faire re-
monter les libertés municipales de Beauvais
à ce sénat des Bellovaques dont parle César,
sans même affirmer qu'elles eussent reçu sous
les Romains l'organisation complète que possédaient tant de cités gauloises, on peut admettre que cette ville n'en fut jamais complètement privée, et reconnaître, dans les passages

que nous venons de citer, plutôt le souvenir de vieux droits légitimement possédés que le sentiment d'une nouvelle conquête et d'un récent affranchissement.

Cependant cette conquête, cet affranchissement avaient eu lieu aussi, et c'est le second fait révélé par la lettre d'Yves de Chartres ; une commune venait de se former à Beauvais : *turbulenta conjuratio factæ communionis*, dit-il, en énumérant les prétextes que suggèrera sans doute à l'évêque sa bonne volonté pour les bourgeois ; et il distingue clairement la récente association, la *commune*, de ces anciennes coutumes dont il vient de se plaindre. Un nouveau lien, un intérêt de plus à défendre avaient donc ajouté aux prétentions des bourgeois, à la confiance qu'ils avaient dans leurs forces, à l'idée que s'en formaient leurs adversaires ; ce fait n'avait pu s'accomplir sans violence, et cependant l'évêque le reconnaissait, le sanctionnait, le protégeait en dépit du blâme des membres de son corps. Ce n'était donc pas contre lui, quoique seigneur de la ville, qu'avait eu lieu ce mouvement insurrectionnel, pour parler le langage de nos jours. Les chanoines ne paraissent pas avoir jamais élevé de prétentions sur la seigneurie de Beauvais, et leur mauvais vouloir aristocratique s'exerçait plutôt, ce semble, contre leur chef que contre leurs inférieurs. Il faut donc chercher ailleurs les causes de cet événement; et peut-être, à défaut de renseignemens, car nous n'en possédons aucun autre que la lettre d'Yves, sera-t-il possible de s'appuyer sur des conjectures et d'assigner une origine vraisemblable au mouvement qui créa le commune de Beauvais.

Le chapitre de cette ville n'était pas le seul rival dont les évêques eussent à combattre les prétentions. Une autre autorité existait encore dans Beauvais, dont ils supportaient impatiemment la présence, et qui, de son côté, travaillait sans doute à s'étendre et se consolider.

Beauvais, autrefois cité importante des Belges, placée non loin des tribus germaniques du nord de la Gaule, plus tard frontière de France du côté de la Normandie, et dont, pendant les longues guerres avec les Normands, les habitans avaient tenu constamment pour le parti français, si l'on peut s'exprimer ainsi, Beauvais, dis-je, avait toujours été considérée comme une place importante, et, à ce titre, fortifiée avec grand soin : des murs épais de huit pieds, construits de petites pierres carrées entremêlées de grosses briques, et jointes par un ciment impénétrable, formaient son enceinte, que complétaient de hautes tours rondes, faites des mêmes matériaux, et placées à égale distance les unes des autres. Plusieurs portes donnaient entrée dans la ville ; la principale portait le nom de *Chastel*, et l'on est fondé à croire qu'une espèce de château-fort existait en cet endroit. Il est certain du moins qu'un châtelain y résidait, chargé de la garde, et capitaine de la cité. Dire à quel titre ce droit était exercé, s'il venait du roi ou de l'évêque, s'il ne devait son origine qu'à la force, et comment il se transmettait, nul ne le pourrait; les chroniques du Beauvaisis donnent d'assez grands détails sur les querelles de ces châtelains avec les évêques, mais ne fournissent aucun éclaircissement sur les droits des parties et la justice de leurs prétentions. Ces querelles éclatèrent surtout pendant le xie siècle, et furent, de 1063 à 1094, sous les évêques Guy et Foulques, portées au dernier degré de violence : ce dernier même, allant plus loin que son prédécesseur, attaqua à main armée, en 1093, le châtelain Eudes, le tint assiégé dans sa maison, lui ôta violemment les clefs de la ville, s'empara de son vin, et ayant soustrait à sa puissance plusieurs de ses vassaux, traita avec eux et son chapelain pour se le faire livrer par trahison. Foulques fut sévèrement blâmé et condamné à restitution et réparation par le pape Urbain II, qui lui reprocha, entre autres choses, ses prétentions sur les clefs de la ville, droit reconnu du châtelain : *Portarum claves quas ipse ex more tenuerat ademisti*.

L'évêque Foulques ayant donc été condamné par Urbain II, dans sa querelle avec Eudes, comme l'avait été jadis, par Alexandre II et Grégoire VII, son prédécesseur Guy, les châtelains se sentirent plus fermes dans leur pouvoir, et peut-être aussi dans leurs prétentions. Il paraît en effet qu'à cette époque ils travaillaient à rendre héréditaires des droits tenus je ne sais de qui, et qu'ils commençaient à vexer cruellement les citoyens, que cependant ils avaient comptés en général dans leur parti contre les derniers évêques, gens de mœurs violentes et tyranniques, et dont le despotisme n'épargnait personne : si l'on vient de voir Foulques vertement blâmé par Urbain II pour sa conduite envers Eudes, Guy l'avait été de même par Alexandre II, qui lui reprochait « de vexer le peuple de Dieu d'une manière » intolérable. »

Je serais donc porté à croire que les châtelains, débarrassés des chicanes des évêques, et se croyant plus sûrs de leur pouvoir, le firent sentir plus rudement aux citoyens de Beauvais, et que ceux-ci s'aperçurent qu'ils ne gagnaient rien à cet abaissement des évêques auquel ils avaient travaillé. Le siége épiscopal se trouvant alors occupé par des hommes de mœurs pacifiques, tels que Roger et surtout Ansel, les bourgeois oublièrent un mal éloigné pour un mal présent, résolurent de ne pas supporter plus long-temps les vexations des châtelains, et de chercher, dans une association nouvelle et sous l'appui de leur seigneur suzerain, la garantie de leurs justes prétentions. Alors probablement se forma la commune, et la *turbulence* dont se plaint Yves dut éclater plutôt contre le châtelain que contre l'évêque; conjecture vraisemblable, si l'on fait attention à la mobilité des dispositions populaires, à la protection dont Ansel, adversaire naturel du châtelain, couvrait la nouvelle commune, et à la lettre de Louis-le-Gros qu'on va lire : n'est-il pas digne de remarque que la première ordonnance d'un roi de France en faveur de la commune de Beauvais ait eu pour objet de la préserver des exactions du châtelain, et ce fait ne confirme-t-il pas mon opinion sur l'origine probable de cette commune ?

Au nom du Christ, moi Louis, par la grâce de Dieu, roi des Français, je veux faire connaître, à tous présens et à venir, que pour le salut des âmes de mon père et de ma mère, et de nos prédécesseurs, nous avons aboli certaines exactions injustes que Eudes, châtelain de Beauvais, exigeait et recueillait, afin que désormais ni lui, ni aucun de ses successeurs ne les reçût ou ne les exigeât; et, les ayant ainsi abolies, avons défendu, par notre autorité royale, qu'elles lui fussent désormais accordées.

Or voici les coutumes requises par le châtelain.

Il voulait avoir son prévôt dans toute la ville, qui exerçât sa justice, ce que nous avons entièrement défendu; il faisait aussi acheter, par ses mesureurs ou ses affidés, ce qui restait dans le fond des sacs, ce dont nous avons également défendu l'usage désormais. Et si quelque plainte est portée devant lui ou devant son épouse, nous lui avons accordé d'exercer sa justice, mais seulement dans la maison des plaids ou dans sa propre maison. Et pour que rien ne se fasse autrement qu'il n'est ici écrit, nous avons ordonné que la présente charte serait scellée et confirmée par l'autorité de notre sceau, afin qu'elle expose clairement ce qui doit se faire, et existe éternellement pour défendre et maintenir nos volontés. Fait à Beauvais, l'an de l'Incarnation de notre Seigneur 1115, le septième de notre règne, et le premier de celui de la reine Adélaïde. Assistant dans notre palais ceux dont les noms et sceaux sont ci-dessous apposés: Anselme, sénéchal; Gislebert, bouteiller; Hugues, connétable; Gui, chambellan. Et sont ainsi signées, données de la main d'Étienne, chancelier.[2].

---

[1] *Recueil des ordonnances*, etc., t. XI, p. 177.

Cette charte de Louis-le-Gros fut, on le voit, donnée en 1115, à Beauvais, et cette date sert à fixer l'époque du voyage qu'il y fit après de longues et sanglantes dissensions, où son autorité fut forcée d'intervenir.

Après la mort de l'honnête et populaire Ansel, en 1101, Étienne de Garlande, homme puissant par ses domaines et fort en crédit auprès du roi, fut élu pour lui succéder; mais ses mœurs trop peu épiscopales et quelques irrégularités dans son élection la firent improuver par beaucoup de membres du clergé et casser par le pape Pascal II, qui ordonna de procéder à un nouveau choix. Gualon, disciple et ami d'Yves de Chartres, fut alors nommé, et il ne paraît pas qu'aucun reproche s'élevât contre le nouvel évêque; mais le roi, choqué qu'on eût ainsi rejeté son favori, et se défiant de l'ascendant qu'aurait sur Gualon le remuant Yves, s'opposa absolument à ce que l'élu prît possession de son évêché; il fallut céder à la volonté royale, et faire encore, en 1103, un nouveau choix. Godefroy devint ainsi évêque de Beauvais; Gualon fut transféré à Paris.

Toutes ces dissensions n'avaient pu avoir lieu sans jeter beaucoup de trouble dans la ville de Beauvais, affaiblir les diverses autorités et laisser plus de liberté aux passions désordonnées. L'église et la cité s'étaient divisées en partis acharnés les uns contre les autres; des désordres avaient eu lieu, source féconde de haines et de vengeances. Un seul pouvoir avait pu gagner à cette suspension de l'ordre légal, pour ainsi dire, reconnu dans Beauvais, et ce n'était pas le plus régulier ni le mieux intentionné de tous. Le chapitre avait, comme de droit, hérité, pendant les deux ans d'intérim, des pouvoirs épiscopaux, et puisé, dans cet exercice d'une puissance empruntée, plus d'audace pour étendre celle qu'il usurpait de jour en jour. Il trouva bientôt dans un événement malheureux pour la ville, honteux pour les chanoines, l'occasion de déployer toutes ses prétentions.

En 1113 ou 1114, un dimanche, vers le milieu de l'été, fut « traîtreusement mis à mort, » après son dîner, par ses concitoyens de Beauvais, » un certain Renaud, chevalier, qui n'avait pas » peu de considération parmi les siens [1]. » Ces paroles sont de Guibert de Nogent; mais, ne parlant qu'incidemment de ce meurtre, il oublie de rappeler ce qui en fit la singularité

---

[1] *Vie de Guibert de Nogent*, liv. 1, chap. 17, p. 436, dans ma *Collection des Mémoires relatifs à l'histoire de France*.

et l'importance. Il n'avait pas été commis par la seule population de Beauvais ; un chanoine en était instigateur et y fut principal acteur. Le roi, à la nouvelle de ce crime, annonça sur-le-champ l'intention d'en prendre connaissance ; le chapitre s'y refusa obstinément, prétendant qu'à lui seul appartenait la juridiction sur un confrère ; mais Louis-le-Gros, attentif à ne pas perdre une occasion d'établir son autorité et de lui imprimer ce caractère d'équité souveraine qui a tant servi la royauté en France, ne se laissa point toucher par de telles remontrances et fit, par ses officiers, instruire l'affaire, saisir les biens et jusqu'aux personnes des coupables et des récalcitrans. Le chapitre, usant alors pour la première fois de son nouveau droit, mit la ville en interdit ; le roi s'en irrita encore plus, et la bourgeoisie de Beauvais avec lui ; les choses même en vinrent à ce point que plusieurs chanoines furent obligés de quitter la ville et que leurs souffrances devinrent un sujet de grande commisération dans plusieurs églises de France.

Dès que la lettre, leur mande Yves de Chartres, contenant le détail de vos calamités, a été lue publiquement au milieu de nos frères réunis, elle est devenue pour nous la cause d'abondantes larmes. Qui pourrait en effet lire d'un œil sec le récit de votre exil, des vexations auxquelles se sont livrés contre vous les bourgeois, du pillage de vos maisons, et de la dévastation de vos terres? toutes choses où la violence seule a agi et où ont prévalu l'orgueil et l'envie des laïcs contre les clercs. Quant à la justice ou l'injustice de l'interdit, en quoi cela regarde-t-il le roi?..... Veillez donc bien à ne pas vous laisser abattre par la perte de vos biens; l'amour des richesses engendre en effet la faiblesse, et de la faiblesse naît l'opprobre auquel vous ne pourrez en aucune manière échapper, si vous mettez bassement votre col sous les pieds des laïques..... Quant à nous, frères très-chers, nous sommes, sans le moindre doute, envers tous et en toutes choses, avec vous selon nos moyens et autant que vous le voudrez. Nous vous offrons nos personnes et nos biens, mettez-nous à l'épreuve [1].

Yves de Chartres cependant ne se confiait pas tant en la fermeté des chanoines, qu'il ne travaillât à la leur rendre plus facile; il intercédait pour eux auprès du roi d'un ton plus humble que celui de ses conseils :

Il convient, lui écrivait-il vers la même époque, à la sublimité royale de tenir la balance de la miséricorde et de la justice, et d'adoucir ainsi l'une par l'autre : qu'une clémence indiscrète ne fomente pas l'insolence des sujets, et qu'une trop grande rigueur n'étouffe pas la

---

[1] *Recueil des historiens*, etc., t. xv, p. 169.

miséricorde....... Pour cela je supplie Votre Excellence, ayant fléchi devant elle les genoux de mon cœur, de montrer que j'ai obtenu quelque faveur devant les yeux de sa royale Majesté, en voulant bien, pour l'amour de Dieu et le nôtre, traiter tellement le clergé et le peuple de Beauvais pour l'homicide commis, que l'innocence ne soit point foulée, et que l'action téméraire commise par suggestion diabolique ne soit pas châtiée de la peine des superbes, mais corrigée avec la verge des repentans : car il ne convient pas à l'équité royale de traiter également tous ses sujets, de peur qu'une fureur cruelle ne se glisse sous l'apparence de la correction, et qu'une terreur immodérée ne disperse à tous vents une population jadis bien aimée et dont la Majesté royale peut tirer, par-dessus toutes les villes du royaume, un utile service..... Quant à l'interdit mis sur l'église de Beauvais, je désapprouve cette mesure [1].

Je ne sais si ces raisonnemens agirent sur Louis-le-Gros ou s'il eut quelque autre motif de terminer une affaire dont l'importance avait dépassé l'enceinte de Beauvais; ce qu'il y a de certain, c'est qu'il s'y rendit en 1115 avec les intentions les plus pacifiques, se réconcilia avec les chanoines, confirma ou même étendit leurs priviléges, et, pour se faire bien venir de tous, délivra, par la charte que j'ai citée plus haut, les habitans de Beauvais des exac-

---

[1] *Recueil des historiens*, etc., t. xv, p. 169.

tions du châtelain Eudes. On ne dit pas ce qui arriva des meurtriers du chevalier Renaud et s'ils expièrent leur crime; mais il est vraisemblable que le chanoine coupable en fut quitte à bon marché, et que, si quelque peine fut infligée, elle tomba sur ses complices, gens de rien, que ne protégeait aucun privilége, car il ne paraît pas qu'à cette époque la commune réclamât le droit de propre justice, la plus souveraine des libertés.

Quelques années ne se passèrent pas sans que Louis-le-Gros donnât aux citoyens de Beauvais une nouvelle preuve de sa sollicitude, en leur accordant une petite charte relative à des intérêts qui nous paraissent de peu d'importance, mais qui étaient sûrement vus d'un autre œil par ceux qu'ils touchaient de près : des bourgeois du XIIme siècle auraient versé le meilleur de leur sang pour jouir avec sécurité de quelques-unes de ces libertés individuelles auxquelles nous ne pensons seulement pas, tant nous y sommes habitués.

Ou nom de saincte Trinité, amen. Loys par la grace de Dieu roy de France, je vueil faire à savoir à tous ciaux tant presens come advenir, tant come à chaux qui ore sont, que nous octroyons as hommes de Biauvais que les mesons à chacun d'aux, s'elles queoyent (*cheoient*), ou qu'elles fussent arses, les parois de ses mesons ou les mesieres lesquels il avoit devant che, puet il fere sans congie d'aucuns, sans querre il le puet si comme se paroit, ou se mesiere si comme elle estoit devant, par trois loyaux voisins, par lesquex il pora prover. Nous otroïons as chiaus que les pons et les planches, lesquels ils ont ès yaues, et lesquels ils ont achatez, s'eles chient ou s'eles sont arses, sans querre licence qu'eles soient refetes ou que les piex y soient mis. Adechertes les pons et les planches comme ils les avaient achettées as évêques, et si comme ils les avoient achettées de devant aus, leurs hoirs les aient à perpétuité. Et aussi des pons, nous leur otrions, volons, et quemandons que aus, par leurs voisins loyaux si comme nous avions devant dict, que les parois et les mesières de leurs mesons, si comme il est devant monstré, le serremens oïs avant que on ne leur puis autre chose quierre. Et pour ce que ceste chose ne soit donée à oubly, ny que elle ne soit defachié (*défaite*), nous l'avons quemandé à escrit, et qu'ele peut estre affermée de chiaus qui après nous venront, de notre seel et de nostre auctorité, et en nostre charte venant après Phelippe [1] nostre fils le conferammes ensemble. Donné à Ponthoise l'an de l'Incarnation 1022 [2].

Louis-le-Gros avait fait plus encore pour la commune de Beauvais; il l'avait confirmée, établie, fondée, pour parler le langage du temps. Une

---

[1] Philippe, fils aîné de Louis-le-Gros, était désigné comme son successeur, et déjà associé à la couronne; il mourut avant son père, le 13 octobre 1131.

[2] *Recueil des ordonnances*, etc. t. XI, p. 182.

vraie charte, réglant les autorités, les droits, les obligations de la commune, et garantissant son existence et ses priviléges, fut donnée par lui, et, à ce qu'il paraît, acceptée par l'évêque et les bourgeois: elle est citée dans celle que concéda plus tard Louis-le-Jeune, et souvent rappelée dans les divers actes de la commune de Beauvais; par malheur cette charte n'existe plus depuis long-temps, et il faut s'en rapporter, sur son contenu, à l'assertion de Louis-le-Jeune, qui prétend la répéter dans la sienne; on verra tout-à-l'heure combien sont quelquefois peu exactes de pareilles assertions. Rien n'indique non plus la date de la charte de Louis-le-Gros; l'expression de Louis-le-Jeune disant, en 1144, qu'elle a été accordée par son père *multa ante tempora*, paraît appuyer l'opinion des éditeurs des *Ordonnances des rois de France*, qui lui attribuent celle de 1103 ou 1104; mais comment croire que, si cette charte eût existé antérieurement à celles de 1115 et de 1122, nulle allusion n'y eût été faite dans ces deux pièces? comment supposer que mention ne s'en retrouvât pas une seule fois dans la querelle dont nous venons de faire le récit, et qu'aucune prétention des nouvelles autorités de Beauvais n'eût trahi leur existence? Sans prétendre donc fixer une date que rien n'assigne, je ne saurais admettre celle de 1103 ou 1104, et je regarde la grande charte de Beauvais comme appartenant à la fin du règne de Louis-le-Gros.

Peut-être même serait-on en droit de supposer que les mots *multa ante tempora* n'existaient pas dans la charte primitive de Louis-le-Jeune, et n'y ont été insérés que plus tard, empruntés à la charte de Philippe-Auguste, où ils figurent beaucoup plus naturellement.

Louis-le-Gros mourut le 1er août 1137. Louis, surnommé le Jeune, se hâta, à la nouvelle du décès de son père, de quitter les fêtes qu'il célébrait à Poitiers pour son mariage avec Éléonore de Guienne et son couronnement comme duc d'Aquitaine. Le but de son voyage était Paris, vraie capitale des rois capétiens, et sa route le conduisait par Orléans, où quelques ordres donnés en passant éveillèrent la susceptibilité des bourgeois, qui crurent y voir une violation de leurs priviléges; il y eut une émeute à ce sujet. Il ne paraît pas cependant que ce début peu gracieux de son règne ait détourné Louis-le-Jeune de suivre les traditions de son père en se montrant protecteur des libertés des communes; en 1144, nous le voyons confirmer et garantir celles de la commune de Beauvais par la charte suivante :

Au nom de la sainte et indivisible Trinité, moi, Louis, par la grâce de Dieu, roi des Français et duc des Aquitains, faisons savoir à tous présens et futurs, que nous accordons et confirmons, sauf la foi qui nous est due, ainsi qu'elle avait été instituée et jurée, et avec les mêmes coutumes, la commune donnée il y a long-temps par notre père Louis aux hommes de Beauvais. Ces coutumes sont ainsi qu'il suit.

Tous les hommes domiciliés dans l'enceinte des murs de la ville et dans les faubourgs, de quelque seigneur que relève le terrain où ils habitent, prêteront serment à la commune, à moins que quelques-uns ne s'en abstiennent par l'avis des pairs et de ceux qui ont juré la commune.

Dans toute l'étendue de la ville, chacun prêtera secours aux autres, loyalement et selon son pouvoir.

Quiconque aura forfait envers un homme qui aura juré cette commune, les pairs de la commune, si clameur leur en est faite, feront, suivant leur délibération, justice du corps et des biens du coupable, à moins qu'il n'amende sa forfaiture suivant leur jugement.

Si celui qui a commis le forfait se réfugie dans quelque château-fort, les pairs de la commune en conféreront avec le seigneur du château ou celui qui sera en son lieu. Et si satisfaction leur est faite de l'ennemi de la commune, selon leur délibération, ce sera assez : mais si le seigneur refuse satisfaction, ils feront justice eux-mêmes selon leur délibération sur ses biens ou ses hommes.

Si quelque marchand étranger vient à Beauvais pour le

marché, et que quelqu'un lui fasse tort dans les limites de la banlieue, que clameur en soit portée devant les pairs, et que le marchand puisse trouver son malfaiteur dans la ville, les pairs lui prêteront main-forte selon leur délibération, à moins pourtant que ce marchand ne soit un des ennemis de la commune.

Et si le malfaiteur se retire dans quelque château-fort, et que le marchand ou les pairs envoyent à lui, s'il satisfait au marchand, ou prouve qu'il ne lui a pas fait tort, la commune s'en contentera. S'il ne fait ni l'un ni l'autre, justice sera faite de lui selon la délibération des pairs, s'il peut être pris dans la ville.

Personne, si ce n'est nous ou notre sénéchal, ne pourra conduire dans la cité un homme qui ait fait tort à quelqu'un de la commune et ne l'ait pas amendé selon la délibération des pairs. Et si l'évêque de Beauvais lui-même amenait par erreur dans la cité un homme qui eût fait tort à quelqu'un de la commune, il ne pourrait plus l'y conduire, après que cela lui aurait été connu, si ce n'est du consentement des pairs; mais pour cette fois il pourrait le remmener sain et sauf.

Dans chaque moulin seront seulement deux garde-moulins; que si l'on veut imposer plus de garde-moulins ou d'autres mauvaises coutumes dans les moulins, et que clameur en soit portée devant les pairs, ils aideront, selon leur délibération, ceux qui auront porté plainte.

En outre si l'évêque de Beauvais veut aller à nos trois cours ou à l'armée, il ne prendra chaque fois que trois chevaux, et n'en exigera pas des hommes étrangers à la commune : et si lui ou quelqu'un de ses serviteurs a reçu d'un homme le rachat d'un cheval, il ne prendra point d'autre cheval en échange de celui-là : mais s'il fait autrement ou veut en prendre davantage, et que clameur en soit portée devant les pairs, ils aideront selon leur estimation celui qui aura porté plainte. De même, si l'évêque veut nous envoyer de temps en temps des poissons, il ne prendra pour cela qu'un cheval.

Nul homme de la commune ne devra donner ni prêter son argent aux ennemis de la commune, tant qu'il y aura guerre avec eux, car s'il le fait, il sera parjure ; et si quelqu'un est convaincu de leur avoir donné ou prêté quoi que ce soit, justice en sera faite selon la délibération des pairs.

S'il arrive que la commune marche hors de la ville contre ses ennemis, nul ne parlementera avec eux, si ce n'est avec licence des pairs.

Si quelqu'un de la commune a confié son argent à quelqu'un de la ville, et que celui auquel l'argent aura été confié se réfugie dans quelque château-fort, le seigneur du château, en ayant reçu plainte, ou rendra l'argent, ou chassera le débiteur de son château ; et s'il n'a fait ni l'une ni l'autre de ces choses, justice sera faite sur les hommes de ce château, suivant l'avis des pairs.

Que les hommes de la commune aient soin de confier leur approvisionnement à une garde fidèle dans l'étendue de la banlieue, car si on les leur emportait hors de la banlieue, la commune ne leur en répondrait pas, à moins que le malfaiteur ne fût trouvé dans la cité.

Quant à l'étendage des draps, les pieux pour les pendre seront fichés en terre d'égale hauteur, et si quelqu'un porte plainte à ce sujet, justice sera faite selon la délibération des pairs.

Que chaque homme de la commune voie à être bien sûr

de son fait lorsqu'il prêtera de l'argent à un étranger, car pour ce fait personne ne pourra être arrêté, à moins que le débiteur n'ait une caution dans la commune.

Les pairs de la commune jureront de ne favoriser personne par amitié, et de ne livrer personne par inimitié, et de faire en toutes choses bonne justice suivant leur opinion. Tous les autres jureront qu'ils observeront les décisions des pairs, et y prêteront la main.

Quant à nous, nous accordons et confirmons la justice et les décisions qui se feront par les pairs. Et pour que ces choses soient constantes à l'avenir, nous avons ordonné de les coucher par écrit, de les munir de l'autorité de notre sceau, et de les corroborer en inscrivant au-dessous notre nom. Fait publiquement à Paris l'an 1044 de l'Incarnation du Verbe, de notre règne le huitième, étant présens dans notre palais ceux dont les noms et les sceaux sont ci-dessous inscrits : Raoul, comte de Vermandois, notre sénéchal ; Mathieu le chambellan ; Mathieu le connétable ; .... bouteiller. Fait par la main de Cahors, le chancelier [1].

Peu après la publication de cette charte, Louis-le-Jeune partit pour la croisade, laissant à son prudent et fidèle ministre, l'abbé Suger, le gouvernement de son royaume. Ce fut donc vers Suger que se tournèrent ceux qui commençaient à attendre du pouvoir royal le redressement de leurs griefs ; et les bourgeois de Beauvais, lésés par un certain seigneur de

---

[1] Loysel, p. 271.

Levémont, ne cherchèrent pas un autre protecteur que le puissant abbé de Saint-Denis. Je n'ai pu trouver de détails sur cette affaire, et j'ignore le jugement qu'en porta Suger.

Au seigneur Suger, par la grâce de Dieu, révérend abbé de Saint-Denis, les pairs de la commune de Beauvais, salut et respect comme à leur seigneur (1148).

Nous en appelons à vous et nous plaignons à vous comme à notre seigneur, puisque nous avons été remis en vos mains et votre tutelle par le seigneur-roi. Un certain homme, juré de notre commune [1], ayant entendu dire que deux chevaux qui lui avaient été enlevés pendant le carême, étaient à Levémont, s'y rendit le jeudi de la Résurrection du Seigneur pour les reprendre. Mais Galeran, seigneur de ladite ville, ne portant aucun respect à la Résurrection du Seigneur, fit arrêter cet homme qui n'avait commis aucun délit, et le força de racheter sa liberté au prix de dix sols parisis, et les chevaux au prix de cinquante. Comme cet homme est pauvre et doit cette somme à usure et beaucoup d'autres, nous supplions, au nom du Seigneur, Votre Sainteté, de faire, par la grâce de Dieu et la vôtre, bonne justice de Galeran, pour qu'il rende à notre

---

[1] Juré ne veut dire ici que celui qui fait partie de la commune, pour en avoir prêté le serment. On le voit quelquefois employé dans un sens plus restreint, et alors il signifie un des magistrats de la commune, engagé par un serment particulier.

juré son argent, et désormais n'ose plus troubler quelqu'un qui est en votre garde. Salut [1].

Mais à peine le roi fut-il de retour en France qu'il trouva de meilleures et plus personnelles raisons de se mêler, ainsi que Suger, des affaires de Beauvais. Louis avait un frère nommé Henri qui, après avoir possédé simultanément une multitude de bénéfices ecclésiastiques, y avait renoncé tout-à-coup en 1145 pour aller s'enfermer, à la fleur de son âge, dans l'abbaye de Clairvaux, gouvernée alors par saint Bernard. Cette action, quoique moins extraordinaire alors qu'elle ne l'eût été quelques siècles plus tard, avait attiré sur le jeune et royal moine l'admiration des âmes pieuses ; et le siége de Beauvais ayant vaqué en 1148, Henri, qui avait possédé jadis dans cette église les dignités de chanoine et de trésorier, en fut nommé évêque, à la satisfaction générale. Lui cependant se défendit d'accepter, protestant son indignité pour une charge si haute. Cette humilité n'était, ce semble, ni feinte ni excessive ; et, si l'on en croit les reproches qui lui furent adressés plus tard et l'aveu de saint Bernard « qu'il ne l'a pas trouvé si bien

---

[1] *Recueil des historiens de France*, t. xv, p. 506.

» appareillé, soit de conseil, soit de compagnie,
» qu'il fallait pour la bienséance d'un jeune
» évêque, et qu'il se comporte et fait quelque-
» fois autrement que les convenances ne le re-
» quièrent, » on pensera que Henri était de bonne foi dans son refus, et se connaissait mieux que ceux qui le contraignirent à accepter le fardeau de l'épiscopat. Saint Bernard lui-même n'avait pas voulu prendre la responsabilité de cette décision, et l'autorité respectée de Pierre-le-Vénérable, abbé de Cluny, réussit seule à vaincre ses scrupules et ceux de son religieux.

J'ignore si Louis avait vu de mauvais œil l'élection de son frère; mais à peine Henri est-il installé sur le siége de Beauvais, que nous trouvons l'évêque complètement brouillé avec le roi, le pape obligé d'intervenir dans le débat, le clergé et les citoyens tellement engagés et compromis qu'ils oublient le danger que commençait à entraîner une révolte contre le roi, et Suger jugeant la chose assez grave pour leur adresser à tous, en 1150, une lettre menaçante et suppliante à la fois. Quant au fond de la querelle, les historiens ne nous donnent pas le plus mince renseignement.

Suger à Henri, évêque de Beauvais, au clergé et peuple de Beauvais.

Au vénérable évêque Henri, et au chapitre de la noble église de Saint-Pierre de Beauvais, ainsi qu'au clergé et au peuple, Suger, par la grâce de Dieu, abbé de Saint-Denis, paix dans le ciel et sur la terre, par le Roi des rois et le roi des Français. Au nom de cette familiarité avec laquelle, sous le règne de notre présent seigneur le roi et de son père, j'ai toujours, vous le savez, travaillé fidèlement pour votre repos, lorsque des plaintes s'élevaient, me tenant les mains pures de tout présent; maintenant aussi, quoique retenu par une grave infirmité, je vous demande, je vous conseille, et je vous conjure par tous les moyens de persuasion possibles, de ne pas dresser une tête coupable contre notre seigneur roi et la couronne, qui est notre appui à tous archevêques, évêques et barons, et à qui nous devons à juste titre respect et fidélité. C'est un acte qui ne vous convient nullement. Une témérité si insensée est nouvelle et inouïe dans ce siècle, et vous ne pourrez plus long-temps préserver la cité et l'église de la destruction Car vous reconnaîtrez vous-même aisément toutes les pernicieuses conséquences et tout le danger d'une levée en armes faite par l'évêque ou le peuple confié à sa garde, contre leur commun seigneur, surtout sans avoir consulté le souverain pontife et les évêques et grands du royaume. Il est une considération qui devrait seule vous corriger de cette présomption; c'est que vous n'avez nulle part appris que vos prédécesseurs se soient jusqu'à ce jour portés à un tel attentat, et que jamais, dans les annales et histoires des actions de l'antiquité, vous ne trouverez un exemple d'une si criminelle entreprise. Pourquoi avez-vous dressé la tête contre notre seigneur le roi, lui le pieux protecteur des églises, si jaloux de faire tout le bien possible, lorsqu'il n'a nullement l'intention de dépouiller injustement, vous ou tout autre, de quelque chose? Si, entraîné par de mauvais conseils, il avait par hasard moins bien agi envers vous, il fallait d'abord le faire avertir par les évêques et les grands du royaume, ou plutôt par notre saint père le pape, qui est la tête de toutes les églises, et qui eût pu facilement concilier tous les différends. Que le souvenir de sa noblesse rentre donc dans le cœur du nouvel évêque.....; qu'il se concilie de nouveau la bienveillance du roi, à lui comme à son église et à ses citoyens, par sa soumission et sa docilité à s'en remettre à la volonté du roi, afin que, par une inspiration perfide du démon, il ne s'ensuive pas, ou une déshonorante trahison à la couronne, ou un infâme fratricide, ou quelqu'autre crime de ce genre.

Et que dirais-je de vous nos amis bien-aimés, doyen et archidiacres, et vous noble clergé du chapitre, si j'apprenais que la splendeur de votre église est détruite, et qu'à cette occasion une foule d'églises divines sont livrées aux flammes? Celui qui sait tout sait bien que, tout malade que je suis d'une grave infirmité et de la fièvre quarte qui me consume, je me sens en ce moment encore plus profondément atteint de cette langueur, et que je me livrerais volontiers moi-même pour calmer cette sédition. Et que vous dirais-je à vous, malheureux citoyens, que j'ai toujours portés dans mon cœur sans aucun intérêt (car je ne me rappelle pas que j'aie jamais reçu de vous un seul denier), si j'apprenais le bouleversement de votre cité, la condamnation de vos fils et de vos femmes à l'exil, le pillage, et l'exécution d'une foule de citoyens? que si cette punition doit vous atteindre, qu'elle soit prompte; car, si quelque cause la retarde, elle n'en sera exercée qu'avec plus de violence, de rigueur, et d'une manière plus digne de pitié : car la haine grandit pendant que la vengeance se retarde. Ayez pitié de vous-mêmes; que le noble évêque ait pitié de lui-même; que le clergé ait pitié de lui-même; car, aussi vraiment qu'une fourmi ne pourra traîner un char, ils ne pourront défendre d'une ruine totale la ville de Beauvais contre la puissance de la couronne et du sceptre. Si je puis avoir quelque science, si j'ai pu garder quelque expérience, moi vieilli dans les affaires, vous verrez vos biens, acquis par un long travail, passer aux mains des ravisseurs et des brigands. Vous accumulerez sur votre tête la colère de notre seigneur roi et de tous ses successeurs ; vous léguerez à tous vos descendans une exécration éternelle ; par la mémoire de ce crime, vous enlèverez à toutes les églises du royaume le secours de la dévotion et de la libéralité pour toujours admirable du roi, qui ont enrichi votre église et beaucoup d'autres. Prenez garde, prenez garde, hommes prudens, qu'on n'écrive une seconde fois ces mots inscrits déjà une fois sur une colonne de cette ville, et que la bouche d'un empereur prononça : « Nous ordonnons que la ville des Ponts soit rebâtie [1]. »

---

[1] *Villa Pontium*, nom donné quelquefois dans d'anciens

La bonne intelligence se rétablit enfin entre les deux frères, et l'évêque tourna l'activité de son esprit et l'emportement de son caractère contre d'autres adversaires moins considérables, mais plus gênans que le roi.

La commune, s'affermissant par sa durée et par les solennelles garanties qu'elle avait reçues à plusieurs reprises, acquérait confiance en ses droits, et l'envie prit à ses pairs d'en faire l'essai. Vers l'an 1151, un des hommes de la commune, lésé en quelque droit, ayant voulu porter plainte devant le tribunal de l'évêque, les pairs s'y opposèrent, lui firent retirer sa poursuite, exigèrent que l'affaire fût amenée devant eux, et rendirent une décision. Henri de France, doublement orgueilleux de sa dignité et de sa naissance, prit fort mal la tentative, et n'ayant pu obtenir satisfaction de la commune, quitta en grand courroux sa ville épiscopale, et se rendit auprès du roi, de qui il réclama justice comme son suzerain; Louis,

---

auteurs à la ville de Beauvais, à cause du grand nombre de ponts qui couvraient ses rivières ou plutôt ses ruisseaux. (*Recueil des historiens de France*, tome xv, page 528.)

bien disposé sans doute en ce moment pour son frère, et ne se souciant certainement pas de se brouiller avec le clergé pour l'intérêt d'une pauvre commune naissante, se rendit à Beauvais, et après avoir fait débattre en sa présence et relire la charte de la commune, rendit l'arrêt suivant, dont la conformité avec les promesses de cette charte me paraît fort douteuse : mais il en arrive souvent ainsi des lois et des traités qu'on interprète ; on les abroge en paraissant les confirmer.

Au nom de la sainte et indivisible Trinité, Père, Fils et Saint-Esprit. Louis, par la grâce de Dieu, roi des Français et duc des Aquitains, à tous nos fidèles pour toujours. Il convient à Notre Excellence de protéger, par l'emploi de notre sceptre, les droits de tous ceux qui sont sous notre domination, et surtout des églises, qui seraient bientôt accablées par la violence des méchans si le glaive matériel du roi ne venait à leur secours. Qu'il soit donc connu à tous présens et à venir que notre frère Henri, évêque de Beauvais, nous a porté plainte contre les citoyens de Beauvais, ses hommes, qui, prenant, à l'occasion de leur commune, une nouvelle et illicite audace, ont usurpé les priviléges de l'évêque et de l'église de Beauvais, et le droit de justice que possède l'évêque sur tous et chacun de la commune : de plus, un de leurs jurés ayant demandé justice à l'évêque, en a été détourné par leur téméraire audace, pour obtenir d'eux-mêmes justice et satisfaction. Cette affaire donc nous ayant amené à Beauvais, la cause ayant été entendue devant nous, et la charte de la commune récitée publiquement, les bourgeois ont enfin reconnu que la justice de toute la ville appartenait à l'évêque seul, et que si quelque abus ou forfait était commis, la plainte devait être portée à l'évêque ou à son officier. Nous sanctionnons donc, par l'excellence de la majesté royale, que les plaintes soient toujours portées à l'évêque, et que nul ne soit si présomptueux à Beauvais que de s'immiscer dans les droits de l'évêque et de l'église, surtout dans le droit de faire justice, aussi long-temps du moins que l'évêque ne manquera pas à la rendre. Mais si, ce qu'à Dieu ne plaise, il y manquait, alors les bourgeois auront licence de faire justice entre eux, car mieux vaut qu'elle soit faite par eux que pas du tout. Et afin que tout ceci soit constant, demeure assuré et inviolable, nous avons ordonné de le coucher par écrit et de le fortifier de l'autorité de notre sceau. Fait publiquement à Beauvais, l'an 1151 de l'Incarnation du Verbe. Présens dans notre palais, ceux dont suivent les noms et sceaux : Raoul de Vermandois notre sénéchal, Gui le bouteiller, Mathieu le connétable, Mathieu le chambellan, Reinaud de Saint-Valery, Hélie de Gerberay, Adam de Bruslard, Louis de Caufray. Donné par la main de Hugues le chancelier [1].

Pour le moment, l'affaire fut terminée par cet arrêt, car la commune n'était pas de force à lutter à la fois contre son évêque et le roi. Mais

[1] Louvet, t. II, p. 289.

les bourgeois de ce temps étaient tenaces dans leurs prétentions, et nous verrons bientôt ceux de Beauvais renouveler ce débat.

En 1180, Henri de France fut nommé à l'archevêché de Reims; on peut croire que la commune se vit avec joie débarrassée de ce puissant et orgueilleux suzerain : son évêché passa à son neveu Philippe de Dreux, petit-fils de Louis-le-Gros; et soit pour se faire bien venir de ses nouvelles ouailles, soit que cette concession lui eût été achetée par quelque don, devenu pour lui nécessaire à l'approche de la croisade où il se rendit quelquesannées après, Philippe accorda en 1182 aux bourgeois de Beauvais la faculté d'avoir un maire, et cette nouvelle institution augmenta sans doute notablement les priviléges de la commune, car nous en trouvons, trente ans plus tard, d'amères plaintes consignées dans les registres du chapitre de Beauvais, toujours moins libéral que les évêques qui souvent pourtant ne l'étaient guère.

Plainte du chapitre de Beauvais contre le seigneur Philippe, évêque, faite la veille des kalendes de juin, l'an du Seigneur 1212.

Le seigneur évêque est comte de Beauvais, et le droit de monnaie lui appartient, etc.

Dans la commune de Beauvais avaient coutume d'être douze pairs pour aviser aux affaires de la république : or la justice de la cité appartient à l'évêque; et comme parmi ces douze pairs, nul n'était maire, au milieu d'une telle confusion, ceux qui souffraient quelque injure recouraient à la justice de l'évêque. Mais le présent évêque a permis aux pairs d'avoir deux maires, et maintenant on leur porte plainte comme à des chefs assurés, au préjudice du siège épiscopal; et puisque le droit de justice du siège épiscopal a souffert diminution du temps d'un homme si puissant, il est à craindre que, si un moindre que lui était élu après sa mort, ce droit tout entier ne pérît. Nous demandons donc que le seigneur évêque rétablisse les choses dans le premier état, et qu'il n'y ait point de maires dans ladite commune [1].

Les chanoines ne purent obtenir ce qu'ils demandaient; personne même, à ce qu'il paraît, ne prit parti pour eux, et la commune demeura en possession de son maire, dont au surplus l'institution avait été confirmée dès 1182 par le nouveau roi de France, Philippe-Auguste, dans la charte que, deux ans après son avénement, il accorda à la communede Beauvais.

Je n'insérerai point ici en entier cette charte semblable, en beaucoup d'articles, à celle de Louis-le-Jeune, et je me contenterai d'en indiquer les différences; mais je m'étonne que les

---

[1] Louvet, tom. II, p. 341.

savans éditeurs des *Ordonnances des rois de France*, et M. Augustin Thierry, aient cru ces différences assez légères et assez insignifiantes pour se borner à donner le texte de la charte de 1182, supposant les chartes antérieures à peu près identiques. L'omission a quelque gravité, car elle rend plusieurs faits de l'histoire de Beauvais absolument inexplicables : comment comprendre, par exemple, l'institution de l'office de maire à Beauvais par Philippe de Dreux, et les plaintes du chapitre à ce sujet, lorsqu'on regarde comme primitif, et par conséquent comme antérieur à ce débat, le texte de la charte de Philippe-Auguste, où il est sans cesse question de ce maire et de ses fonctions, où la forme de son élection est même réglée?

Je crois donc devoir indiquer exactement les différences qui se rencontrent entre la charte de Philippe-Auguste et celles de ses prédécesseurs.

CHARTE DE PHILIPPE-AUGUSTE.

1er ARTICLE. Le mot d'*ancêtre* est substitué à celui de père, et les innovations apportées par cette charte à celle de Louis-le-Jeune sont indiquées par cette expression : « Nous accor-

» dons, etc., etc. » ainsi que : « les coutumes
» contenues dans la présente charte. »

2ᵉ ART. Le nom du maire est ajouté partout où, dans la précédente charte, il était question des pairs. On verra plus bas l'article qui a rapport à son élection.

13ᵉ ART. Cet article n'existe pas dans la charte de Louis-le-Jeune ; il vient après l'article : « Si » quelqu'un de la commune a confié son argent » à quelqu'un de la ville, etc. ; et porte : « Si » quelqu'un enlève de l'argent à un homme de » la commune et se réfugie dans quelque château » fort, et que clameur en soit portée devant le » maire et les pairs, justice sera faite selon la » délibération du maire et des pairs sur lui, si » on peut le rencontrer, et sur les hommes et » les biens du seigneur du château, à moins que » l'argent ne soit rendu. »

Au lieu de cet art. 13ᵉ, on trouve dans la charte de 1144 un article ainsi conçu : « Que les hom- » mes de la commune aient soin de confier leurs » approvisionnemens, etc. » Il n'est pas dans la nouvelle charte.

14ᵉ ART. Après la phrase : « Les pieux pour » pendre les draps seront fichés en terre à égale » hauteur, » se trouve celle-ci, dans la charte de Philippe-Auguste : « Et quiconque aura forfait

» en ce qui touche les pieux pour pendre le
» drap, le drap lui-même ou toutes les choses
» qui y ont rapport, si clameur en est portée, etc.»

16ᵉ ART. (Article nouveau.) « S'il arrive que
» quelqu'un de la commune ait acheté quelque
» héritage, et l'ait tenu pendant an et jour, et
» y ait bâti, et que quelqu'un vienne ensuite
» en réclamer le rachat, il ne sera rien répondu
» à celui-ci, et l'acheteur demeurera en paix. »

17ᵉ ART. (Article nouveau.) « Treize pairs se-
» ront élus en la commune entre lesquels, si
» c'est l'avis de ceux qui ont juré la commune,
» un ou deux seront faits maires. »

18ᵉ ART. Après les mots : « Nous confirmons
» et accordons les justices et décisions, etc. » se
trouvent dans la charte de 1182 les mots suivans : « Nous accordons aussi que la présente
» charte ne sera pour aucune cause portée hors
» de la cité, et quiconque voudra parler contre
» elle, après que nous l'avons accordée et con-
» firmée, ne recevra aucune réponse ; et, pour
» qu'elle demeure constante et inviolable, nous
» avons fait munir cette feuille de l'autorité de
» notre sceau. Fait l'an 1182 de l'Incarnation,
» de notre règne le 3ᵉ. (Présens en notre palais
» ceux de qui les noms et signets sont ci-dessous
» mis : Guyon, bouteiller ; Mathieu, chambellan ;

» Drieu, connétable.) [1] » Cette dernière phrase n'existe point dans le texte latin, elle n'existe que dans un texte en vieux français, qui paraît aussi fort ancien.

La bonne intelligence ne dura pas toujours entre Philippe de Dreux et les bourgeois de Beauvais. Dans l'une des nombreuses guerres qu'eut avec les Anglais ou ses voisins le belliqueux évêque, il voulut, vers 1213 ou 1214, avoir en sa possession les clefs des portes de la ville; elles lui furent refusées par le maire et les pairs, qui se les étaient, je ne sais comment, appropriées; Philippe s'en plaignit au roi, qui les lui fit rendre, décidant que les clefs appartenaient à l'évêque. On est même étonné de voir ce droit mis en doute; et la seule discussion prouve l'accroissement des forces et des prétentions de la commune; mais, de son côté, Philippe, cousin du roi de France, et d'une humeur peu endurante, n'était pas homme à laisser tranquillement empiéter sur ses droits, et il devait se sentir d'autant plus choqué de se voir disputer la possession des portes de la ville,

[1] Loisel, p. 279-284; *Recueil des ordonnances*, etc., t. VII, p. 621; t. XI, p. 193; Thierry, *Lettres sur l'Histoire de France*, p. 300; 2ᵉ édit.

que lui-même avait travaillé à l'agrandissement des fortifications, d'après l'ordre donné par Philippe-Auguste, en 1190, d'augmenter les moyens de défense de Beauvais. Partant pour la croisade, le roi était bien aise de garantir d'attaque une ville sur laquelle les rois de France pouvaient toujours compter.

Un autre différend s'éleva encore entre l'évêque et la commune de Beauvais; celle-ci avait fait démolir, sans doute sous prétexte de violation de ses priviléges, la maison d'un gentilhomme nommé Enguerrand de la Tournelle; or, Enguerrand, dit-on, n'était point membre de la commune ni son justiciable. Plainte fut donc portée à l'évêque, qui voulut en décider; mais il ne put obtenir des pairs de Beauvais qu'ils se soumissent à sa juridiction et vinssent répondre devant son tribunal : il fut arrêté alors entre les parties que le jugement de cette affaire aurait lieu par le duel, et des lices furent établies hors de la ville par ordre de l'évêque, qui y envoya un champion destiné à soutenir son droit; mais l'arrivée de Philippe-Auguste empêcha le combat. Le moment d'ailleurs était mal choisi pour de pareils différends; la querelle de l'évêque de Beauvais avec le comte de Boulogne n'était plus qu'un épisode d'une plus grande et plus nationale guerre, et quiconque se sentait attaché à la France naissante se hâtait en 1214 de courir défendre à Bovines le repos et peut-être l'existence du pays. L'évêque et la commune de Beauvais se distinguèrent dans cette journée de patriotique mémoire, et il semble qu'ils oublièrent sur le champ de bataille leurs différends antérieurs; du moins ne voyons-nous plus, jusqu'à la mort de Philippe de Dreux, en 1217, aucun orage s'élever entre eux; et cet évêque ayant obtenu du roi un ordre pour se faire prêter serment par les maire et pairs de Beauvais, il ne paraît pas que ceux-ci aient fait la moindre difficulté. Un fait est à remarquer dans la lettre du roi : elle est adressée à deux personnes étrangères à la ville de Beauvais, qu'il charge de l'exécution de ses ordres. Ainsi les rois de France étendaient à chaque occasion et en tout lieu leur autorité, au moyen de leurs officiers, et s'appliquaient sans relâche à former de véritables fonctionnaires publics, indépendans du clergé, de la noblesse, des communes, et n'ayant affaire qu'à eux seuls.

Philippe, par la grâce de Dieu, roi des Français, à ses

chers et fidèles, Gilon de Versailles, et Reinaud de Bethisy, salut et amour. Nous vous ordonnons de faire jurer fidélité en cette forme à notre cher parent et fidèle, l'évêque de Beauvais, par tous les hommes de Beauvais, tant maires que jurés [1], et tous les autres qui sont de la commune. Que chacun jure par les saints et sacrés évangiles de garder fidèlement le corps et les membres de l'évêque, sa vie, son honneur, ses meubles et ses droits, sauf la foi qui nous est due. Vous leur ferez préalablement jurer fidélité envers nous sous la même forme. Donné à Melun, l'an du Seigneur 1216 [2].

Milon de Nanteuil avait, après quelques traverses, succédé à Philippe de Dreux; la bonne intelligence régnait entre lui et les bourgeois, et nulle querelle extérieure, soit avec le roi, soit avec les seigneurs environnans, n'avait troublé les quinze premières années de son épiscopat, lorsqu'un acte irrégulier de Louis IX, ou plutôt de la régente Blanche, vint détruire pour long-temps cette tranquillité.

La concession de Philippe de Dreux et la charte de Philippe-Auguste avaient, comme on

[1] *Juratis.* Il faut prendre cette fois ce mot comme synonyme de pairs, et non de simples membres de la commune. Cette confusion se retrouve à chaque instant.

[2] Louvet, t. II, p. 344.

l'a vu, donné aux bourgeois de Beauvais le droit d'élire un maire chargé, de concert avec les pairs, du gouvernement de la commune. En 1232, cette charge de maire était à donner ; et l'on croit entrevoir, dans les récits un peu confus de cet événement, que deux partis divisaient profondément la commune : l'un formé des gros bourgeois, des gens riches, des industriels, comme on dirait aujourd'hui, des *changeurs*, comme on disait alors ; l'autre, des gens de bas étage, de cette populace inquiète et envieuse qui remplissait les cités du moyen âge et devenait plus ardente et plus ingouvernable à mesure que les progrès de la richesse et de la civilisation élevaient les bourgeois hors de son niveau et séparaient leurs intérêts des siens.

Peut-être fut-ce de son propre mouvement que la régente voulut se mêler des affaires de Beauvais ; peut-être aussi les gros bourgeois cherchèrent-ils dans le pouvoir royal un appui contre la turbulence de leurs adversaires. Quoi qu'il en soit, un maire, et, ce qui paraît une grande faute, un maire étranger à la ville, fut nommé par le roi, et nous voyons les bourgeois se ranger avec empressement autour de cet intrus dont ils auraient dû, ce semble, repousser avec colère l'illégale nomination.

La populace de Beauvais, doublement blessée dans son parti et dans ses droits, ne prit pas si patiemment l'usurpation ; une sédition violente éclata. Je pourrais raconter ici les excès commis, la vengeance qu'en tira le jeune roi, les réclamations que lui adressa l'évêque contre cet empiétement sur ses droits de haut justicier, la façon hautaine et légère dont le roi les accueillit et le traita lui-même en plusieurs occasions, les plaintes qu'en porta l'évêque devant le concile provincial, enfin la conclusion ou plutôt l'accommodement de cette affaire ; mais j'aime mieux laisser à ces événemens le coloris qu'ils empruntent du langage et des passions de l'époque ; et je traduirai ici, en y joignant les explications nécessaires, l'enquête faite sur ces circonstances, en 1235 ; quelquefois seulement, et pour l'intelligence du récit, j'intervertirai l'ordre des dépositions sans rien ajouter ou changer à aucune. Je commence donc par la seconde, qui fera mieux comprendre la première.

2ᵉ TÉMOIN.

Barthelemy de Franoy, chevalier, dit qu'une dissension existant déjà entre les bourgeois et le petit peuple de la cité de Beauvais, Robert de Moret, bourgeois de Senlis, y fut fait maire par l'ordre du roi, et que la discorde s'éleva touchant ce fait entre les bourgeois et les gens du petit peuple, parce que plusieurs de ces derniers voulaient nommer eux-mêmes le maire ; ils attaquèrent le maire et les principaux de la ville qu'on nomme *changeurs*, s'emparèrent d'eux, et en blessèrent et tuèrent plusieurs, ainsi que l'a vu le déposant ; après cet assaut il vint dans la ville, d'où il fut envoyé sur le champ par le bailli de l'évêque, à Brælle où était l'évêque, et chargé de lui dire de ne pas venir en ville, à moins d'avoir avec lui une force suffisante ; et tandis qu'il allait à l'évêque, il le trouva déjà sur le chemin de Beauvais, et il lui fit sa commission ; mais l'évêque ne laissa pas pour cela de venir, et entra de nuit dans la ville, et ayant entendu le récit entier de ce qui s'était passé, tint conseil pour savoir de quelle manière tirer justice de ces choses : et comme vers le milieu de la nuit l'évêque apprit que le roi venait à Beauvais, il lui envoya celui qui parle ici, et maître Robert l'official, pour le prier de lui donner avis sur un fait si énorme, disant qu'il était tout prêt à faire justice suivant son avis. A cela le roi répondit qu'il ferait lui-même justice, et la reine [1] répondit la même chose. Ce jour donc le roi vint à Brælle, et l'évêque y alla, et le pria de ne pas venir à Beauvais à son préjudice, puisqu'il était tout prêt à faire justice suivant son avis. Le roi répondit : « J'irai à Beauvais, et vous verrez ce que je ferai. »

Le roi entra dans Beauvais et dans la maison de l'évêque, et celui-ci dans sa maison l'avertit de nouveau de ne rien faire à son préjudice, puisqu'il était tout prêt à rendre justice, suivant son avis, des faits advenus. Mais le roi ne se

---

[1] Blanche de Castille, mère de saint Louis.

rendit pas, et le lendemain et les jours suivans, il fit proclamer le ban, détruire des maisons, saisir des hommes.

Ier TÉMOIN.

Le maître prieur, chanoine de Beauvais, dit qu'un jour dont il ne se souvient pas, il alla, il y aura trois ans au prochain Carême, au concile de Reims, tenu dans la ville de Noyon, et y entendit Milon de bonne mémoire, jadis évêque de Beauvais, se plaignant au concile des injures multipliées que lui avait faites le roi à Beauvais, lorsque, malgré ses réclamations, avertissemens et supplications, il était entré dans sa ville à main armée et suivi de beaucoup de gens de commune, à cause de certains homicides et autres énormes crimes commis dans cette cité, et avait fait proclamer le ban, saisir des hommes, détruire des maisons, et dévaster des biens meubles appartenant à la juridiction épiscopale, le tout au préjudice de sa seigneurie et de sa justice; car à lui sont toute la justice de la ville et l'usage d'icelle. Et pour le prouver, ledit évêque produisit et fit lire certaines lettres du roi de France [1], confirmant sa seigneurie et sa justice entière dans la ville; et il supplia le concile de s'opposer à ces choses, et d'aider l'église de Beauvais.

Ledit évêque avait envoyé son official et un chevalier pour avertir et requérir le roi sur ces choses, et le lendemain, veille ou avant-veille de la Purification, le roi étant à Brælle, ledit évêque alla à lui, et lui dit : « Seigneur, ne

---

[1] Charte de Louis-le-Jeune, de 1151, dans l'affaire de Henry de France.

» me faites pas tort; je vous requiers, comme votre homme
» lige, de ne pas vous mêler de ce fait, car je suis prêt à
» faire justice sur le champ et avec l'avis de votre conseil:
» et je vous prie d'envoyer avec moi quelqu'un de votre
» conseil, afin qu'il voie si je fais bonne justice. » Et l'évêque n'eut pas sur ceci bonne réponse du roi.

Le jour suivant le roi entra à Beauvais, et l'évêque alla le trouver avec plusieurs du chapitre, et le requit de nouveau suivant la manière susdite, et fit lire devant lui les lettres du roi Louis touchant la justice que possède l'évêque de Beauvais, et les lettres du seigneur pape [1] touchant le même objet, et le requit encore, et dit « que quelque
» justice que le roi ordonnât de faire de ce fait, il s'en
» concerterait avec le conseil du roi, pourvu qu'elle se
» fît par lui évêque ou son délégué; » et il l'avertit en qualité d'évêque, et le roi ne lui répondit rien qui vaille; et quand le ban eut été proclamé de la part du roi, les maisons renversées, les hommes pris, l'évêque se plaignit au roi, et lui demanda de lui rendre son droit de justice dont il l'avait dessaisi.

Le concile répondit à l'évêque que les évêques de Laon, Châlons et Soissons seraient envoyés au roi, et l'avertiraient, de la part du concile, d'amender toutes ces choses; et que s'il ne le faisait, les trois mêmes évêques iraient à Beauvais pour s'enquérir de ces choses. Et le déposant ajoute qu'il entendit ces trois évêques dire qu'ils avaient prévenu le roi afin qu'il envoyât, s'il lui plaisait, quelqu'un à l'enquête;

---

[1] Les lettres dont il est ici question, sont une bulle du pape Lucius III pour confirmer la charte de Louis-le-Jeune.

ces évêques donc vinrent à Beauvais, et firent l'enquête, et reçurent beaucoup de bourgeois, et le déposant croit que les bourgeois de l'autre parti produisirent aussi des témoins devant eux. Les évêques proposèrent à Simon de Pissy et Pierre de Hale, préposés de la part du roi à la garde de la cité, d'assister à l'enquête, et le déposant les vit venir devant eux; et l'enquête faite, les évêques la reportèrent au concile ainsi qu'il était convenu; et là il fut ordonné que le roi serait averti derechef et derechef. Et le déposant sait que l'archevêque et les évêques allèrent au roi et l'avertirent deux fois; il le sait, car il était avec eux.

De plus, il dit que l'archevêque alla ensuite auprès du roi avec beaucoup de prélats et les envoyés du chapitre de Beaumont, et ils le supplièrent et l'avertirent d'avoir pitié de l'église de Beauvais, mais le roi n'en fit rien. Et ensuite l'archevêque, ayant tenu un concile avec quelques prélats, ordonna de lancer la sentence d'interdit suivant la forme exprimée dans ses lettres; il croit cependant que la sentence d'interdit ne fut rendue que par l'archevêque de Reims, et que cet interdit établi sur la province de Reims fut observé dans les diocèses de Laon et de Soissons.

3ᵉ TÉMOIN.

Raoul, prêtre de Saint-Waast de Beauvais, dépose qu'il a entendu dire que l'interdit avait été mis sur la province de Reims par le concile, à cause des injustices faites par le roi à l'église; et qu'il était à Beauvais il y aura trois ans à la fête de la Purification, lorsque, la veille ou le jour de cette fête, le roi vint à Beauvais, avec beaucoup de soldats et de gens de commune; que le lundi avant cette fête avait eu lieu une mêlée entre les bourgeois et le petit peuple, et qu'il avait vu les gens du petit peuple conduisant le maire nommé par le roi avec sa tunique déchirée, et sa robe déchirée jusqu'à la ceinture; beaucoup de gens étaient blessés et tués, et l'on entendait ceux du petit peuple dire: «C'est ainsi que nous te faisons maire.» Or, injustice avait été faite à l'évêque en ce que le roi avait nommé le maire, parce que c'était la coutume de Beauvais que les douze pairs, bourgeois de Beauvais, élisaient dans leur sein deux maires et les présentaient à l'évêque; or cette fois le roi avait nommé un maire étranger.

Il dit qu'il y a bien trente-six ans, à ce qu'il croit, que pendant que le roi Philippe avait guerre contre le roi Richard la commune détruisit la maison d'un certain Enguerrand de la Tournelle, et que pour cela l'évêque Philippe cita devant lui les bourgeois; et, comme il y avait à cause de ce fait grande discorde entre l'évêque et la commune, le roi Philippe vint enfin à la ville, et l'affaire était très-grande.

Le roi [1] donc envoya Simon de Pissy et certains chevaliers et serviteurs pour garder la cité contre le droit de l'évêque, et ils furent avertis au nom de l'évêque de quitter la ville, et comme ils ne la quittèrent pas, ils furent excommuniés. De même furent avertis et excommuniés, suivant le mode susdit, le maire et les pairs de Beauvais.

Alors deux serviteurs du roi, Durand de Sens et Chrétien de Paris, s'établirent dans la demeure de l'évêque, s'emparèrent de sa maison et de ses vins, et perçurent ses rentes, et Pierre de Hale fit vendre le vin, et quand l'évêque venait à Beauvais, il logeait chez le trésorier.

---

[1] Saint Louis.

4ᵉ TÉMOIN.

Pierre prêtre, dit de Meschines, dit que l'évêque a toute justice dans la ville, savoir : le meurtre, le rapt, l'effusion de sang, le vol, l'adultère, le droit de visite domiciliaire dans les affaires de vol, et les questions de voirie.

5ᵉ TÉMOIN.

Le seigneur Evrard, abbé de Saint-Lucian, frère de Baudouin de Mouchy, dit que le roi avait droit de conduire la commune aux chevauchées et à la guerre; et s'il l'aimait mieux, de recevoir de l'argent en place; et qu'il a entendu dire que quelquefois pour cela il avait reçu quinze cents livres, et quelquefois moins.

Ce dernier témoignage ne semble pas, non plus que plusieurs autres, se rapporter à l'objet de l'enquête; ils servent pourtant à l'éclaircir en indiquant les divers droits de l'évêque, du roi, de la commune, ce qui nous a décidé à les conserver ici : on y trouve d'ailleurs de curieux renseignemens sur les attributions de ces trois pouvoirs distincts.

6ᵉ TÉMOIN.

Maître Bernard, sous-chantre, dépose que l'évêque Milon avait dit au chapitre qu'un certain évêque de Reims lui avait promis que l'interdit serait mis sur tous les diocèses de la province, s'il le mettait d'abord sur le sien; qu'il le mit et vint ensuite au concile tenu à Saint-Quentin par l'autorité du seigneur de Reims, et qu'en ce concile l'interdit fut levé dans l'espoir de la paix, et d'après des lettres du seigneur pape.

L'évêque Milon mit en effet cet interdit; mais, pour obtenir à cette mesure la coopération nécessaire des chanoines de Beauvais, il fallut traiter avec ces orgueilleux associés et se soumettre à leur donner la déclaration suivante :

Milon, par la miséricorde divine, évêque de Beauvais, à tous ceux qui verront ces lettres, salut dans le Seigneur. Nous faisons savoir à tous que nous voulons et accordons qu'aucun préjudice ne soit porté aux droits du chapitre de Beauvais, pour s'être conformé à l'interdit, au mois de juin 1233, le lundi jour de la fête de l'apôtre saint Barnabé; et que de cet interdit, quel que temps qu'il dure, nul droit de propriété ou d'usage ne soit acquis à nous et audit chapitre; mais nous voulons et accordons que le chapitre et l'église de Beauvais restent en tout dans le même état, et entièrement en toutes choses comme avant que l'interdit fût promulgué dans l'église de Beauvais, et que ledit chapitre s'y fût conformé. Donné l'an du Seigneur 1233, au mois de juin.

Deux ans après, Godefroy de Nesle, successeur de Milon, mettant de nouveau l'interdit sur le diocèse pour la même cause, se vit aussi forcé de faire une pareille déclaration; on y lit cette phrase remarquable : « Sachez tous

» qu'ayant mis l'interdit sur notre diocèse, nous
» avons prié le chapitre et le doyen de s'y con-
» former par compassion pour nous, et que,
» sur nos prières, le doyen et le chapitre ont, de
» leur autorité propre, accepté l'interdit. »

CONTINUATION DU 6° TÉMOIN.

Il dit qu'il y aura trois ans à la veille de la Purification que le petit peuple de la cité s'insurgea contre le maire et les changeurs de cette ville ; et que le maire et les changeurs s'étant emparés à main armée d'une maison [1] où ils se retirèrent, le feu fut mis à la maison voisine, et ils furent pris par assaut, et plusieurs d'entre eux tués.

Il ajoute que l'évêque vint à Beauvais la nuit suivante; et qu'ainsi qu'il l'a entendu dire, quatre-vingts des plus coupables de ce fait, selon leur propre aveu, se présentèrent devant l'évêque, et furent par lui sommés de se soumettre à sa haute et basse justice. Ils prirent alors avis du maire Robert Desmurreaux [2] qui les en dissuada, disant que

---

[1] C'était la maison d'un armurier.

[2] Le nom de ce maire est presque toujours mis en français, et l'on le trouve écrit de ces trois manières : de Moret, de Mouret, Desmureaux. On est bien quelque peu étonné de le retrouver si vite en harmonie avec ceux qui naguère voulaient sa mort; mais ces vicissitudes sont très-fréquentes dans les histoires de commune où les habitans d'une même ville sentaient souvent le besoin d'oublier tous leurs différends pour s'unir contre les ennemis extérieurs, roi, seigneurs laïques ou évêques.

s'ils le faisaient, leur vie et leurs membres seraient en danger; ils s'en allèrent donc sans s'être soumis à la volonté de l'évêque, et l'évêque se fâcha du conseil qui leur avait été donné, et s'en prit aux siens pour ne les avoir pas retenus ; ceux-ci répondirent qu'ils n'avaient pas de forces suffisantes pour cela. Le même jour l'évêque vint au roi à Braelle, et, le jour suivant, le roi vint à Beauvais, où dès le lendemain il fit tirer des prisons de l'évêque les hommes de Beauvais faits prisonniers, et proclamer son ban que partout tous se rendissent au marché ; venus là, il les fit prendre, enfermer dans les halles, et le jour d'après beaucoup furent bannis du royaume, et le roi le signifia au maire et aux pairs.

Or, il y avait eu vingt personnes tuées et trente blessées ; et quand le roi vint, les enfans de ceux qui avaient été tués et les blessés portèrent plainte au roi, et il fut ordonné par son conseil et le conseil de la commune que les maisons des coupables seraient abattues, et quinze maisons furent abattues. Le maire de la commune frappait le premier coup, et les gens de la commune achevaient la destruction [1]. Mais le roi ne fit point injustice à l'évêque en faisant ces choses dans la ville, car l'évêque n'avait point fait justice, et le maire peut faire justice d'un citoyen de Beauvais, de son corps par la hache, de ses biens par la destruction de sa maison.

[1] Il est aisé de voir que cette déposition est faite par un homme favorable au roi. Celle du 8e témoin est dans un sens tout opposé ; aussi porte-t-elle à quinze cents le nombre des maisons abattues ! exagération évidente.

7ᵉ TÉMOIN.

Pierre Maillard, homme de la commune, dit que quand Philippe avait guerre avec le comte de Boulogne, l'évêque pria le roi de lui confier les clefs de la ville, et que lui-même a vu que les clefs furent envoyées et remises à l'évêque de la part et par l'ordre du roi. Il dit en outre que les murs et les fossés appartiennent à la commune [1].

8ᵉ TÉMOIN.

Pierre l'archidiacre dépose que l'an de l'Incarnation du Seigneur 1225, au mois de septembre, jour de la Saint-Michel, il était présent lorsque les communes du seigneur roi de France et du comte de Boulogne allaient, à ce qu'on disait, à Beauvais, par ordre du seigneur roi. *Item*, qu'il fut présent lorsque le seigneur Milon, jadis évêque, parla au roi la veille de la Purification, l'an du Seigneur 1232. *Item*, qu'il fut présent au concile provincial assemblé à Noyon l'an du Seigneur 1232, en la première semaine de Carême, et que l'évêque y fit porter en ces termes plainte par son official contre le seigneur roi, pour les injustices qu'il lui avait faites : « Saints pères, l'é-
» vêque de Beauvais vous signifie que, tandis que la jus=
» tice et la juridiction de la cité de Beauvais appartiennent
» à l'évêque qui peut juger tous et chacun de Beauvais, et
» que lui-même et ses prédécesseurs ont joui paisiblement
» de ce droit, le seigneur roi, à l'occasion d'un forfait

---

[1] On voit que la commune avait gagné quelque chose depuis 1214 ; la propriété de ses murs et de ses fossés lui était reconnue et assurée.

» commis contre lui, est venu dans Beauvais à main armée
» avec beaucoup de gens de commune, et nonobstant les
» avertissemens et supplications de l'évêque, a fait procla-
» mer son ban dans la cité, saisir des hommes, détruire
» jusqu'à quinze cents maisons, bannir beaucoup de per-
» sonnes; et comme en quittant la ville il a demandé à l'é-
» vêque pour les frais de ces cinq jours[1] quatre-vingts livres
» parisis, l'évêque, sur cette demande nouvelle et insolite,
» réclama un court délai du seigneur roi afin d'en délibé-
» rer avec son chapitre; mais le seigneur roi se refusa à
» tout délai, saisit les choses appartenantes à la maison de
» l'évêque, et s'en alla après avoir laissé des gardes dans
» la ville et les maisons de l'évêque; c'est pourquoi ledit
» évêque prie le saint synode de donner conseil et aide à
» lui et son église........[2] »

Et les trois évêques vinrent à Beauvais et avertirent l'é-
vêque de Beauvais, ceux qui étaient là pour le seigneur roi,
Robert de Muret et les pairs de la cité, qu'ils venaient
de la part du concile s'enquérir touchant la justice de l'é-
glise de Beauvais, et les injures que le seigneur évêque disait avoir reçues. Lesdits évêques s'enquirent donc de ces
choses.

Item, ledit témoin était présent la semaine de la Passion,
à Laon, où se rassembla le concile et fut rapportée l'enquête. Et l'année suivante, un jour qu'il ne se rappelle pas,

---

[1] La somme réclamée ici par saint Louis l'était comme droit de gîte, sorte de tribut que le seigneur suzerain avait droit de lever sur ses vassaux quand il leur rendait visite.

[2] Les passages supprimés ne sont qu'une répétition des faits racontés dans le premier témoignage.

avant la Saint-Martin d'hiver, il fut présent à Beaumont, où l'on traita longuement d'accommodement ; et comme l'archevêque de Reims, qui disait avoir l'autorité du concile, n'y put parvenir, on traita de la manière de mettre l'interdit ; et là étaient présens les évêques de Senlis, Soissons, Châlons, Cambrai et Beauvais ; mais on ne fit rien, si ce n'est conférer entre soi ; l'archevêque et le concile restèrent ensuite long-temps ensemble, et l'archevêque dit au témoin : « Sache que sentence sera portée........ »

L'archevêque de Reims s'était en effet rendu à Beaumont, près du roi, avec plusieurs évêques et députés de chapitres, pour le prier de pardonner à l'église de Beauvais et entrer avec lui en accommodement ; mais le roi ne put s'entendre avec eux et les fit congédier. Sur ce l'interdit fut aussitôt prononcé par l'archevêque.

Item, il fut présent lorsque le seigneur évêque de Soissons, de la part du seigneur archevêque et des évêques qui étaient au concile, nonobstant l'appel de l'évêque de Beauvais, leva l'interdit mis sur l'église de Beauvais ; et cela fut fait le lundi ou le mardi avant Noël, et le dimanche d'avant l'évêque avait porté appel.......

Ce n'était pas tout-à-fait de leur plein gré que les évêques levaient cet interdit ; ils y étaient en quelque sorte forcés par les réclamations qui leur venaient de toutes parts. Deux chapitres du diocèse de Senlis avaient refusé de s'y soumettre; et les curés de ce même diocèse, « voyant qu'ils » ne gagnaient plus rien en cessant de prier Dieu » pour les morts, » menaçaient leur évêque d'en appeler, s'il ne levait l'interdit. Les diocèses de Laon et de Soissons se refusèrent nettement à l'observer; le chapitre d'Amiens déclara à l'archevêque de Reims qu'il ne reconnaissait ni l'interdit, ni le concile. Enfin plusieurs évêques de la province de Reims s'élevèrent contre cette mesure, et, en présence même du concile, annoncèrent qu'ils en appelaient au pape. L'archevêque de Reims, beaucoup plus décidé dans cette affaire, se vit donc obligé de céder, et la voie de l'appel fut la seule ressource laissée à l'évêque de Beauvais; aussi y eut-il recours, et sa protestation eut lieu en ces termes:

« Seigneur archevêque, vous savez que, par l'autorité
» du concile, vous et vos suffragans avez mis l'interdit sur
» vos diocèses pour les injures portées à l'église de Beau-
» vais; de ces injures nulle n'est réparée, et vous savez
» bien qu'il m'importe que l'interdit ne soit pas levé avant
» que satisfaction soit donnée; et puisque l'interdit a été
» mis de votre consentement et de celui de vos suffragans,
» j'en appelle, pour qu'il ne soit pas révoqué, au seigneur
» pape, mettant moi, mon église et mon affaire sous sa
» protection. »

Mais le pape Grégoire IX ne prit pas d'aussi haut qu'on eût pu s'y attendre l'affaire de l'église de Beauvais; il engagea lui-même l'évêque à lever l'interdit, lui promettant, pour le consoler, qu'il serait libre de le remettre si satisfaction ne lui était donnée. Il paraît que l'évêque se décida à se soumettre; mais, désolé de cette issue, il se rendit à Rome, où il mourut bientôt. Godefroy de Nesle lui succéda en 1235, remit aussitôt l'interdit, et alla aussi mourir à Rome sans avoir mené à bien ce grand différend avec le roi. Ce roi était pourtant saint Louis, qui montra dans cette affaire plus de fermeté, on dirait même d'opiniâtreté, qu'on ne serait tenté de le présumer; il eut même à résister aux sollicitations du pape Grégoire, dont il existe une bulle portant pour titre :

Bulle du pape Grégoire en envoyant au roi des légats pour l'engager à se désister des torts faits par lui à l'église de Beauvais.

Il y a trois autres bulles du même pape sur cette affaire; la dernière est ainsi intitulée :

Lettres touchant l'interdit mis dans la province de Reims à cause des torts faits par le roi aux églises et aux évêques.

Robert de Cressonsac, doyen de l'église de Beauvais, succéda en 1240 à Godefroy de Nesle, et vint enfin à bout de terminer cette longue querelle, qui portait plus encore, du moins avec le roi, sur le droit de gîte que sur le droit de justice, car un accommodement ayant été conclu sur la première question, la paix fut entière et l'interdit levé. Cette fois l'arrangement fut conclu à toujours, et non comme celui qu'avait fait jadis, en pareil cas, Philippe de Dreux, pour sa vie seulement. Voici le texte du traité, car c'en est un véritable :

> Louis, par la grâce de Dieu, roi des Français, faisons savoir à tous que nous avons soutenu avoir droit à autant de gîtes que nous voulions de la part de l'évêque de Beauvais, ou que ledit évêque devait nous les procurer; mais que, ayant égard à la fidélité de l'évêque actuel de Beauvais envers nous, et voulant porter aide à cette église pour les dangers et dépenses que ses évêques à l'avenir pourront encourir, nous voulons et accordons que celui qui sera à l'avenir évêque de Beauvais ne soit tenu, pour tous les droits de gîte, envers nous et nos successeurs, qu'au paiement de cent livres parisis chaque année en notre ville de Paris à l'Ascension du Seigneur, soit que nous allions à Beauvais, soit que nous n'y allions pas; et à un droit de gîte de cent livres parisis une seule fois dans l'année, s'il nous arrive d'aller à Beauvais; de manière à ce que ledit gîte n'excède pas la somme de cent livres. Et nous remettons et quittons pour les sommes susdites à l'église de Beauvais tous les

droits de gîte que nous avions ou pouvions avoir sur elle, sauf cependant les autres droits que nous pouvons avoir sur d'autres églises du diocèse de Beauvais. Et pour que cette feuille soit valable à toujours, nous avons ordonné de la fortifier de l'autorité de notre sceau, et au-dessous de l'apposition de notre nom royal.

Fait à l'hôpital près de Corbeil, au mois de juin, l'an 1248 de l'Incarnation du Seigneur, de notre règne le vingt-deuxième. Présens dans le palais ceux dont sont ici les noms et sceaux: point de sénéchal; Etienne le bouteiller, Jean le chambellan; point de connétable et la chancellerie étant vacante.

Les évêques de Beauvais trouvèrent encore moyen de s'affranchir d'une partie de ce droit. Le roi ayant donné au chapitre de Rouen la rente annuelle de cent livres, sur laquelle il ne s'en réservait que vingt-cinq payables par ce chapitre, Jean de Dormans, évêque de Beauvais, racheta, en 1363, cette rente, moyennant certaines terres situées en Vexin, dont il fit abandon au chapitre; l'évêque de Beauvais ne fut donc plus redevable envers le roi que de vingt-cinq livres par an, et cent lorsqu'il viendrait à Beauvais.

Quant au droit de justice, dont il n'est point question dans cet accommodement, il était plus difficile de le régler, et ce fut, comme on le verra, une source continuelle de débat entre le roi et l'évêque, l'évêque et les bourgeois. Pour Robert de Muret, cause de tant de dissensions, il paraît qu'il resta en possession paisible de sa mairie ; il est vrai qu'il avait dans la ville un parti puissant, celui de la haute bourgeoisie, parti presque toujours sûr de triompher de ses adversaires populaires, lorsqu'une violente commotion a fait mieux sentir le besoin du repos, et rendu ainsi l'ascendant à ceux qui se portent les défenseurs et les garans de l'ordre public.

Guillaume des Grez monta en 1254 sur le siége de Beauvais, et les premières années de son pontificat virent renouveler la querelle que venait d'assoupir son prédécesseur. Pour cette fois ce fut avec le chapitre qu'eut affaire la commune, et l'évêque prit peut-être quelque plaisir à considérer la lutte de ces deux rivaux de son pouvoir. L'arrêt rendu en 1257 par le parlement de Paris explique clairement de quoi il s'agit:

L'an du Seigneur 1257, Louis régnant, Guillaume des Grez gouvernant l'église de Beauvais, le maire et la commune de Beauvais intentèrent une action devant le seigneur roi contre le doyen et le chapitre de Beauvais, disant et soutenant qu'entre les libertés et priviléges accordés à la commune de Beauvais par les rois, il avait été accordé et consigné dans les chartes « que quiconque forfairait à un » homme qui aurait juré la commune, le maire et les pairs,

» lorsque clameur leur en aurait été portée, devraient faire,
» selon leur délibération, justice du corps et des biens du
» délinquant. » Et, disaient-ils, plusieurs exemples en ont
été faits sur des abbés, des chevaliers et bien d'autres. Et
que, comme un certain homme desdits doyen et chapitre,
nommé Etienne de Mouchy, et demeurant dans leur terre
de Mareuil, avait frappé un homme de la commune, nommé
Clément, et que le doyen et le chapitre, souvent requis par
lesdits maire et pairs d'envoyer le coupable dans la commune pour qu'il expiât son forfait suivant leur délibération, ne se mettaient pas en peine de le faire, ils demandaient qu'ils y fussent contraints par le seigneur roi.

Le doyen et le chapitre soutenaient, de leur côté, que leur
homme et justiciable n'ayant point été convaincu du
crime dont on l'accusait, ne l'avouant point, n'ayant point
été pris en flagrant délit, et s'étant offert à soutenir son
droit devant eux, doyen et chapitre, ses seigneurs; ils étaient
tout prêts et avaient offert au maire et aux pairs de citer
devant eux ledit Etienne et de prononcer sur l'affaire; et qu'ils
étaient encore prêts, et enjoignaient avec instance à leur
cour d'accorder un supplément de justice à quiconque se
plaindrait dudit Etienne.

Ayant donc entendu ces raisons et examinant les chartes
produites de la part du maire et de la commune, il a été
jugé, par le seigneur roi et ses conseillers, que le doyen et
le chapitre devaient avoir leur cour. Fait publiquement à
Paris, en cour plénière de parlement, la même année 1257.

Les bourgeois devaient être peu satisfaits de
cet arrêt qui donnait si complètement gain de
cause à leurs adversaires; peut-être leur défaite

parut-elle à l'évêque une bonne occasion de reprendre contre eux l'éternel procès du droit de justice, car il le rengagea sans cause à nous connue ; et, rencontrant dans les maire et pairs de Beauvais la même résistance, il mit, en 1265, l'interdit sur la ville et les faubourgs, après avoir donné au chapitre toutes les humbles déclarations qu'on exigea de lui. Le roi, jugant cette affaire digne de sa présence, se rendit à Beauvais ; et l'évêque, comme pour lui faire les honneurs de sa cité, en leva l'interdit pour tout le temps qu'il plairait au roi d'y séjourner. Je suis même porté à croire qu'il ne le remit pas après le départ de Louis, et que les parties, par égard pour leur puissant médiateur, consentirent à quelque replâtrage menteur. Les esprits, contenus en dépit d'eux-mêmes, n'en furent que plus prompts à s'échauffer de nouveau ; et Beauvais retomba dans toutes ses agitations, lorsque Renaud de Nanteuil, successeur de Guillaume des Grez, voulut, en 1273, contre les antiques coutumes de la cité, s'arroger le droit d'ôter les sentinelles mises par le maire et les pairs, à l'occasion d'un trouble survenu dans la ville. Le peuple se souleva violemment contre cet empiètement de ses droits ; et l'évêque, se voyant forcé de retirer ses sentinelles et de laisser faire les bourgeois, eut recours alors aux armes qu'on ne pouvait lui disputer, et mit la ville avec ses faubourgs en interdit. Cette rigueur ne termina point le soulèvement auquel vint se mêler le débat, toujours renaissant, du droit de justice; enfin, au bout de deux ans, ce différend était devenu assez grave pour attirer l'attention de Philippe-le-Hardi; le choix seul des personnes qu'il envoya à Beauvais indique l'importance qu'il attachait à leur mission : c'était le cardinal de Sainte-Cécile, légat du Saint-Siége; Ansold, seigneur d'Offemont, et le chantre de l'église de Reims. Ces trois envoyés royaux, après avoir passé quelque temps à Beauvais, amenèrent enfin les parties à un accord, intitulé vulgairement *grande composition (compositio pacis)*, et qu'on aurait dû plutôt nommer *grande confusion*, dit Louvet. Le lecteur se convaincra sans peine de la justice de ce reproche; les événemens seuls la démontreraient.

Philippe, par la grâce de Dieu roy des François; sçavoir faisons à tous ceux qui sont présens et viendront cy après. Que comme il y eut débat et contension entre nostre cher et feal Renault evesque de Beauvais, d'une part, et les maire et pairs de cette commune de Beauvais d'autre part, touchant divers articles contenus ci-dessous. Finalement par l'entremise de nos amez et feal le vénérable père Simon, par la grâce de Dieu cardinal du titre de Sainte-Cécile et légat du Saint-Siége, Ansold d'Offemont, chevalier, et M. Thibault de Ponceaux, chantre de Rheims, nostre secrétaire, par nous envoyez pour ce sujet en la ville de Beauvais: lesdites parties, après plusieurs altercations et plusieurs traitez faits sur lesdits articles, sont venues à ce point d'accord, à savoir que ledit evesque pour lui et sa commune d'une part, et lesdits maire et pairs pour eux et leur commune d'autre part, sauf et reservé et à condition expresse que, sur les articles que les parties trouveroient trop rigoureux, nous y apporterions tel adoucissement que bon nous sembleroit, ont fait pardevant lesdits legat, Ansold et Thibault, les accords et transactions qui ensuivent.

1° Qu'en quelque manière qu'on en ait usé jusqu'à présent, dorenavant les maire et pairs ne pourront de leur office et ne devront s'entremettre et prendre cognoissance d'aucun malefice ou crime, quand même la plainte leur en eût été faite auparavant, reservé les cas de trèves, ainsi qu'il est contenu cy-dessous.

2° Ne pourront aussi cognoistre d'aucun crime ou malefice pour raison duquel le delinquant doive perdre la vie ou quelque membre de son corps, quand même plainte leur en seroit faite avant qu'à l'evesque ou à sa justice, et lors même que le maire ou aucun des pairs eust été frappé par aucun de leur commune; ni pareillement d'aucun mesfait ou querelle dont on aura fait plainte premièrement à l'evesque ou à ses officiers.

3° Ne pourra neantmoins l'evesque ou ses officiers empescher ou defendre à aucun de la commune, ou l'obliger par serment ou autrement de ne se plaindre ausdits maire et pairs, s'il veut, avant qu'à l'evesque ou à sa justice, ou de ne point se pacifier avec son adverse partie, sans le congé et permission dudit evesque ou de sa justice, sauf et reservé le droit de l'eveque.

4° D'oresnavant aussi ne pourront lesdits maire et pairs faire apporter doloire ou marteau pour couper le poing à celui qui les aura frappés, ou l'un d'iceux, ni lui oster aucun membre : mais le pourront punir en deniers ou en autres peines plus rigoureusement que s'il avoit frappé un simple communier ou juré.

5° Ne pourront aussi lesdits maire et pairs cognoistre des plaids et différends des heritages, nonobstant que clameur eut esté portée devant eux, sur l'affaire relative à la terre de ces heritages, avant qu'à l'evesque ou à sa justice.

6° Mais si aucun de la commune leur faisait sa plainte avant qu'à l'evesque ou à sa justice de ce que son voisin auroit placé et mis la goutière de sa maison autrement qu'il ne doit, ou bien qu'elle ne soit telle qu'elle doit estre, à cause de quoi il soit en danger d'encourir ou souffrir perte et dommage; ou s'il arrive qu'il y eust différent de ce que la fermeture, cloture, parois ou mur du voisin penche ou pende sur sa maison, ensorte qu'il soit en danger de souffrir perte et dommage : en tel cas lesdits maire et pairs en pourront recevoir la plainte et clameur et en prendre cognoissance et faire reparer les choses defectueuses selon le rapport et le dire du charpentier jurez. Lesquels, quand ils auront été par eux choisis et establis pour cet effet, seront tenus de prester le serment devant l'evesque ou devant sa justice, comme pareillement pardevant lesdits maire et pairs, de se comporter fidèlement en leur charge et devoir.

7° Que s'il arrivait qu'aucun de la commune fist à un autre communier une plaie avec un cousteau, espée, baston, pierre ou autre ferrement ou armure, lesdits maire et pairs n'en pourront cognoistre ni s'entremettre dudit forfait pendant que la playe sera ouverte, quand mesme que la plainte leur en eut esté faite avant qu'à l'evesque ou à ses officiers ; sauf que, pour la sureté et pour le bien commun de la ville, ils pourront d'office commander aux parties, sous peine d'une somme de deniers, qu'elles s'entredonnent treves jusques à certain temps : mais ne pourront commander à aucun de donner asseurance.

8° Que si celui ou ceux auquel ils auront commandé de donner treves ne les veulent donner, ils ne le pourront contraindre, mais le pourront desavoüer et rayer de leur commune, et lors requerir l'evesque ou sa justice de le contraindre à donner treves jusques aux temps par eux prescrit, et à payer la peine imposée pour n'avoir voulu exécuter leur ordonnance.

9° Et sera tenu l'evesque ou sa justice, trois jours après la réquisition faite, de contraindre celui-là par la prise de son corps et ses biens, ou de le chasser hors de la ville de Beauvais; que s'il manque à ce faire, lesdits maire et pairs, trois jours après, se pourront retirer vers nous pour l'exécution de leur ordonnance; et, si aucun par aventure disoit que l'evesque ou ses officiers n'auroient point esté requis et ne seraient point en défaut d'exécuter ce dont ils avoient été requis, lesdits maire et pairs qui se seront retirez vers nous seront tenus de se purger par serment que lesdits evesque ou ses gens ont esté suffisamment par eux requis et ne l'ont point fait dans le terme fixé, auquel cas foi leur sera adjoustée sans autre preuve.

10° *Item*, il a été convenu et accordé entre les parties que si d'une playe ouverte, après qu'elle aura été guérie, aucun en veut faire sa plainte aux maire et pairs avant qu'à l'evesque, lesdits maire et pairs pourront bien en connoître, mais non imposer quelque peine, quand même il y aurait eu mehain (c'est-à-dire mutilation ou lesion de membre); ils pourront seulement condamner le delinquant à désinteresser et indemniser le blessé selon l'usage de la ville qui est tel (ainsi que les parties en sont demeurées d'accord) que pour la playe sans mehain, on a, à cause du sang, acoustumé de payer vingt sols trois deniers, avec tous cousts et despens qui ont été faits pour la guerison; que si le blessé était un laboureur, il aura ses journées qu'il aura perdues à raison de ladite playe. Que s'il y avait mehain (ou mutilation de membre) et que le blessé fust homme qui eust acoustumé de vivre du labeur de son corps et de ses membres, et que pour ledit mehain il ne pût travailler, ils pourront, ayant esgard à la condition des personnes et à la qualité du mehain, lui adjuger certaine somme competante et ordonner que le delinquant, ou, s'il vient à deceder, ses héritiers, payeront au blessé par an, tant qu'il vivra, la dite somme; lesdits maire et pairs feront en outre payer au malfaiteur une amende selon la qualité du delit.

11° Que si le délinquant ne veut pas acquiescer à leur sentence, ils ne pourront pour cela le contraindre, mais seulement le rayer de leur commune, et requerir l'evesque ou sa justice de le contraindre, par prise de son corps et de ses biens ou par banissement, à exécuter ce dont il aura été requis par eux. Que si ledit evesque ou sa justice disait que lesdits maire et pairs n'auraient point procédé en cette affaire comme ils le devaient, ou que le cas n'était tel dont ils pussent prendre cognoissance, que ledit maire et deux pairs eussent assuré par serment audit évêque que le cas était tel qu'ils pouvaient en prendre connoissance suivant l'ordonnance et accord faits par lesdits legat, Ansold et Thibault, et suivant qu'il était contenu en ces presentes; et qu'en cette affaire ils ont procedé fidelement et loyalement; l'evesque ou sa justice ou nulle autre personne ne les pourra arrester davantage, mais au contraire sera tenu d'executer leur requete comme il a esté dit ci-dessus; et s'il ne le fait dans le terme susdit, le maire et deux pairs nous pourront venir trouver près de Paris, comme Tours, Bourges ou quelque lieu plus proche, et nous requerir de faire tenir ce qu'ils ont ordonné et arresté.

12° Que si d'avanture aucun venait à dire que l'evesque ou sa justice n'ont été suffisamment requis et n'ont esté en defaut, lesdits maire et pairs en seront crus sans autre preuve, sur l'affirmation qu'ils feront pardevant nous que ledit evesque ou ses gens ont été suffisamment requis et qu'ils n'ont fait ce qu'ils ont dû faire pendant le temps prescrit. Et alors, si c'est notre bon plaisir, nous pourrons commander audit evesque et le forcer par prise de ses biens meubles, en sorte néanmoins que cela se fasse sans injure, de contraindre l'exclus de la commune à venir en l'obéissance desdits maire et pairs ainsi qu'il a esté dit : et si nous étions plus éloigné de la ville de Paris que Tours ou Bourges, en quelques lieux que ce fut, lesdits maire et pairs ne seraient point tenus de nous venir trouver et nous faire requeste pour contraindre ledit evesque ainsi qu'il a été dit cy-dessus : mais ils pourraient se retirer vers notre bailli de Senlis [1] que nous commettons specialement en no-

---

[1] On verra plusieurs fois cet officier royal se mêler des affaires de Beauvais, ville située dans son bailliage. Selon Loisel, cette cité n'eut un bailli en propre qu'en 1682; et

tre place à cet effet, et le requerir de contraindre ledit evesque, par prise de ses biens, à faire venir à l'obeissance des maire et pairs ledit exclus de la commune; et après avoir preté le serment en la forme susdite, sur la réquisition et le defaut dudit evesque, ledit bailli de Senlis pourra contraindre ledit evesque (ensorte neantmoins qu'il ne lui soit fait aucune injure) ainsi que nous le ferions si nous étions plus proches de Paris et comme en cas de trèves.

13º *Item*, s'il advenait qu'aucun de la commune de Beauvais vînt à dire à un autre des injures, à le frapper de la main ou du pied, lesdits maire et pairs en pourront prendre cognoissance si la plainte leur en est faite avant l'évesque ou sa justice, supposé mesme qu'il fut sorti sang du nez, ou de la bouche ou des ongles; ils pourront ordonner à celui qui a dit injures ou forfaits qu'il répare les dites injures ou le tort qu'il aura fait selon l'usage de la ville, qui est de payer cinq sols pour un mesdit ou méfait quand il n'y a point de sang, et, s'il y a du sang, vingt sols et trois deniers : en outre ils condamneront le coupable à leur payer l'amende.

14º Que s'il ne veut acquiescer à leur jugement, ils ne pourront pour cela le bannir, mais seulement l'exclure de leur commune, et alors requérir l'évesque ou sa justice, ou nous à son défaut, comme il a esté dit cy-dessus; et lesdits maire et pairs auront telle cognoissance et justice au cas susdit, supposé mesme qu'il fust arrivé durant la nuit.

15º *Item*, si quelqu'un de la commune attaque parde-

cependant il cite, p. 316, un jugement rendu en 1379 par le bailli de Beauvais.

vant les maire et pairs un autre communier en action de biens meubles ou d'effets auparavant que pardevant l'évesque ou sa justice, lesdits maire et pairs pourront faire venir devant eux celui dont on se plaint; et après avoir ouï les raisons de son adversaire, pourront enjoindre à l'accusé de contester ou confesser ce qui lui est demandé. Que si le défendeur dit qu'il ne veut avouer, nier, ni procéder devant eux, alors il se pourra retirer de leur justice franc et quitte; mais s'il arrive qu'il conteste et nie devant eux ce qui lui est demandé, alors ils le pourront interroger s'il consent à se soumettre à leur enqueste ; mais s'il fait réponse qu'il n'entend procéder pardevant eux, mais bien ailleurs où il appartiendra, alors lesdits maire et pairs ne le pourront contraindre de procéder plus avant, et il s'en pourra retirer franc et quitte. Que si d'avanture il consent à ce que leur enqueste soit faite, ils pourront alors s'enquérir ; et si par icelle il se trouve redevable de ce qui est demandé, ou s'il recognoît du commencement la dette sans autre enqueste, alors ils le pourront contraindre à faire dans la quinzaine le paiement ou rendre les choses qui lui sont demandées; et dont il serait demeuré d'accord, ou dont il aurait esté convaincu par enqueste, sans toutefois encourir aucune peine. Et s'il manque de rendre ou payer au temps prescrit, ils ne pourront pour cela lui imposer aucune amende ni le bannir de la ville ou l'exclure de la commune, mais ils pourront aller en sa maison ou y envoier leur sergent, qui, s'il la trouve ouverte, il pourra y entrer ; mais en cas qu'elle se trouve fermée, ils ne pourront rompre ni porte, fenestre ou autre entrée ; et après avoir trouvé la porte ouverte et être entrés, ils pourront prendre dans cette maison tout ce qu'ils trouveront du leur [1], mais sans briser pour cela porte, fenêtre, coffre ou serrure. Que si celui sur qui cette exécution est faite, ou un autre, envoyé par lui, s'efforce de resaisir ce qu'ils auront pris, prendront ou voudront prendre, ils ne cesseront pour cette rescousse de le prendre et emporter en payement de la chose confessée ou jugée, et ils se feront payer l'amende de la rescousse.

16° Que s'il ne veut (ce dernier) réparer cette rescousse ou payer l'amende pour icelle deuë, ils ne le pourront pour cela congédier de la ville, mais bien exclure de leur commune, et alors requérir lesdit évesque ou sa justice qu'il leur fasse réparer la rescousse et payer l'amende. Ce qu'il sera tenu de faire en la mesme manière qu'il a esté dit ci-dessus en l'article de la playe guérie avec ou sans mutilation; et à son refus et défaut, le maire et deux pairs nous pourront venir trouver selon la forme exprimée audit article. Mais cependant ne pourront lesdits maire et pairs, à l'occasion de la dette confessée ou prouvée devant eux (comme il a été dit ci-dessus), saisir par voie d'exécution, en la place publique ou marché et en la maison d'autrui, les meubles et effets du débiteur qui aura confessé ou été convaincu, comme il a été dit ci-dessus, mais seulement en sa propre maison.

17° Il est accordé entre les parties que dorénavant lesdits maire et pairs ne pourront en aucun cas congédier quelqu'un de la commune de la ville de Beauvais, ni en le punissant

---

[1] *Du leur :* c'est-à-dire de ce qui appartient à l'homme de leur commune; cette identité d'intérêts est très-usitée dans le langage communal de cette époque.

user du mot de congédier, ou bannir, mais ils le pourront exclure de leur commune et requérir ledit évesque ou sa justice, ou nous à leur défaut, ainsi qu'il est contenu ci-dessus.

18° *Item*, il a été accordé entre les parties sur l'article concernant la forme et façon de lever la taille assise en la ville de Beauvais, que quand les maire et pairs auront fait assiette de la taille, et auront fixé le terme du payement, ils se retireront vers nous pour obtenir nos lettres-patentes par lesquelles nous manderons à l'évesque ou à sa justice de n'empêcher point, mais au contraire de permettre que lesdits maire et pairs lèvent leur taille ainsi qu'ils en ont fait assiette et jour fixé par eux; et après que lesdits évesque et sa justice auront receu nos lettres-patentes, lesdits maire et pairs pourront lever les tailles avec contrainte si besoin est, rompre les portes, coffres, fenestres et serrures, faire saisir au marché, par les rues et dans les maisons de tous ceux de la commune; l'évesque ou sa justice ayant été requis. Et ne pourra lesdit évesque ou sa justice défendre, troubler ou empêcher que la taille ne soit levée comme il a été dit ci-dessus.

19° *Item*, sur ce que lesdits maire et pairs disoient qu'étant dès long-temps en possession paisible d'asseoir gardes, gens et sentinelles ès portes et forteresses de la ville, ils en auraient esté dessaisis par l'évesque qui les auraient levéz et mis d'autres en leur place, il a esté pareillement convenu et arresté entre lesdits parties, à sçavoir qu'à cause que les citoyens de Beauvais ont recognu et confessé devant lesdits légat, Ansold et Thibault, que la seigneurie et propriété des portes et clefs appartient à l'évesque, et que la garde qu'ils y font est de sa part, si bien que toutefois et quantes qu'un nouvel évesque est créé à Beauvais, ils sont tenus de lui apporter les clefs de la ville, quand bien même ils n'en seraient pas par lui requis, et qu'après les avoir tenues quelque tems, il les leur rend et leur commet la garde des portes, forteresses et murs; que ledit évesque les peut prendre et répéter toutes fois et quantes qu'il lui plaît, lesquelles aussi ils sont tenus de lui rendre chaque fois qu'ils en sont par lui requis; ledit évesque, en considération de cette reconnoissance et aveu des bourgeois de Beauvais, a voulu et concédé que ceux qui auraient été mis par lui à la garde des portes et forteresses des murs en soient otés, et que lesdit maire et pairs en puissent mettre d'autres pour y demeurer, ainsi qu'il est accoutumé.

20° *Item*, sur ce que lesdits maire et pairs disaient qu'ils étaient depuis des tems très-éloignés en paisible possession de mettre de nuit gardes et sentinelles en la cité de Beauvais, pour garder ladite ville durant la nuit, et que ledit évêque, en y mettant la main, les avait troublez et desaisis en ostant les gardes qu'ils avaient mises en la cité, et en mettant d'autres de son autorité privée; il a esté aussi convenu et accordé que ledit évesque ostera lesdites gardes par luy mises : et lesdits maire et pairs en mettront d'autres, toutes fois et quantes qu'il en sera besoin à l'avenir, après en avoir auparavant pris congé de l'évêque ou de sa justice à Beauvais, et à la charge que les malfecteurs qui seront pris par lesdites gardes seront par elles menés dans les prisons dudit évesque.

21° Il a aussi été accordé entre les parties touchant l'article de la drapperie [1] que dorénavant l'évêque permettra

[1] Les diverses industries qui ont rapport à la laine

que le maire et les pairs reçoivent du percepteur de Beauvais les balances et poids de la drapperie; et s'il y a quelque dissentiment sur leur poids, il sera ajusté d'après les poids du percepteur à qui ils appartiennent et qui les tient de l'évêque en foi et hommage.

22° Et il a aussi été convenu que les maire et pairs, connaissant mieux que l'évêque les bons et capables ouvriers de drapperie, choisiront d'orénavant, sans en être empêchés par l'évêque ou les siens, six, sept, au plus dix prud'hommes expérimentés en icelle, et que ceux-ci veilleront et tiendront la main à ce que la drapperie soit telle qu'elle doit être, et jureront aux maire et pairs et devant l'évêque qu'ils feront bien et loyalement leur charge. Et s'ils trouvent quelque drap où il y ait une si grande défectuosité que selon leur advis il doive être bruslé, lesdit maire et pairs le feront porter au marché de Beauvais avec bois et feu pour le brusler, et avant la troisième heure [1] ils feront savoir à la justice de l'évesque qu'elle vienne mettre le feu pour brusler ledit drap. Que si elle ne se présente pas et n'a pas fait brusler ledit drap avant l'heure où l'on sonne Vêpres en l'église du bienheureux saint Pierre, alors lesdits maire et pairs pourront prendre ledit drap et le donner, sans la permission de l'évêque ou de sa justice, à

étaient très-actives à Beauvais, où il existait nombre de fabricans de draps, serge, tapisserie; il y avait aussi dans cette ville des teinturiers avant le XII° siècle, ainsi qu'on l'a vu dans le jugement rendu contre l'évêque Ansel en 1099.

[1] La troisième heure correspond à neuf heures du matin; Vêpres alors se disait à peu près vers cinq heures.

l'Hôtel-Dieu de Beauvais. Que si la défectuosité du drap n'est pas telle que lesdits prud'hommes déclarent qu'il doive être brûlé, mais seulement coupé, lesdit maire et pairs le feront apporter au marché de Beauvais, et feront signifier avant la troisième heure à la justice de l'évesque qu'elle vienne couper ledit drap; et ladite justice devra et pourra couper ce drap jusqu'à l'heure où il est accoutumé de sonner les Vêpres à l'église de Saint-Pierre de Beauvais; et les morceaux coupés seront rendus à celui à qui ils appartenaient, de manière à ce qu'il soit obligé de les vendre en détail dans la ville de Beauvais. Et si après avoir été requis comme il a été dit ci-dessus, la justice de l'évêque n'a pas fait couper le drap avant l'heure fixée, le maire et les pairs pourront le faire couper dans le marché ou dans le lieu où ils tiennent leurs plaids en public, et les pièces du drap coupé seront rendues à celui à qui elles appartenaient, de manière à ce qu'il les porte vendre en détail dans la ville de Beauvais.

23° *Item*, il a été accordé que si le drap de quarante aunes a deux livres, le drap de vingt aunes une livre de moins que le poids reçu, ce drap, s'il n'a pas d'autre défaut, ne pourra être bruslé ni coupé, mais demeurera sain et entier à celuy auquel il appartient; seront seulement payés pour le mauvais poids douze deniers; ou si la différence est moindre, d'après la quantité manquante; et lesdits deniers seront donnés aux prud'hommes de la draperie. Que si la défectuosité du drap de quarante aunes excède deux livres, ou celle du drap de vingt aunes une livre, iceluy sera bruslé ou coupé comme il est dit ci-dessus.

24° *Item*, il a esté convenu entre les parties sur la manière pour l'évêque de citer les hommes de la commune de Beauvais, que ledit évêque ou son prévot pourront faire citer les hommes de la commune par le sergent de l'évêque sans que le sergent du maire soit présent ou appelé; et ils pourront punir pour défaut ceux qui, cités par le sergent seul de l'évêque, n'auront pas comparu, ainsi qu'il est accoutumé en la ville de Beauvais.

25° *Item*, il a été convenu que désormais l'évêque et sa justice ne feront citer devant eux aucun homme de la commune, de qui clameur aura été portée auparavant devant les maire et pairs pour cas dont la connaissance leur appartienne; lesquels cas sont exprimés dans les articles cy-dessus : pourvu toutefois que lesdits maire et pairs ne soient point en défaut de faire justice de ce dont ils doivent connaître.

26° *Item*, il a esté accordé qu'en toutes les choses susdites, dont il a esté dit que le maire et les pairs prendraient connaissance, si le maire, étant retenu par maladie, ou pour autre sujet, ne pouvait comparaître, son lieutenant en pourrait connaître et faire avec les pairs comme si le maire était présent.

27° *Item*, il a été accordé que d'oresnavant le prevot de Beauvais, ou quelqu'autre de ses officiers de justice, ne pourront citer devant eux un homme de la commune, ni mettre des gardes dans sa maison, pour dettes mobiliaires ou autres meubles, ni pour tout autre cas, à moins qu'il n'y ait crime, tant qu'il consentira à procéder devant eux et leur donner bonne caution.

28° *Item*, que touchant la garde du pain, dont lesdits maire et pairs se disaient nouvellement dessaisis par l'évêque, il y établira désormais des prud'hommes comme il le jugera bon.

29° *Item*, il a été ordonné par nous et notre cour que lesdits maire et pairs ne pourront se prévaloir en aucune façon, contre les choses susdites et le présent accord, d'aucun usage qu'ils aient eu ou pu avoir autrefois, et cela ne leur pourra servir en rien, ni nuire à l'évêque et son église.

30° *Item*, il a été pareillement ordonné par nous que ladite paix ou composition ne pourra nuire ou préjudicier en rien auxdits maire et pairs ou à leur charte de commune, non plus qu'audit évêque, à son église ou à la charte de notre ancêtre Louis, roi des Français, d'excellente mémoire, que possède le même évêque, sauf dans les choses contenues et exprimées en la composition ci-dessus. Laquelle composition et les choses contenues en icelle nous tenons pour bonnes et constantes, et à la prière des parties nous avons aux présentes fait apposer notre scell. Sauf envers tous et toutes choses notre droit. Donné à Montargis l'an du Seigneur 1276, au mois d'août.

« Il semble, dit Louvet [1], que la composition
» cy-dessus a esté approuvée par les parties plu-
» tôt pour le respect qu'ils portaient au légat
» et aux commissaires de Sa Majesté que non
» pas pour l'équité ou pour la justice qu'ils re-
» cogneussent estre en icelle, d'autant que par
» la lecture plusieurs articles se trouvent si

---

[1] *Histoire du diocèse de Beauvais*, tom. II, p. 465.

» mal dressez et tellement esloignez du niveau
» de la justice que les parties auraient eu juste
» sujet de ne les approuver. » Soit en effet que
les défauts de la grande composition en rendissent l'exécution impossible, ou plutôt que
tous les traités soient insuffisans pour faire vivre en bonne intelligence des intérêts et des
pouvoirs aussi opposés et cependant aussi rapprochés et mêlés que l'étaient les intérêts et les
pouvoirs de la ville de Beauvais et de son évêque, un nouveau sujet de querelle ralluma bientôt l'animosité réciproque, et la lutte recommença de plus en plus vive, en dépit des trente
articles de la grande composition.

Au nombre des anciens droits de l'évêque de
Beauvais était celui de prendre des chevaux sur
les bourgeois lorsqu'il en avait besoin pour ses
affaires : Renaud de Nanteuil ayant voulu user
de ce droit en 1278, ses gens furent dépouillés
de leur prise par l'ordre du maire, qui s'empara
des chevaux sous prétexte des besoins de la
commune, car il n'osait encore attaquer de front
le privilége dont l'usage commençait à lui sembler un abus. L'évêque ayant évoqué l'affaire, et
le maire ayant refusé de reconnaître sa juridiction, la cause fut portée au parlement de Paris,
qui rendit l'arrêt suivant :

Un différend s'étant élevé entre le seigneur roi d'un côté, et l'évêque de Beauvais de l'autre, sur le droit de justice de tout le corps de la commune de Beauvais, et une certaine enquête, qui avait dû être faite sur ledit droit de justice, étant portée devant le seigneur roi, non comme devant une partie, mais comme devant un supérieur, et ladite enquête demeurant cependant indécise, ledit évêque demanda que l'expédition de ladite enquête fût pressée. Car, par le retard de cette même enquête, un grand danger le menaçait lui et son église sur sa justice dans Beauvais; dans cette occasion il ne pouvait juger Guillaume Vierie, maire de Beauvais, sur une certaine reprise (rescousse) qu'il avait faite à Beauvais sur ses gens pour un certain cheval qu'ils avaient pris pour les affaires du même évêque; et ledit maire disait avoir repris ledit cheval pour les affaires de la commune, et qu'il ne voulait pas répondre pardevant ledit évêque sur ce fait qui regardait la commune, et pouvait en dire autant dans tous les cas. C'est pourquoi ledit évêque demandait que l'on apportât remède à ce désordre. Ayant ouï la demande dudit évêque, et la défense du maire, le seigneur roi a retiré sa protection en tout ce qui regarde la réscousse. *Item*, il a été dit par arrêt que dans ladite enquête les témoins de la commune de Beauvais ne seraient pas admis, parce que l'affaire les regarde. Donné à Paris, l'année du Seigneur mille deux cent soixante et dix-neuf, dans le parlement de la Toussaint [1].

La commune, condamnée, fut obligée de se soumettre et de laisser l'évêque prendre des che-

[1] Louvet, t. II, p. 467.

vaux à son bon plaisir ; elle se délivra pourtant de cette vexation en 1395, mais en achetant sa libération au prix d'une rente annuelle de quatorze livres parisis.

En 1280, les maire et pairs de Beauvais, mécontens de la manière dont la taille était assise et levée, en portèrent plainte au roi, dont le parlement les renvoya à leur seigneur naturel, tout en réservant au roi le droit de veiller à ce que l'évêque s'acquittât de son devoir. Le parlement ne pouvait faire moins pour l'autorité royale, et je m'étonnerais volontiers qu'il n'ait pas fait davantage en accueillant complètement la plainte des bourgeois de Beauvais. L'arrêt est ainsi conçu :

Entendue la supplication des citoyens de Beauvais, que le roi voulût donner ordre que la taille assise par ses officiers soit levée en contraignant, si besoin est, ceux sur qui elle est levée : il leur fut répondu de s'adresser à leur évêque et qu'à son défaut le roi y mettrait la main, et le contraindrait d'y apporter tel soin et diligence que les choses détournées et cachées par les citoyens fussent découvertes et rapportées, de sorte que nulle fraude ne se fît en la levée de la taille. *Item*, comme les officiers du roi avaient, pour l'acquit de la taille de la ville, taxé chaque homme de la commune à la somme de trois sols pour livre de leurs meubles, et que lesdits maire et pairs avaient de leur autorité propre diminué cette taxation, et réduit les trois sols à deux, il fut dit que nul compte ne serait tenu de cette diminution, et que chacun paierait les trois sols pour livre [1].

L'évêque de Beauvais voulut à son tour trouver à redire dans la *grande composition*, où certes il n'avait pas été lésé; en 1281, il adressa requête au roi pour obtenir un usage plus étendu du droit de justice sur la commune de Beauvais; les bourgeois soutinrent devant le parlement que le droit de justice réclamé par l'évêque appartenait au roi et que la question avait été plusieurs fois décidée par la Cour. L'argument était trop favorable pour n'être pas accueilli, et un arrêt intervint qui réservait au roi la décision et juridiction de tous les points relatifs aux libertés de la commune. Ce n'était pas là ce que demandait l'évêque, et les bourgeois avaient bien joué leur partie.

Philippe, par la grâce de Dieu, roi des Français, faisons savoir à tous, présens et à venir, que, notre cher et féal évêque de Beauvais nous ayant supplié de lui permettre d'user et jouir du droit de justice qu'il prétendait avoir dans la cité de Beauvais sur toute la commune et sur la personne de chacun, disant que lui et ses prédécesseurs en avaient usé jusqu'ici; de l'autre part, le maire et les pairs de Beauvais, que nous avions fait citer pardevant nous pour entendre ladite supplique, et défendre notre droit et le leur,

[1] Louvet, t. II, p. 469.

s'ils se croyaient intéressés dans l'affaire, ayant soutenu que nous étions en paisible possession d'exercer la justice sur tout le corps de la commune de Beauvais, dans tous les cas touchant ladite commune, et que cela avait été plusieurs fois déclaré dans notre cour; vu l'enquête faite par notre ordre sur les choses ci-dessus; faits et ouïs les rapports de notre cour que l'une et l'autre partie a demandés; vu les chartes, priviléges et garanties produites par les deux parties, et les raisons de toutes deux suffisamment entendues; il a été prononcé en jugement par notre cour que le droit de justice sur toute la commune de Beauvais et sur la personne de chacun, à raison des obligations, contrats, conventions et délits, appartient audit évêque. Et par le même jugement il a été prononcé que le droit de justice sur l'affaire en question et sur les libertés de ladite commune, à elle concédées par privilége, et sur tous les droits de ladite commune, nous appartient à nous. En foi de quoi, nous avons fait apposer notre sceau aux présentes lettres. Fait à Paris, l'an du Seigneur 1281, au mois d'août [1].

En 1288, la commune gagna encore son procès dans une affaire portée au parlement de Paris et où la justice paraît en effet complètement de son côté. L'évêque dont il est question dans l'arrêts e nommait Simon de Nesle.

Un différend s'étant élevé entre le maire et les pairs de Beauvais d'une part, et Henri Aleaume et l'évêque de Beau-

[1] Loisel, *Mémoires de Beauvais*, p. 299.

vais, chacun pour ce qui le concerne, d'autre part; le dit Henri a dit que les dits maire et pairs l'avoient soumis à leur justice, lui justiciable du dit évêque, dans la juridiction duquel il étoit couchant et levant, et auquel il demandoit à être renvoyé, vu qu'il n'étoit point le bourgeois des maire et pairs de Beauvais, et qu'il étoit sorti depuis long-temps de leur commune, et avoit fait au moment de sa sortie tout ce qu'il devoit. Et ledit évêque a demandé que ledit Henri fût renvoyé à sa cour, prêt à faire de lui toute justice. Lesdits maire et pairs ont dit que cela ne devoit point se faire, vu qu'ils avoient soumis ledit Henri à leur justice, comme leur bourgeois et taillable pour la taille à eux imposée, de quoi ils ont soutenu que la connoissance nous appartenait. Car, disaient-ils, la coutume et l'usage de Beauvais sont que quiconque veut sortir de la commune de Beauvais doit le faire connoître au maire et aux pairs, donner de bonnes cautions qui soient leurs justiciables, ou mettre ses biens sous notre main, et avant toutes choses rendre compte de son administration, s'il a exercé quelque charge, payer les arrérages, et demander qu'on taxe sa sortie; et alors il pourra sortir de la commune; sinon, il demeurera toujours bourgeois et taillable. Enquête faite diligemment sur toutes ces choses, ouï les raisons de l'une et l'autre partie, il a été trouvé que lesdits maire et pairs avoient suffisamment prouvé leur affirmation; en raison de quoi il a été prononcé par notre dite cour que le dit Henri ne devoit pas être renvoyé à la cour du dit évêque, mais devoit, quant audit cas, subir notre examen. D'entre les enquêtes et estimations expédiées dans le parlement de la Toussaint, l'an du Seigneur 1288[a].

[1] Loisel, p. 300.

Simon de Nesle était un évêque de mœurs violentes, d'habitudes guerrières, d'humeur intraitable, peu propre par conséquent à s'accommoder du caractère remuant des citoyens de Beauvais : aussi ne vécurent-ils pas long-temps en bonne intelligence; et, au dire unanime des chroniqueurs du temps, les premiers torts furent du côté de l'évêque; « le peuple s'éleva » contre lui, dit-on, à cause de plusieurs fâ- » cheuses coutumes qu'il s'efforçait d'introduire » en la ville de Beauvais. » Les plus vives plaintes provenaient, à ce qu'il paraît, des exactions qu'ajoutaient les officiers de l'évêque aux droits imposés à quiconque se servait des moulins et fours épiscopaux. Et comme, à travers toutes leurs libertés, les bourgeois de Beauvais n'avaient pas celle de moudre leur grain et cuire leur pain où il leur plaisait, ces vexations, qui les atteignaient chaque jour et dans les premières nécessités de la vie, les irritèrent au dernier point; le maire et les pairs firent proclamer par la ville que chacun moudrait et cuirait où il le trouverait bon, et qu'on était libre aussi de placer à sa guise des planches sur la rivière; cette dernière clause avait trait sans doute à quelque péage dont l'évêque grevait le passage des ponts sur la Thérain. Simon de Nesle, comme on peut le croire, ne prit point en patience cette renonciation à son obéissance : on en vint aux mains, et de sanglans excès eurent lieu de part et d'autre; mais l'évêque eut le dessous; et, forcé de quitter la ville après avoir mis le feu à ses faubourgs, exaspéré de sa défaite, outré de se voir nommé par moquerie *Simon le dévêtu*, il fit appel au clergé de son diocèse et lui dénonça dans le mandement suivant les crimes des gens de Beauvais; on verra tout-à-l'heure ceux qu'ils lui reprochaient à leur tour; il ne paraît pas que ni l'un ni l'autre tableau fût exagéré.

Simon, par la grâce de Dieu, évêque de Beauvais, à tous et chaque prêtres établis dans la ville et les faubourgs de Beauvais, auxquels parviendront ces présentes, salut en Notre-Seigneur.

Comme c'est chose véritable, notoire et attestée par commun bruit, que le maire, les pairs, les conseillers de la commune de Beauvais et toute la commune elle-même, contre le serment qu'ils nous ont prêté légitimement comme évêque de Beauvais, de conserver les droits, l'honneur, l'état de notre église et de nous, ont, au péril de leurs âmes, comme égarés de la foi catholique, pervers, et sans mémoire de leur salut, osé témérairement faire sonner la cloche de la commune destinée à rassembler le peuple, et tenu conseil et délibération entre eux : puis au préjudice et dommage non médiocre mais très-grand de notre épiscopat et notre église, à l'injure, offense, outrage, mépris et opprobre du Dieu tout-puissant, de la bienheureuse Marie toujours vierge, du glorieux apôtre Pierre en l'honneur de qui est fondée l'église susdite, de tous les saints, de la liberté de l'église et de tous les fidèles du Christ, ils sont venus avec une grande armée munie d'arbalètes, arcs, javelots, boucliers, pierres, glaives et épées, attaquer iniquement notre maison ou manoir épiscopal situé dans la cité de Beauvais; ils l'ont envahi impétueusement et hostilement, donnant assaut à nos gens postés à sa garde et défense; et ils y ont mis le feu, brûlant et détruisant injustement une grande partie de ce manoir; cette partie étant ainsi brûlée par eux, ils sont entrés dans l'autre, ont brisé les portes, fenêtres et serrures, ont répandu jusqu'à seize muids du vin de l'évêché et de l'église de Saint-Pierre, placés là pour notre sustentation et nourriture ainsi que de nos officiers. Ils ont en outre emporté d'autres provisions, meubles et ustensiles que nous estimons à la valeur de deux mille livres parisis.

En outre ils ont violemment brisé les portes et arraché les serrures des prisons dudit manoir et tiré des prisons, pour leur donner élargissement, plusieurs personnes, tant laïques qu'ecclésiastiques détenus par nos officiers pour plusieurs crimes, savoir : Quentin de Roquencourt pour un meurtre notoire, Mathieu Poulain pour avoir falsifié des lettres, Jean de Beaumont pour rapt d'une femme, tous clercs, Grégoire dit Bardoul, laïque, pour meurtre, et plusieurs autres clercs ou laïques détenus dans ces prisons pour divers délits.

Et non contens de toutes ces choses, mais accumulant crime sur crime et allant de mal en pis, ils sont entrés de force dans deux églises ou chapelles bénies et consacrées du même manoir; ils ont brisé les portes, serrures, fenêtres, vitres et ferremens des fenêtres, et ils ont enlevé et emporté les calices, livres, et ornemens bénis et consacrés desdites églises ou chapelles.

Et ce qui est honteux à dire, ils ont fait plusieurs vilainies dedans lesdites églises; commettant ainsi méchamment et sans crainte de Dieu, et comme des infidèles, un énorme sacrilége, encourant damnablement la sentence d'excommunication portée par les canons contre les briseurs et violateurs d'églises, surtout lorsque lesdites églises sont dotées à toujours de revenus perpétuels et suffisans. Et après, demeurans en leur malice et obstination, ils ont plusieurs fois attaqué horriblement et iniquement avec grande armée et armes de guerre, ainsi qu'il est dit ci-dessus, la tour de notre évêché bâtie derrière notre hôtel, comme aussi le château contigu à ladite tour, et qui a été fait pour la conservation et défense d'icelle; comme aussi ils ont tué plusieurs de nos gens qui avaient été mis pour la défense et conservation de ladite tour et château, à savoir: Erard de l'Olive, Manasserus et son fils, et plusieurs autres : ils s'efforçaient en outre de détruire, razer et mettre à niveau le sol, ladite tour et château.

Pour ces causes, nous vous mandons, en vertu de sainte obédience et sous peine de suspension et d'excommunication que nous fulminerons contre vous si vous ne venez à faire ce que nous vous mandons, que vous dénonciez publiquement et à haute voix dans vos églises et offices, pour excommuniés, les violateurs, effracteurs desdites églises, jusqu'à ce qu'ils aient fait pénitence suffisante, citant en outre manifestement et publiquement en vos églises, les maire, pairs, conseillers et toute la commune de Beauvais, pour venir à notre ordre, devant nous, à Saint-Just du diocèse, le jour de sainte Madelaine, voir et ouïr le décret et la sentence que nous entendons donner au dit jour touchant les choses susdites, ainsi qu'il devra être fait selon le droit. Vous aurez aussi à leur intimer que comparaissans ou non comparaissans, nous ne laisserons pas de procéder touchant les choses susdites, ainsi que droit devra être fait. Et en signe que vous aurez exécuté notre mandement, vous apposerez vos sceaux à ces présentes. Donné sous notre scell l'an du Seigneur mil trois cent cinq, le jeudi d'après la fête de saint Martin d'été [1].

Je ne sais si, dans aucun cas, les maire et pairs eussent jugé à propos de se soumettre à l'injonction de leur adversaire et de reconnaître, comme coupables et comme sujets, son jugement souverain; ce n'est pas du moins au moment de la victoire qu'ils eussent fait une telle concession; mais l'embarras du refus leur fut même épargné, car la citation leur fut signifiée le jour même où ils devaient comparaître. La distance de Beauvais à Saint-Just, où se trouvait l'évêque, était de six lieues; il fallait le temps de prendre un parti et de préparer la défense; enfin un prétexte passable était une bonne fortune en pareille occasion: les maire et pairs en profitèrent et ne comparurent point. Faute par eux de s'être soumis, ils furent, comme ils s'y

[1] Louvet, t. II, p. 481.

attendaient sans doute, excommuniés, et la ville de Beauvais mise en interdit; ils en appelèrent par la pièce suivante, signifiée à l'évêque le 12 juillet 1305 : ils s'y prévalaient de l'irrégularité de la citation.

Au nom de Notre Seigneur, l'an 1305, 3º de l'indicte, 12º jour du mois de juillet : discrète personne Gerbaud de la Fontaine, au nom des maire et pairs de Beauvais ici présens et de toute la commune du même lieu, a fait lecture publique devant révérend père l'évêque de Beauvais et son official d'une cédule dont la teneur ainsi suit :

Parce que vous, monseigneur l'évêque, votre bailli, vos gens et officiers avez fait de très-grandes injures, plusieurs torts et oppressions aux maire, pairs et à toute la commune de Beauvais, en frappant, blessant et tuant aucuns de ladite commune, en ravissant et ruinant leurs biens, en détruisant avec toute sorte d'hostilité et bruslant leurs possessions, jusqu'à la valeur de cent mille livres ; et non content de cela, mais accumulant maux sur maux, vous auriez fait citer lesdits maire, pairs et toute la commune à comparaître devant vous à Saint-Just, le jour même, ce qui est chose inouie, non raisonnable et contre les coutumes et statuts, lesdit maire, pairs et toute la commune se sentans grevés par vous contre justice en toutes ces choses, et pensans l'être encore davantage à l'avenir par vous et vos officiers :

Pour ces causes, nous maire, pairs et jurés de ladite commune, déclarons que nous interjetons appel de tous ces torts et griefs au Saint-Siége apostolique.

Et afin que vous ne procédiez pas davantage contre ladite commune ou aucun communier d'icelle, derechef présentement nous déclarons que nous interjetons appel, mettant sous la protection du siége apostolique lesdit maire, pairs, nous et toute la commune, prenant à témoins les assistans et vous priant vous Jacques de Jassein, notaire de la très-sainte église romaine, de nous délivrer acte public de tout ceci.

Ces choses furent faites en l'abbaye de Saint-Lucian-lès-Beauvais jour et an que dessus.

On ne doit point s'étonner de voir datée de l'abbaye de Saint-Lucian une protestation contre l'évêque de Beauvais : Simon de Nesle avait soulevé tout le monde contre lui, car il n'épargnait personne : les bandits qui soutenaient sa cause ne se faisaient nul scrupule de brûler la maison d'un chanoine comme celle d'un bourgeois, de dévaster les terres d'une abbaye comme celles de la commune; et vraisemblablement quand ils trouvaient à piller, maltraiter, tuer même quelque ennemi, ils ne s'embarrassaient guère de quelle juridiction il relevait. Passe encore pour le chapitre; on était accoutumé à le voir guerroyer avec l'évêque de Beauvais, et peu de vénération s'attachait à ces orgueilleux et mondains dignitaires; mais l'abbaye de Saint-Lucian, fondée en l'honneur de l'apôtre du Beauvaisis, dotée de tant de priviléges, entourée de tant de respect! l'outrage était révoltant; aussi le fier Simon fut-il obligé de venir à résipiscence et de donner une espèce de mandement, où se trouve la preuve des excès que lui reprochaient ses adversaires :

A tous ceux qui les présentes verront, Simon par la grâce de Dieu, salut en Notre Seigneur : soit connu que vers la fête de la Pentecôte de l'an 1305, une dissension s'étant élevée entre nous et les maire, pairs, jurés, conseillers et toute la commune de Beauvais, nos gens occupant à ce propos tous les lieux environnans, et quelques incendies et autres faits, qui paraissent porter en eux injustice, s'étant passés dans les terres et juridiction de nos chers fils en Jésus-Christ, l'abbé et le couvent du monastère de Saint-Lucian-lès-Beauvais, au préjudice desdits religieux à ce qu'ils assurent, notre volonté n'a été néanmoins pour rien en tout ceci ; et notre intention n'est point que par ces faits, s'ils se sont ainsi passés, nul dommage soit apporté aux droits et juridiction desdits religieux, ni nul nouveau droit acquis par là à nous et nos successeurs. En foi de quoi nous avons fait mettre notre sceau aux présentes lettres. Donné l'an du Seigneur 1305, le samedi après la fête de sainte Marie-Madelaine [1].

Les religieux de Saint-Lucian furent probablement apaisés par cette amende honorable de l'évêque, et ne songèrent plus à se joindre aux maire et pairs de Beauvais, ni à se pourvoir devant qui de droit pour obtenir réparation des

---

[1] Louvet, t. II, p. 494.

dommages qu'ils avaient subis; mais Simon de Nesle n'en fut guère moins embarrassé, car il eut bientôt sur les bras un plus lourd adversaire, le roi de France, qui n'attendait, ce semble, qu'un prétexte pour intervenir dans ce débat; ayant donc appris à Montmirail en Perche, où il se trouvait alors, que la querelle entre les bourgeois et l'évêque de Beauvais durait toujours, et que ce dernier, mécontent du peu d'effet de ses armes spirituelles, avait voulu essayer de prendre ses ennemis par famine en défendant, sous peine d'excommunication, aux habitans de tous les lieux à l'entour d'apporter aucunes provisions dans la ville rebelle, Philippe-le-Bel se récria contre cet abus de pouvoir de l'évêque, le taxa d'empiétement sur ses droits de suzerain, lui reprocha même, reproche étrange dans la bouche royale, d'attenter par là à l'autorité du pape, devant qui l'affaire était portée par l'appel de la commune, et donna enfin mission au bailli de Senlis de faire cesser sur-le-champ cette vexation. L'importance qu'il attachait à l'exécution de sa volonté éclate dans la vivacité de son langage :

Philippe, par la grâce de Dieu, roi des Français, au bailly de Senlis, salut; nous écrivons en la forme suivante à notre fidèle et bien-aimé l'évêque de Beauvais.

Philippe, par la grâce de Dieu, roi des Français, à notre fidèle et bien-aimé l'évêque de Beauvais ou son vicaire, salut et dilection. Nous apprenons que, pendant que sur la querelle survenue entre vous et le maire, les pairs, la commune de Beauvais, et à cause des excès commis de part et d'autre, nous faisons chercher la vérité par l'enquête de certains commissaires, et que cette enquête est en train, vous avez, sous le prétexte desdits excès, porté une sentence d'interdit sur la ville, la commune de Beauvais et tous les gens qui y habitent, et fait défendre dans les villes voisines, sous peine d'excommunication, d'apporter des provisions à ladite ville : ce qui est sans aucun doute agir à notre préjudice et à celui de notre seigneurie temporelle, et aussi au préjudice de l'appel interjeté auparavant par lesdits maire et pairs, de vous et vos officiers, au siége apostolique. C'est pourquoi nous vous ordonnons de révoquer sur-le-champ cette oppression de manière à nous contenter, car autrement nous ne pourrions le tolérer, mais, ainsi qu'il nous appartient, nous y apporterions promptement un remède opportun. Donné à Montmirail en Perche le 15 de septembre.

Nous t'enjoignons de présenter sur-le-champ cette lettre audit évêque et de le requérir de notre part de cesser ou faire cesser sans retard la dite oppression. Que s'il ne veut pas le faire, garde et défends de telle sorte promptement et par les justes remèdes notre droit et juridiction en tout ceci, qu'il ne nous soit rapporté aucune plainte à ton défaut et que nous n'ayons pas à te reprendre de négligence. Donné à Breteuil l'an du Seigneur 1305 [1].

---

[1] Louvet, t. II, p. 495.

Les ordres du roi rencontrèrent peu d'obéissance ; le bailli de Senlis se transporta bien à Beauvais et y intima aux parties adverses défense expresse, sous peine d'amende et de plus grande punition, de se faire désormais aucun tort et injure ; mais les passions étaient encore trop ardentes pour écouter la voix de l'autorité. Une nouvelle mêlée eut lieu, aussi terrible que les précédentes et souillée d'autant de crimes ; le roi alors, irrité de ce mépris de ses commandemens, fit arrêter Jean de Moliens, maire de Beauvais, et le bailli de l'évêque ; Philippe-le-Bel lui-même n'osait s'attaquer à celui-ci en personne ; mais il s'en vengea sur son temporel et sa juridiction, qui furent saisis ainsi que les biens et la juridiction de la commune de Beauvais. Le bailli de Senlis en outre eut ordre d'instruire rigoureusement l'affaire ; les procédures qu'il intenta, jointes à la stupeur causée par les mesures déjà prises, disposèrent les parties à souhaiter un accommodement ; pour y arriver, à se relâcher mutuellement de leurs prétentions. Une espèce de trêve fut donc convenue, et les maire et pairs de Beauvais donnèrent, le mercredi d'après la Toussaint de l'an 1305, procuration et plein pouvoir à trois personnes pour se rendre à Lyon, où devaient se trouver l'évêque de Beauvais et vraisemblablement aussi le roi, afin de traiter en leur nom d'une paix durable et de la levée de l'interdit et excommunication. Voici, sauf la suppression des détails déjà rapportés dans d'autres pièces, le procès-verbal de cette réunion :

« Au nom du Seigneur, Amen. Qu'il soit connu à tous ceux qui verront cet acte public........ »

Suit ici l'énumération déjà connue des griefs respectifs de la commune et de l'évêque.

Enfin des hommes honorables s'entremettant et persuadant aux parties, pour l'amour du bien public et de leur utilité propre, de procéder par la voie de la paix et de la concorde, ces mêmes parties s'étant constituées en présence de moi notaire public et des témoins ci-dessous désignés; ledit évêque étant présent en personne, et lesdit maire, pairs et jurés représentés par Jean de Caillon, Guillaume de Marchal, et Thibault le Melian, citoyens de Beauvais: les procureurs fondés du maire, des pairs et jurés ayant reçu le mercredi après la fête de tous les Saints de l'an 1305, des lettres scellées du sceau de la commune de Beauvais, les parties procédèrent ainsi qu'il suit en présence de moi notaire public et des témoins ci-dessous désignés.

Savoir, que lesdits procureurs et Simon de Montere, citoyen de Beauvais ici présent, s'approchant dudit évêque présent en personne, après avoir tant en leur nom qu'au nom de ceux dont ils avaient ṛu pouvoir, touché de leur corps les saints et sacrés Évangiles, juré d'accomplir les ordres de l'église et de payer les amendes qui leur seraient imposées si l'on jugeoit qu'il dût en être ainsi, ont demandé le bienfait de l'absolution, s'ils en avaient besoin en quelque point, et d'être relâchés du fardeau de l'interdit, ils ont alors renoncé absolument et expressément à tout appel fait ou procuration donnée contre ledit évêque en cour de Rome ou tout autre cour ecclésiastique de la part desdits maire, pairs, jurés et toute la commune, ainsi qu'à toutes citations et procédures faites sur cette affaire, et tout secours qui de ces appels, procurations, citations et procédures, pourrait leur venir au détriment dudit évêque ou de ses partisans; et ils ont promis, sous serment, de rendre à moi notaire tous les actes ou rescripts apostoliques touchant cette affaire, ainsi que les autres actes faits ou accordés par les officiers supérieurs du seigneur roi. Lesdits procureurs et ledit Simon ont en outre promis, tant en leur nom qu'au nom de ceux dont ils ont reçu pouvoir et sous la peine de dix mille livres de Tours, que les choses susdites et tout ce qui serait dit et fait par lesdits procureurs et ledit Simon serait tenu pour valable par les maire, pairs et jurés de ladite commune et ratifié par eux, ou par des personnes envoyées à cette fin, en présence du seigneur évêque, et ils s'engagent sous la peine susdite à ce que cela soit fait ainsi.

En outre, noble homme Guillaume, seigneur de Vicenobon, chevalier et conseiller du seigneur roi, a promis audit évêque, à la requête desdits procureurs et Simon, que le seigneur roi lui-même contraindrait par l'autorité royale, le maire, les pairs, la commune, les procureurs et Simon à accomplir fidèlement toutes les choses susdites et à payer la peine convenue, si elle est encourue.

Ledit évêque ayant agréé les demandes et promesses susdites desdits procureurs et Simon, leur accorda nommément dans la forme canonique le bénéfice de l'absolution, et leva entièrement et expressément l'interdit : il déclara aussi absous de toutes sentences d'excommunication ou de toute autre peine canonique qu'il aurait pu porter d'après la puissance de l'ordinaire, les maire, pairs, jurés, conseillers et toute la commune; il dit qu'il faisait et ferait cesser tout ce qui le regardait et était de lui dans la sentence d'excommunication portée par les canons et encourue par eux pour les faits susdits. L'évêque promit en outre que, si la justice demandait que quelque amende fût infligée aux maire, pairs, jurés, conseillers à la commune pour un ou plusieurs des faits susdits, lui évêque ne procéderait à la fixation de cette taxe que par et avec le conseil du roi. Ces choses se firent à Saint-Just, près de Lyon, l'an 1305, le 8e jour de décembre.

Après cela Jean, maire de Coudun, député de ladite commune, à ce qu'assuraient les procureurs et Simon, ratifia sous serment toutes les choses susdites [1].....

L'interdit était levé et l'église apaisée par cet accord; mais le roi n'avait encore rien prononcé, et le maire ainsi que le bailli de l'évêque demeuraient toujours en prison : l'affaire fut donc suivie auprès de Philippe-le-Bel, qui rendit l'arrêt suivant:

Au nom de Dieu, amen : Philippe, par la grâce de Dieu, roi des Français, à tous ceux qui ces présentes verront, salut. Savoir faisons que comme les maire, pairs, jurez et commune de Beauvais nous eurent donné avis que notre cher et feal l'évêque de Beauvais, ses baillis, gens, officiers

[1] Louvet, t. II, p. 498.

et complices, avaient brûlé leurs métairies. avec grande compagnie de gens armés, arrêté et pris tous les hommes qu'ils avaient trouvés, détourné la rivière qui coule dans la ville, et commis avec grande hostilité plusieurs autres énormes excès contenus dans les informations faites à ce sujet; nous avons de notre office député certains auditeurs, avec mission et pouvoir d'appeler les parties et chercher la vérité, devant lesquels auditeurs ledit évêque comparaissant a déclaré ne vouloir se rendre partie, ni procéder devant eux, mais maintint qu'il avait usé de son droit et fait justice à ses sujets, en agissant comme il avait légitimement agi, soutenant et disant en outre qu'il avait de bonnes raisons à donner pour sa défense, et offrant de procéder par devers nous.

Or, enquête ayant été faite avec soin et diligence sur ce sujet, et comme elle devait l'être aux fins civiles, ainsi qu'il a été jugé par arrêt, il a été suffisamment prouvé qu'il avait été publié publiquement dans Beauvais de la part des maire, pairs et jurez de ladite commune, que personne n'eut à plaider devant l'évêque ou ses officiers, mais que tous plaidassent devant les maire et pairs.

Que personne ne fût tenu d'aller moudre ou cuire aux moulins et fours de l'évêque, mais où bon lui semblerait.

Que toute personne pût mettre des planches sur la rivière de ladite ville.

Que les maire et pairs avaient forcé les portes de ladite ville contre l'évêque et ses gens, et avaient pris par assaut le palais dudit évêque et brûlé quelques maisons d'icelui.

Que par le moyen de ces rébellions ils avaient suscité et élevé une sédition contre ledit évêque, lequel veut avoir la justice de toute la ville, sur les obligations, conventions et délits, à la réserve de certains points, libertés et privilèges octroiés par les rois à ladite commune, et autres droits de la même commune dont la connoissance et la justice nous appartiennent.

Lesquels invasion et brûlement des portes sont arrivés après les défenses faites de notre part par le bailli de Senlis que nous avions envoyé précisément à cet effet.

Pour raison de quoi, les maire, jurés et commune ont été condamnés en tant qu'à nous touche, à nous payer une amende de dix mille livres, petit parisis. Et par le même arrêt nous avons donné main-levée de la mairie et de la commune, et ordonné que Jean de Molliens, maire du temps desdites rébellions, et dont il a été suffisamment prouvé qu'il n'avait accepté ladite charge que contraint par une juste crainte, sera élargi des prisons où il était pour cela retenu. Et d'autant que par ladite enquête, il a été prouvé qu'après les défenses faites de notre part à l'évêque par le bailli de Senlis envoyé précisément à ce sujet, plusieurs excès ont été commis dans ladite commune par les officiers dudit évêque, il a été ordonné par le même arrêt que ledit évêque nous mettra entre les mains l'amende dont il est convenu avec nous, laquelle il a présentement consignée : sauf en toutes choses son droit en ce qui touche sa partie.

Item, vu les procédures faites par les commissaires de notre cour, il a été ordonné que l'évêque sera ouï pour donner ses raisons sur ce que ladite enquête ne doit le condamner à rien, ni à aucune réparation envers ladite commune; et les autres raisons qu'il lui plaira d'exposer.

Et semblablement seront lesdits maire, pairs et la commune ouïs sur cela; et pour entendre ce qu'une partie voudra dire et soutenir contre l'autre, nous les avons assignés à Paris au jour du bailli de Senlis dans le prochain parlement : et là leur sera fait par notre justice droit ainsi que de raison.

Item, nous avons par le même arrêt, donné main-levée du temporel et de la justice dudit évêque, saisis par nous pour les faits susdits. Sauf pourtant qu'il est interdit à l'évêque et à ses officiers de faire, à l'occasion de l'enquête susdite, aucune procédure contre le maire, les pairs, les jurés et la commune, en quelque manière que ce soit. Nous avons aussi élargi par provision le bailli et autres officiers de l'évêque, retenus pour ce fait en nos prisons.

Enfin, notre cour a défendu audit évêque que, pour l'occasion de ces choses, il fasse ou souffre être fait par ses gens et officiers aucun tort ou avanie aux maire, jurés et commune, tant que le procès sera pendant en notre cour. En foi de quoi nous avons fait apposer notre scell aux présentes. Donné à Poissy en notre présence, le jeudi d'après la fête de saint Barnabé apôtre. An de Notre-Seigneur 1306 [1].

L'amende de la commune envers le roi est ici clairement exprimée ; celle de l'évêque ne l'est pas ; mais nous savons, par la pièce suivante, qu'elle monta à six mille livres parisis. Ce n'était pas punir trop sévèrement les méfaits dont l'évêque s'était rendu coupable, mais c'était beaucoup que de le traiter comme la com-

---

[1] Louvet, tom. II, p. 501.

mune, et il ne fut pas, à coup sûr, content de l'arrêt :

> Philippe, par la grâce de Dieu, roi des Français, à tous ceux qui les présentes lettres verront, salut : sachent tous que notre bien aimé et fidèle saint évêque de Beauvais ayant été accusé d'avoir fait, lui ou ses gens, beaucoup de prises sur ses bourgeois de Beauvais, et de leur avoir causé, dans leur personnes et leurs biens, beaucoup de dommages, contre la défense faite de notre part à lui et à ses gens, comme le disoient nos gens à nous ; ledit évêque a prétexté, pour lui et ses gens, plusieurs excuses, notamment qu'il n'avoit commis envers nous nulle désobéissance, vu qu'il a soutenu que c'étoit son droit de faire tout ce qui avoit été fait contre lesdits bourgeois par les gens dudit évêque : enfin, ledit évêque ayant promis, de sa propre volonté, de payer et fournir à des termes fixés, six mille livres parisis, bonnes et anciennes, d'aloi et de poids, nous avons jugé devoir remettre pleinement audit évêque et à ses gens susdits toute peine, majeure ou mineure, que nous leur pourrions infliger, dans leur personne ou leurs biens ; et nous avons ordonné de mettre en liberté et rendre audit évêque tous ceux de ses gens qui, à raison de l'affaire susdite, sont tenus dans notre prison, ainsi que ceux qui ont été élargis sous caution. En foi de quoi nous avons fait apposer notre sceau aux présentes lettres. Donné à Poissy le 18ᵉ juin de l'an du Seigneur 1306ᵉ [1].

L'évêque et les bourgeois en avaient assez

---

[1] Louvet, t. II, p. 508.

appris sur les procédés rigoureux du roi et de son parlement, pour ne pas souhaiter qu'ils s'occupassent davantage d'une affaire où les deux parties avaient tant de reproches à s'adresser: ils préférèrent donc la voie des arbitres et en choisirent deux avec pleine résolution d'accéder à ce qu'ils ordonneraient. On démêle facilement, dans l'empressement de leurs promesses, combien devait être grande la fatigue de cette longue et sanglante dissension. Voici en quels termes les bourgeois annoncent leur résolution et leur choix :

> A tous ceux qui ces présentes verront, les maire, pairs, jurez de la commune de Beauvais et toute la commune, salut et entière dilection. Savoir faisons que comme entre révérend père et seigneur, messire Simon par la grâce de Dieu évêque de Beauvais, notre seigneur spirituel et temporel, tant en son nom qu'au nom de son évêché d'une part; et nous, tant en notre nom qu'en celui de la commune, d'autre part, il y eut procès et dispute sur ce que ledit évêque nous accusait de....., etc.

Suit la série des reproches faits par l'évêque à la commune de Beauvais; après les avoir énumérés fort en détail, les maire et pairs reprennent : « Nous de notre côté disions, » et ils rapportent alors leurs griefs; vient enfin l'accommodement en ces termes :

Finalement, pour le bien de la paix, pour raison de tous et chacun des excès et différends survenus de part et d'autre, nous avons d'un commun consentement donné en tout plein pouvoir à discrètes et honnêtes personnes, maître Guillaume dit Bonet, trésorier d'Angers, et messire Guillaume de Marcilly, chevalier et conseiller de l'illustrissime prince Philippe, roi des Français, voulant et accordant qu'ils puissent, sur toutes et chacune des choses susdites, procéder, dire, statuer, prononcer et donner sentence définitive, à toute heure et tous jours fériés ou non; promettant sous peine de dix mille livres d'amende, payables par la partie contredisante à la partie acquiesçante auxdits jugemens et sentences, de ne point contrevenir, mais obéir fidèlement et inviolablement à la sentence et décision desdits commissaires sur les faits susdits, sans aucune réclamation, prière ou requête à ce contraire, faite à aucun supérieur ou tout autre, pour faire rétracter et changer quelque chose à leur dictum, jugement et ordonnances, et sans espoir d'aucun adoucissement qui puisse être apporté à l'arbitrage d'aucune autre volonté.

Pour l'accomplissement desquelles choses, nous maire, pairs, jurés, conseillers et citoyens de la communauté, nous nous obligeons ainsi que toute la commune, avec tous nos biens meubles et immeubles, présens et futurs. En foi de quoi ayant été évoqués ceux qui devaient l'être, nous avons fait mettre le sceau de la commune. Donné l'an 1306, le jeudi veille de saint Simon et saint Jude, apôtres [1].

Les bourgeois étaient sincères dans leur

---

[1] Louvet, t. II, p. 509.

désir d'accommodement et leur promesse de soumission à l'avis des arbitres. Il est même probable qu'ils souhaitaient, encore plus vivement que l'évêque, la fin de cette querelle. Leur industrie souffrait, leurs récoltes étaient chaque jour menacées, les liens sociaux s'altéraient sans doute dans ces longues discordes, et la piété de ce temps redoutait par-dessus tout peut-être le retour de l'interdit, source de désolation au sein des familles qu'il atteignait dans toutes les circonstances de la vie. Ce fut donc dans les dispositions les plus pacifiques que la commune attendit le jugement de ces arbitres; et peut-être eut-elle besoin de toute son envie de terminer pour l'accepter de bonne grâce. Après avoir raconté les faits que nous connaissons déjà, les arbitres s'expriment ainsi :

Nous donc, acceptant, pour le bien de la paix, ladite commission, ayant vu de nos yeux les ruines et les lieux détruits par les susdits crimes, pris le conseil d'hommes honnêtes, cherché la vérité et considéré tout ce qui devait être considéré, nous avons ordonné, prononcé, décidé et jugé ce qui suit :

Que lesdits maire, pairs, jurés, présens devant nous, et toute la commune demanderaient, les mains jointes et les genoux fléchis, humblement pardon au seigneur évêque pour les choses susdites, et pour ces mêmes choses s'engageraient en leur nom à tous à consigner l'amende indiquée ci-après.

Item, qu'ils rapporteraient et remettraient dans le lieu où ils étaient, les fers et ceps qu'au temps de ladite rébellion ils avaient emportés de la maison de l'évêque ainsi qu'une corne de cerf, en lieu et place de l'os d'un géant emporté de l'endroit où il était suspendu dans le palais épiscopal : lesquelles restitutions et démonstrations d'humilité et respect furent accomplies dévotement en notre présence.

Item, que le maire ou quelqu'un des pairs ou jurés offrirait une image d'argent de la bienheureuse vierge Marie, du poids de quatre marcs, le jour de la Purification ou de l'Annonciation de cette bienheureuse Vierge, lorsque la procession ira à la grande chapelle du manoir épiscopal, d'où les images et objets sacrés furent emportés au temps de la révolte, et où cette image d'argent doit rester éternellement à l'honneur de Dieu et de la bienheureuse vierge Marie.

Item, l'évêque pourra retenir en sa prison trente personnes de la commune, qui devront être délivrées cependant selon notre volonté.

En outre nous condamnons le maire, les pairs, les jurés et la commune à payer audit évêque huit mille livres parisis pour toute amende et peine de tous et chacuns des délits commis ; les payemens auront lieu aux termes suivans, savoir ; mille livres à Pâques, et deux mille livres avant la Toussaint suivante ; *item*, deux mille avant la Pâque de l'an du Seigneur 1308. Nous ordonnons en outre et prononçons que, si à quelque terme de payement ils sont en retard de huit jours, l'amende ne sera pas portée pour cela à dix mille livres ; s'ils étaient en retard de plus de huit jours, l'amende ne serait pas encore pour cela portée à dix mille livres; mais pour chaque jour de retard en sus des huit, ils payeraient comme amende audit évêque cinquante sols en sus du principal. Et l'évêque, puisqu'il est seigneur temporel, pourra les contraindre à cela; restant ferme et inviolable, d'autre part, tout ce que nous avons dit, sans qu'aucune réclamation puisse être portée contre lui à ce sujet, de la part de ses adversaires en aucune cour quelconque. Et l'une et l'autre partie mettra son sceau, avec les nôtres, aux présentes lettres en témoignage de vérité.

Vu donc ces amendes et ces satisfactions, nous ordonnons et prononçons que ledit évêque n'inquiètera, ni ne molestera, ni ne vexera directement ou indirectement en quoi que soit pour cause desdits excès, le maire, les pairs, jurés, conseillers et la commune, ni ne demandera à personne de les vexer, ni ne pourra le demander, ni ne le fera faire, ni ne travaillera à ce que ce soit fait, mais au contraire les maintiendra sains et saufs de tous ceux qui ont été dans son parti. Et semblablement, le maire, les pairs, jurés, conseillers et communauté susdite, ou nul d'entre eux n'intenteront d'action, ne porteront plainte à l'avenir ou ne demanderont qu'il en soit porté à l'avenir pour les faits susdits et le meurtre de plusieurs d'entre eux, contre ledit évêque et ses gens, ou complices en ce fait, spécialement contre Jean, seigneur de Rainceval, et Jean de Sonions, chevalier; mais ils tiendront quittes lui et eux de toute plainte ou réclamation faite ou à faire contre eux ou quelqu'un des leurs, pour ce fait et les autres. Que si quelque chose semblait obscur ou équivoque dans cette décision, nous nous en réservons l'explication.

En outre l'évêque, s'il en est requis par les maire, pairs,

jurés et commune, fera enquérir et savoir si les meuniers de ses moulins, où l'on est obligé d'aller moudre, exigent pour le droit de mouture plus qu'il n'est accoutumé; et si cela se trouve, il fera rabattre l'excédant, ainsi qu'il devra être fait et pour que la chose soit ramenée à l'état régulier.

Toutes et chacune de ces choses étant donc ainsi qu'il a été dit ci-dessus, prononcées, réglées, décidées et jugées par nous, ledit évêque en son nom et celui de son église, de ses successeurs, gens et complices, lesdits maire, pairs, jurés, commune, en leur nom et celui de toute la communauté, y ont donné leur assentiment et les ont ratifiées. En foi de quoi nous avons fait apposer aux présentes lettres nos sceaux avec ceux de l'évêque et de la commune. Donné à Beauvais, le vendredi avant la fête de tous les Saints, l'an du Seigneur 1306 [1].

Ainsi se termina cette grande affaire; et il fallait que le besoin de la paix se fît bien vivement sentir à Beauvais, pour que ce jugement, appuyé seulement de l'autorité de deux arbitres, y fût reçu comme une loi souveraine et presqu'un bienfait. La commune en effet y était fort sévèrement traitée; tous ses torts lui étaient comptés, et ses griefs laissés de côté: obligée de reconnaître l'autorité qu'elle avait voulu secouer, contrainte de payer amende au

[1] Louvet, t. II, p. 515.

roi pour sa désobéissance, à l'évêque pour ses dégâts, et ne recevant nul dédommagement pour tous les ravages commis sur ses propriétés par les gens de l'évêque, elle dut se ressentir long-temps d'une telle crise ; aussi en garda-t-elle un si vif souvenir qu'elle n'essaya plus de se faire justice elle-même, et ne s'exposa plus aux désastres des guerres civiles, surtout au courroux du roi, devenu beaucoup trop forte partie pour une commune, et même pour un évêque. Celui de Beauvais n'eut pas fort à s'applaudir non plus de l'issue de cette querelle. Il avait reçu à la vérité huit mille livres parisis ; et la rancune populaire se persuada que cette somme avait été employée à bâtir les tours de son palais épiscopal avec ses armes et son image ; mais il avait été condamné à payer au roi six mille livres parisis en punition de sa désobéissance ; il fut obligé par le jugement d'arbitres à en donner six cents aux chanoines de Beauvais en dédommagement du dégât de leurs maisons au milieu de l'incendie allumé par ses gens dans la ville de Beauvais ; sa demeure enfin avait été entièrement dévastée. Il ne dut pas, à coup sûr, lui rester grand'chose des huit mille livres de la commune. Le fisc du roi gagna seul dans cette affaire ; il n'avait souffert aucune perte, et il reçut dix mille livres des bourgeois de Beauvais, et six mille de l'évêque. L'ascendant du pouvoir royal sur toutes les petites puissances locales éclata si hautement qu'il ne fut plus dès-lors question, à Beauvais, d'essayer de s'y soustraire; ce fut auprès du roi qu'on chercha avec soumission le redressement de tous les griefs, la décision de tous les différends; on ne tenta plus de l'emporter qu'à force d'humilité dans le langage; et si les anciens droits, les vieux priviléges y reparaissaient encore, c'était par une sorte d'égard pour le passé, et plutôt pour orner l'obéissance que pour la disputer.

Cette nouvelle disposition des esprits ne tarda pas à se montrer publiquement. Au printemps de 1308, moins de deux ans après le jugement que nous venons de rapporter, les bourgeois et l'évêque s'étant retrouvés en contestation sur plusieurs points de leurs anciennes querelles, il ne fut question ni de sonner la cloche de la commune, ni de mettre l'interdit sur la ville, encore moins de se battre dans les rues; et l'affaire fut pacifiquement et régulièrement portée au parlement de Paris, dont l'arrêt l'explique clairement :

Philippe, par la grâce de Dieu, roi des Français; à tous

ceux qui ces présentes lettres verront, salut : savoir faisons qu'un différend s'étant élevé dans notre cour entre l'évêque de Beauvais d'une part, et le maire et les pairs de Beauvais de l'autre, lesdits maire et pairs, au nom de leur commune de ladite ville, ont dit et soutenu qu'ils étoient en usage et possession d'établir des gardiens ou surveillans pour la laine, le fil, les teintures et toutes choses servant à faire des draps dans toute la ville de Beauvais; comme aussi de punir, réformer et faire observer, par leur juridiction, tout ce qu'ils trouvaient à réformer dans les affaires et matières ci-dessus relatées. Et ils ont dit qu'ils étoient de plus en usage et possession de maintenir leurs citoyens, et tous ceux de la susdite commune auxquels, selon la coutume, ils avoient infligé quelque amende pour délits commis dans la susdite fabrication, quittes et exempts de toute autre amende à imposer et lever par ledit évêque, à raison des mêmes délits. Ils ont dit encore qu'ils étoient en possession de lever et prendre l'argent qu'on a coutume de lever à Beauvais pour faire les chaussées, et de l'employer selon leur volonté à la réparation des chaussées de ladite ville, sans que ledit évêque se pût aucunement entremettre dans la levée desdites sommes, ni en changer aucunement l'emploi. Et se plaignant que ledit évêque les entravoit et troubloit de mille manières dans les choses susdites, ils nous ont demandé de faire cesser lesdits troubles, et de contraindre ledit évêque à s'en abstenir. Ledit évêque, de son côté, sur toutes les choses susdites, a réclamé la juridiction de sa cour, et soutenu jusqu'à la fin qu'il étoit en possession de tous les droits ci-dessus mentionnés, et qu'il en avoit toujours usé, demandant qu'à raison de ce sa cour lui fût rendue, et que lesdits maire et pairs fussent renvoyés à son examen comme ses justiciables. Lesdits maire et pairs ont soutenu que la connoissance desdites affaires devoit rester dans notre cour. Sur quoi lesdites parties diligemment entendues, il a été ordonné par arrêt de notre cour, qu'à la fin de la présente session, il seroit fait enquête sur la possession, les usages et tous les faits ci-dessus allégués par l'une et l'autre partie. L'enquête faite sur toutes choses, d'après l'ordre de notre cour, et diligemment examinée, ouï les raisons des deux parts, et vu les priviléges et chartes produits à ce sujet de la part de ladite commune, il a été prononcé par jugement de notre cour que la juridiction sur toutes ces choses devoit être rendue audit évêque. En foi de quoi nous avons fait apposer notre sceau aux présentes lettres. Donné à Paris, en notre parlement, le jeudi d'avant les Rameaux, l'an du Seigneur 1308 [1].

Le parlement donna, comme on voit, en cette occasion, gain de cause à l'évêque; la commune cependant ne fut pas dégoûtée de s'adresser à cette cour et d'y chercher justice contre les prétentions obstinées de son seigneur. Jean de Marigny, frère du malheureux surintendant Enguerrand, récemment promu au siége épiscopal, ayant en 1313, et suivant l'exemple de ses prédécesseurs, rengagé toutes les discussions pendantes entre lui et les bourgeois, ceux-ci ne tentèrent point de vider la querelle par la force,

[1] Loisel, p. 311.

et la portèrent, en dépit de l'évêque, devant le parlement de Paris. Je ne sais si ce fut par le crédit du surintendant, ou si le parlement était sincère dans sa jurisprudence ; mais la commune perdit encore cette fois son procès.

Philippe, par la grâce de Dieu, roi des Français, à tous ceux qui ces présentes lettres verront, savoir faisons que le maire et les pairs de la ville de Beauvais ont soutenu dans notre cour que la commune de ladite ville et le droit de justice sur ladite commune nous appartenoient, et que notre bien-aimé et fidèle évêque de Beauvais a fait saisir certains biens de ladite commune, au préjudice de ladite commune et de notre droit ; à raison de quoi ils ont demandé que lesdits biens fussent remis et confiés par nous, en tant que suzerain, à eux maire et pairs. Ledit évêque d'autre part, se disant pair de France et comte et seigneur de Beauvais, a soutenu que le droit de justice sur ladite commune lui appartenoit, et qu'il avoit justement fait saisir lesdits biens en vertu d'un jugement de sa cour, vu que le maire et les pairs susdits, sommés par ledit évêque pour la défense de son fief et du droit de l'église de Beauvais, ne s'étaient point rendus à son commandement.

Item, ledit évêque s'est plaint de ce que lesdits maire et pairs avoient contraint un certain homme de ladite commune de Beauvais à subir un châtiment, quoique ce droit de contrainte, comme il le disait lui-même, appartînt audit évêque et non auxdits maire et pairs ; laquelle chose les susdits avaient faite au préjudice de l'évêque de l'église de Beauvais, quoiqu'ils fussent liés envers lui par un serment de fidélité. Sur quoi lesdits maire et pairs, dûment appelés devant la cour dudit évêque, avaient été plusieurs fois déclarés coutumaces, par jugement de ladite cour, et tenus pour convaincus selon la coutume de leur patrie; de telle sorte qu'ils devaient réparation audit évêque pour toutes ces choses à raison desquelles ledit évêque demandait que les biens en question lui fussent remis, et que la juridiction de sa cour sur les susdits lui fût rendue. Lesdits maire et pairs et notre procureur ont soutenu au contraire, par plusieurs raisons, qu'il n'en devait point être ainsi, et que la juridiction, dans les affaires susdites, devait nous demeurer. L'enquête faite cependant sur cela, par l'ordre de notre cour, étant vue et examinée avec soin, vues aussi certains arrêts de notre cour, et d'autres lettres étant produites par les parties à l'appui de leur prétention, le jugement rendu par notre cour a été que lesdits biens seraient remis à l'évêque et que la connaissance de ces deux cas devait aussi lui être rendue; sauf pourtant les raisons et défense desdits maire et pairs de la commune de Beauvais devant ledit évêque, et leurs propositions et réserves sur le fait principal; sauf aussi notre droit en toutes choses. En témoignage de quelle chose nous avons fait apposer notre sceau aux présentes lettres. Fait à Paris, en parlement, le mercredi veille de l'Ascension du Seigneur, l'an du Seigneur 1318 [1].

Battue en cette rencontre, la commune prit sa revanche en 1330, dans une cause portée

[1] Loisel, p. 312.

devant le bailli de Senlis, et où n'avait point
affaire l'évêque, mais bien un agent du roi, qui,
en cette qualité, prétendait être exempt de la
taille, quoique natif de Beauvais. Le bailli de
Senlis ne trouva pas ses raisons bonnes, et le
condamna à accomplir toutes les obligations de
membre de la commune, ou à en sortir par les
voies régulières. Cet arrêt fut rendu en vieux
français :

A tous chaus qui ches presentes lettres verront ou orront, Jehan de Sempi à che temps baillif de Senlis, salut : scachent tuit que comme plez et descors feussent meus pardevant nous entre le maire, pers, et jurez de la commune de Beauvais d'une part, et Henry de Sainct-Messien sergent le Roy en la prevosté de Senlis, d'autre part : seur ce que les dessus nommez maire, pers et jurez disoient, et maintenoyent iceli Henry avoir esté et estre leur bourgeois, leur communier, et leur taillable : et que seur li avoyent esté pour le temps passé mises et assises plusieus tailles de ville comme seur leur communier et leur taillable, les queles montoyent à seze livres ou environ ; pourquoy requeroient ledit Henry estre condampné, et contrainct par nous à rendre et à payer à ladicte ville les dictes seze livres parisis pour cause de arrerages de tailles avec despens, tous frez et interez fais et à faire audit plait : lidis Henris proposant et maintenant au contraire que il étoit sergent du Roy, franc et exempt des tailles de ladite ville, et que li et li autres sergens du roy étoient et avoyent esté, de si long temps que il souffisoit, à bonne saisine et possession de estre et demourer franc, quitte et exempt des tailles de ladicte ville, avec plusieus autres resons que il proposoit, afin que li dict maire, pairs et jurez n'eussent cause de li demander tailles ne issue de ville : anchois devoit estre absous des dites demandes que faisoient contre luy lesdits maire, pairs et jurez par plusieus raisons que il proposoit. Et seur che eust esté tant et si avant procédé, que plais fut entamez entre lesdites parties, juré en cause, articles baillez d'une partie et d'autre, commissaires donnez, et par ichieux enquestes faictes seur che et parfaictes, et par devers nous rapportées, et tout conclu en cause, lesdites parties requerans à grant instanche que nous leur feissions droit à la fin l'an où ils tendoient : veu et resgardé diligemment ledict procès et le dite enqueste, heu seur che conseil et délibération as sages, deismes et pronchasmes, et par droict, que les dis maire, pairs et jurés avoient mieux et plus souffisamment prouvé leur intention que n'avoit ledict Henry, et que ledict Henry estoit et devoit estre leur bourgeois taillable et communié, nonobstant ladite sergeanterie, et que il ne se pooit ecempter de ladite commune se n'estoit par offrir as dis maire, pers et jurés ses issues en la forme et manière qu'il est accoustumé de faire en ladite commune, et par faire gré à ichieus de leur tauxation : selonc che que ils l'auroient faite par leur délibération avec les arrérages de ses tailles seur li assises et imposées ou temps passé. En tesmongnage de laquelle chose nous avons scellé ches présentes lettres de nostre propre scel, sauf toutes voies le droit du roy noseigneur et l'autruy en toutes choses. Données en nostre assise de Senlis le samedi après la Quasimodo, l'an mil trois cent et trente. Présens à che mestre Guillaume de Balengny, advocat en parlement, mestre Jacques du Change, chanoine de Senlis, sire Henry du Change, lieutenant de nous baillif dessus dit, mestre Gautier de Moy, Guillaume de Hillers, Gerat de Pont, nostre clerc, Jehan Loquet, clerc de la prévosté de Senlis, Simon de la Ferté, procureur le roi en la baillie de Senlis, Jehan de Han et plusieurs autres avec les parties dessus dites [1].

Les bourgeois étaient, à ce qu'il semble, en bonne veine de procès; en 1331, les chanoines de Beauvais en portèrent un contre eux au parlement de Paris, pour se plaindre du maire et des pairs qui avaient imposé quelques peines à des délinquans réclamés par le chapitre comme ses justiciables; mais le parlement ne trouva point les maire et pairs coupables, et prenant pour bonne leur raison que « l'exercice du droit » ne peut être injustice, » les renvoya quittes de la plainte des chanoines. Ce dut être un assez grand triomphe pour la commune.

Philippe, par la grâce de Dieu, roi des Français, à tous ceux qui les présentes verront, salut. Nous faisons savoir que le procureur du doyen et du chapitre de Beauvais, se plaignant en notre cour, ont intenté une action contre le maire, les pairs et la commune de la cité de Beauvais, pour ce que les dits maire et pairs abusant de leurs priviléges, ont, contre les articles de leur charte, imposé certaines

---

[1] Loisel, p. 313.

peines vulgairement nommées *hachies*, à quelques justiciables et vassaux desdits doyen et chapitre; et cela, à ce que dit le procureur, sans cause raisonnable, mais au tort, injure et mépris desdits doyen et chapitre, et qu'ils n'avaient pas droit de le faire. La charte de la commune étant vue, les dits doyen et chapitre demandaient que notre cour prononçât que les maire et pairs ont abusé de leurs priviléges, et pour cela doivent perdre leur commune et être privés des priviléges susdits; et que si la cour ne veut pas leur ôter ladite commune, qu'elle leur enjoigne de ne plus imposer de telles peines sur les justiciables et vassaux des dits doyen et chapitre, et les susdits proposent plusieurs moyens et raisons d'en arriver à cette fin. Les maire et pairs prétendaient au contraire que la cause ne pouvait être entendue ni décidée d'après les conclusions et fins auxquelles tendait ledit procureur, et qu'on ne pouvait conclure contre eux sur cette base, car ladite commune nous est soumise et a été fondée par nous ou nos prédécesseurs, les dits doyen et chapitre ne sont que ses voisins et ne peuvent conclure contre les maire et pairs qu'ils ont abusé de leurs priviléges et doivent être privés de leur commune, et notre procureur seul pourrait, dans le cas susdit, conclure ainsi contre eux. Ils ajoutaient que, quant à l'amende, ledit procureur ne pouvait non plus conclure contre eux à cause des peines imposées aux vassaux des dits doyen et chapitre, car ils ne sont pas leurs hommes de corps, et l'exercice du droit ne peut passer pour une injustice. Ils donnaient plusieurs autres raisons à l'appui de leur avis.

Les parties donc entendues, ainsi que les raisons données de part et d'autre, attention portée aux conclusions des dits doyen et chapitre, notre cour a donné arrêt portant qu'elle n'admettait point la conclusion à quelle fin tendait le procureur. En témoignage de quoi nous avons fait apposer notre sceau aux présentes lettres. Donné à Paris, dans notre parlement, le dernier jour de février, an 1331 du Seigneur.

Ces bourgeois, qui possédaient tant de priviléges, qui réclamaient et obtenaient, par arrêt de justice, des droits dont l'exercice nous semble aujourd'hui tellement inhérens à l'exercice de la souveraineté, ne possédaient seulement pas en propre leur maison-de-ville et leurs marchés ; ils étaient obligés de les tenir à cens de l'évêque, et celui-ci pouvait leur en interdire l'usage pour retard de paiement. Le jugement suivant est curieux à cause de ce contraste :

Les plais tenus à Beauvais par nous Guilbert Doublet, bailly de Beauvais, le mardy penultiesme jour de novembre, l'an mil trois cent soixante-dix-neuf, entre le procureur de monsieur de Beauvais d'une part, et les maire et pairs de la ville de Beauvais comparant par Nicaise le bailly, leur procureur fondé par une procuration scellée du grand seel de la comté de Beauvais, en laquelle sont presens ledict Nicaise le bailly, Jean de la Croix, Raoul Jouan, Jacques de Senlis, Clément de Camberonne, Jean Derveil et Chretofle du Puis, et chacun d'eux. Laquelle pro-

¹ Loisel, p. 315.

curation ledict Nicaise mit en jugement d'autre part, fut faict ce qui s'en suit. Sur ce que, à la requeste du procureur dudit monsieur de Beauvais, de nostre commandement, et par commission donnée de nous, la main du dict Monseigneur, par Thomas Goumon, sergent en la dicte ville, avoit esté mise et assise en la maison que on dict la maison de la Voulte et à la halle et lieu où lesdits maire et pairs ont accoustumé tenir leurs assemblées, faire leurs collations, situés en la diste ville, lesquelles sont tenues à cens dudit Monseigneur, est assavoir la dite Voulte pour six deniers beauvaisiens à payer chacun un an au jour saint Remy et au terme de Noël demi coustume, et la dicte halle et appartenances pour quatorze deniers beauvaisiens chacun un an au terme de la saint Remy, et au terme de Noël chacun un an une coustume, et sur lesquels cent doivent être payez et portez audit Monseigneur auxdits termes et sur l'amende pour les arrerages desdits cens pour les termes de la saint Remy dernier passé.

Laquelle main mise et assise fut signifiée à iceux maire et à plusieurs desdits pairs, lundy dernierement passé, par le sergent, à l'heure où l'on commençait à sonner prime en l'église Saint-Pierre de Beauvais. si comme le sergent nous a relatés. Lequel procureur desdits maire et pairs de la commune de ladite ville de Bauvais, a confessé devant nous en jugement que les lieux dessus déclarez étaient et sont tenus dudit Monseigneur aux cens dessus dits, et qu'ils les doivent payer et porter comme dit est et en notre présence feist payer par Guillaume le Grand-Villiers et par Thibault, de moy gardes de l'avoir de ladiste commune, vingt deniers beauvaisiens ou leur valleur, lesquels vallent un denier parisis, et demi poitevine parisis; et sept sols six deniers pour une amande desdits cens non payez auxdits termes de la saint Remy; Et pour que ledit procureur dudit Monseigneur disait qu'il avait esdits cens non payes pour le terme de la saint Remy deux amandes, et que lesdits maire et pairs les devoyent amender et faire le ploi, ou leur procureur pour eux, ledict procureur desdits maire et pairs accorda que si ledit Monseigneur avait plus grand droit que en recevoir et avoir iceux sept sols six deniers parisis, que tout ce fût réservé audit Monseigneur pour en faire poursuite au temps advenir aussi bien que faire le povait à present par telle manière que il cuiderent que l'on list. Et ce fait, ledit procureur des dicts maire et pers nous requit que ladicte main dudict Monseigneur, mise aux lieus dessusdicts, nous voulsissions lever; auquel nous repondismes que pour ce que après ladicte main mise, lesdicts maire et pairs avaient tenus leur assemblée et fait plusieurs actes, et entré lesdicts lieus, si come ledict procureur dudict Monseigneur disoit. Et pour autres causes ledict procureur dudict Monseigneur, ou nom dudict Monseigneur, avait plusieurs complaintes en cas de nouvelletés contre iceux maire et pairs et autres leurs officiers pardevant que tel sergent du roi notre sire, et gardien dudict Monseigneur, qui après icelles complaintes et oppositions données, avoit prins et mis les debats et les choses contentieuses en la main du roy notre sire et assigné jour en parlement. Et que de tout ce que lesdictes complaintes et leur dependance comprennoient et pourroyent toucher ou avoir autre regard nous ne nous entremettrons aucunement. Mais au surplus par l'accord du procureur de Monseigneur, et sans préjudice audit Monseigneur et à sesdictes plaintes et sans que icelles complaintes et aucunes de leur deppendances y soit en aucune manière comprise : Nous autant que faire le pouvions levasmes ladicte main sous les conditions et accords dessus dicts. En tésmoin de ce nous avons mis en ces presentes lettres notre seel, qui furent faites et données l'an et jour ci-dessus dits [1].

On le voit clairement : tout se terminait alors par voie de justice ; plus de recours à la force, plus de ces procédés énergiques et brutaux qui caractérisent la vie communale du moyen âge. Les citoyens, comme les autorités de Beauvais, sont entrés dans l'ordre régulier et progressif de la monarchie française : leur ville possède encore de grands priviléges; l'évêque est toujours comte de Beauvais et pair de France ; mais l'esprit républicain a disparu, comme l'esprit féodal et l'arrogance ecclésiastique; prélat et bourgeois se sentent sujets d'un même maître, et ne demandent au roi de France que bon gouvernement pour le présent, respect pour le passé. Nous ne rencontrerons donc plus dans l'histoire de Beauvais ces scènes passionnées et originales où les plus grands intérêts sociaux, les premiers pouvoirs publics sont aux prises dans les rues

[1] Loisel, p. 316.

d'une petite ville assez obscure dans l'histoire du pays. Les anciens sujets de querelle subsistent toujours ; car, en 1617, la question du droit de justice était encore pendante au parlement de Paris : mais ces affaires sont poursuivies à petit bruit, selon les formes monotones de la justice, et leur discussion fait si peu d'effet que les historiens du Beauvaisis négligent de nous en faire connaître les vicissitudes.

La commune cependant n'a pas cessé d'exister, et ce n'est pas elle qui perd le plus à l'extension du pouvoir royal ; non-seulement elle y gagne le repos, l'ordre intérieur si nécessaire à son travail, à son commerce ; mais elle a affaire, dans le roi, à un suzerain moins jaloux de quelques pauvres libertés bourgeoises qu'un évêque plus rapproché, plus gêné par ces libertés, et dont les prédécesseurs ont usé leur vie à les combattre. La ville vit même étendre ses priviléges en récompense de sa bonne conduite dans les guerres contre les Anglais : deux foires annuelles lui avaient été accordées en 1360, avec toutes franchises et libertés pour les personnes et biens de ceux qui s'y rendraient ; les habitans de Beauvais, qui avaient été mis en 1350 sous la sauve-garde particulière du roi, furent, en 1472, exempts de toutes tailles, et reçurent en la même année le droit précieux de pouvoir posséder des fiefs nobles, sans être obligés, pour cette cause, à payer indemnité, ni même à aller ou envoyer à la guerre, la garde et défense de Beauvais étant tenues pour service militaire suffisant. Louis XI leur accorda encore, comme nobles, exemption de diverses impositions; Charles IX confirma, en 1572, toutes les libertés de la commune; enfin Henri IV, en récompense de la fidélité des gens de Beauvais envers la couronne de France, s'engagea, par lettres-patentes de 1594, à ne leur donner aucun gouverneur, à n'élever aucune forteresse ou citadelle dans leur ville, et à n'y jamais mettre garnison.

Ces grandes et lucratives faveurs pouvaient fort bien consoler les bourgeois de Beauvais d'avoir vu leur droit de propre justice éclipsé par la juridiction du parlement de Paris, le pouvoir de leur maire à asseoir la taille restreint par l'institution d'élus chargés de cette fonction au nom du roi, et enfin la garde de la ville partagée avec un capitaine nommé par le roi. Mais l'évêque, dont les droits seigneuriaux avaient plus souffert que ceux de la commune, dont le parlement resserrait chaque jour la juridiction temporelle, qui voyait s'établir à Beauvais, en concurrence de son antique privilége, un hôtel des monnaies royales, qui se sentait froissé chaque jour dans l'exercice de son pouvoir par cette nuée d'officiers de justice et de finances dont la politique royale couvrait la France, l'évêque, dis-je, n'avait pas, pour tant d'échecs, les mêmes dédommagemens que la commune; il perdait au moins autant qu'elle, et ne gagnait rien. Quels priviléges eussent pu être ajoutés aux droits d'un évêque du moyen âge? Quelles exemptions auraient compensé le pouvoir déchu d'un haut baron?

Une seule consolation s'offrait aux évêques de Beauvais; leurs anciens et perpétuels ennemis avaient souffert comme eux; depuis longtemps il n'était plus question des châtelains : entre l'agrandissement de la commune et l'affermissement de l'autorité royale, ces seigneurs, un moment redoutables, avaient été complètement écrasés; leurs prétentions même s'étaient évanouies; à peine leur restait-il quelque ombre d'empire et de fonction. Mais il n'en avait pas été ainsi du chapitre de Beauvais : chaque jour plus indépendant de l'évêque, il avait même tenté de le dominer; et l'avantage, dans cette lutte, n'était pas toujours resté à l'autorité épiscopale; le droit d'excommunication, donné par

Ansel au chapitre, était une arme terrible dont les chanoines surent se servir contre tous, et surtout contre leurs évêques. En 1109, l'évêque Godefroi leur dispute la possession d'une terre : le chapitre met l'interdit. En 1145, Henri de Blargies, prévôt de l'évêque Robert, s'étant porté contre les chanoines à des voies de fait, le chapitre met l'interdit, et l'évêque est obligé de céder; son prévôt est livré au chapitre, traîné ignominieusement hors de Beauvais, dans un tombereau à fumier, et envoyé à la Terre-Sainte. Même chose arrive en 1266, et l'évêque se voit forcé d'implorer l'indulgence des chanoines en les suppliant de lever l'interdit et de pardonner à ses officiers. De même en 1272. De même en 1281. Aussi, en 1355, la menace d'interdit suffit-elle au chapitre, l'évêque cède avant qu'elle soit mise à exécution. On a vu, dans la grande querelle de 1232, à quelles humilités de langage était contraint de descendre un évêque qui voulait obtenir, contre ses ennemis, la coopération de ses orgueilleux associés. Nul moyen non plus de les retenir sous cette juridiction pour laquelle combattirent si long-temps les seigneurs suzerains de Beauvais. Retranché dans sa fière indépendance, le chapitre narguait le comte et l'évêque. Nul ne pouvait juger un de ses membres, sinon lui-même : il avait ses interdits ; il eût eu au besoin les armes de ses vassaux contre le moindre empiètement sur ses droits.

On devine donc aisément avec quelle joie secrète les évêques de Beauvais virent fléchir sous le pouvoir royal ces incommodes voisins, et quel gré ils surent aux arrêts du parlement d'accomplir ce que n'avaient pu obtenir les canons ni les mandemens. A défaut de la leur, ils aimaient à voir la justice royale s'appesantir, dans l'occasion, sur les chanoines délinquans ; et ce dut être un jour de grand dédommagement pour eux que celui où les chanoines furent condamnés, en 1614, par arrêt du prévôt et du parlement de Paris, à proclamer dans leur église un interdit porté par l'évêque. Quant à le mettre eux-mêmes, les chanoines y avaient renoncé tacitement depuis long-temps ; les impérieux progrès de l'ordre et de la règle ne souffraient plus de telles exceptions, de tels écarts ; on y renonçait sans se l'avouer, mais on y renonçait. L'évêque et le chapitre étaient donc rentrés dès-lors dans les voies ordinaires de la puissance ecclésiastique, et nous n'avons plus à nous en occuper.

La commune, moins étrangère que le chapitre à l'autorité royale et à la marche administrative, conserva aussi plus opiniâtrement son individualité, et nous retrouvons presque d'année en année quelques traces de son existence et de ses priviléges : il serait fastidieux de s'appesantir sur toutes ces circonstances ; mais qu'il nous soit permis d'en citer quelques-unes où l'on reconnaîtra la persistance de la vie communale et de l'esprit municipal dans Beauvais.

En 1472, les religieux de Saint-Lazare, commis à l'administration de l'hôpital de Beauvais, sont supprimés; un grand débat s'élève sur la question de savoir à qui reviendra cette administration. Le grand-aumônier, l'évêque de Beauvais, le chapitre se la disputent; le maire et les pairs la réclament comme représentans de la commune; et il faut plus de cent ans, et je ne sais combien d'arrêts du parlement pour terminer cette affaire, qui finit, comme presque toutes les affaires de ce genre, par une transaction.

En 1488, le siége épiscopal de Beauvais se trouve vacant, et le choix du successeur devient la source de mille intrigues. Le parti qui a intérêt à faire retarder l'élection emploie brigues, promesses, menaces même, pour détourner le chapitre d'y procéder; mais la bourgeoisie s'impatiente du retard ainsi que de ses causes, et le maire prend avec les pairs la résolution d'y porter remède; ils postent des sentinelles aux portes et chemins de la ville, interdisent même l'entrée de Beauvais à tout survenant, rassurent le chapitre contre toute crainte, et l'élection a lieu.

En 1568, le maire et les pairs réclament devant les gens du roi, contre l'évêque et le chapitre de Beauvais, l'exécution de l'ordonnance d'Orléans portant qu'une prébende par chapitre sera affectée à l'entretien d'un maître chargé d'instruire gratuitement les enfans de la ville; ils réussissent dans leur instance.

En 1583, un commissaire des aides, venu à Beauvais pour l'imposition d'un nouveau subside, refuse de déposer à la porte de la ville les armes qu'il a sur lui; le peuple, choqué de cette violation de ses priviléges, s'amasse et s'irrite : dans la confusion occasionnée par cette foule, quelques personnes sont renversées; les spectateurs s'écrient qu'on tue les portiers. Le bruit s'en répand dans la ville; deux mille personnes en armes se réunissent en un clin d'œil à la porte de Paris, et le commissaire serait massacré avec les siens sans la prudence, le courage, le sang-froid de quelques bourgeois qui s'entremettent et le tirent de ce mauvais pas.

En 1617, le chapitre ayant, au nom de l'évêque dont il exerçait les pouvoirs pendant la vacance du siége, approuvé l'établissement à Beauvais des religieux Minimes, l'agrément du maire et des pairs est pareillement demandé, et ceux-ci convoquent une assemblée générale à l'hôtel-de-ville « pour que le peuple baille son » consentement. »

Le même fait se reproduit en 1626 pour un couvent d'Ursulines; cette fois seulement le consentement des maire et pairs de Beauvais avait été précédé de lettres-patentes de Louis XIII, qui cependant ne le rendaient pas superflu.

Je pourrais rechercher et produire encore de petits faits semblables; mais ceux-là suffisent. J'ai suivi pas à pas l'histoire d'une commune française du XIe au XVIIe siècle. On a pu entrevoir, sur ce théâtre si resserré, les diverses phases de l'esprit bourgeois, énergique, brutal dans son origine; obstiné dans la défense de ses priviléges; prompt à accepter et habile à soutenir les pouvoirs lointains et supérieurs, pour échapper à l'oppression des pouvoirs voisins et subalternes; changeant de langage, de prétentions même, à mesure que la société et le gouvernement changent, mais toujours persévérant, sensé, et sachant faire tourner à son profit le progrès général de la civilisation. Ainsi s'est formé le Tiers-État. A partir du xviie siècle, ce n'est plus dans les chartes et les aventures intérieures des villes qu'il faut chercher l'histoire de ses destinées. Elles se passent dans une sphère bien plus vaste et plus haute. Ce sont les destinées de la France.

FIN.

N. B. La publication de ce volume complète celle de toutes les leçons que M. Guizot a données.

www.ingramcontent.com/pod-product-compliance
Lightning Source LLC
Chambersburg PA
CBHW051818230426
43671CB00008B/748